U0625764

文库丛书主编

郑毅

双城堡屯田纪略
东北屯垦史料

清·王履泰 编

陈见微 高淑清 分点

衣保中 整理

吉林文史出版社

图书在版编目（CIP）数据

双城堡屯田纪略·东北屯垦史料 / (清) 王履泰编；
陈见微, 高淑清分点. -- 长春：吉林文史出版社，
2022.9
（长白文库）
ISBN 978-7-5472-8959-4

Ⅰ.①双… Ⅱ.①王… ②陈… ③高… Ⅲ.①屯田—
史料—公主岭—清前期②屯垦—史料—东北地区—清前期
Ⅳ.①F329.344②F329.3

中国版本图书馆CIP数据核字(2022)第178779号

双城堡屯田纪略
SHUANGCHENGPU TUNTIAN JILüE
编：(清) 王履泰
分　　点：陈见微　高淑清

东北屯垦史料
DONGBEI TUNKEN SHILIAO
整　　理：衣保中

出 品 人：张　强
丛书主编：郑　毅
副 主 编：李少鹏
责任编辑：刘姝君　吕　莹
装帧设计：尤　蕾
封面设计：王　哲
出版发行：吉林文史出版社有限责任公司
电　　话：0431-81629369
地　　址：长春市福祉大路出版集团A座
邮　　编：130117
网　　址：www.jlws.com.cn
印　　刷：吉林省优视印务有限公司
开　　本：170mm×240mm　1/16
印　　张：13.5
字　　数：250千字
版　　次：2022年9月第1版　2022年9月第1次印刷
书　　号：ISBN 978-7-5472-8959-4
定　　价：138.00元

"长白文库"总序

中华优秀传统文化是中华民族的"根"和"魂"，习近平总书记高度重视中华优秀传统文化，并将其作为治国理政的重要思想文化资源。"不忘本来才能开辟未来，善于继承才能更好创新。""优秀传统文化是一个国家、一个民族传承和发展的根本，如果丢掉了，就割断了精神命脉。"中华优秀传统文化具有多样性和地域性等特征，东北地域文化是多元一体的中华文化中的重要组成部分。吉林省地处东北地区中部，是中华民族世代生存融合的重要地区，素有"白山松水"之美誉，肃慎、扶余、东胡、高句丽、契丹、女真、汉族、满族、蒙古族等诸多族群自古繁衍生息于此，创造出多种极具地域特征的绚烂多姿的地方文化。为了"弘扬地方文化，开发乡邦文献"，自 20 世纪 80 年代起，原吉林师范学院李澍田先生积极响应陈云同志倡导古籍整理的号召，应东北地区方志编修之急，服务于东北地方史研究的热潮，遍访国内百余家图书馆寻书求籍，审慎筛选具有代表性的著述文典 300 余种，编撰校订出版以"长白丛书"（以下简称"丛书"）为名的大型东北地方文献丛书，迄今已近 40 载。历经李澍田先生、刁书仁和郑毅两位教授三任丛书主编，数十位古籍所前辈和同人青灯黄卷、兀兀穷年，诸多省内外专家学者的鼎力支持，"丛书"迄今已共计整理出版了 110 部 5000 余万字。"丛书"以"长白"为名，"在清代中叶以来，吉林省疆域迭有变迁，而长白山钟灵毓秀，巍然耸立，为吉林名山，从历史上看，不咸山于《山海经·大荒北经》中也有明确记录，把长白山当作吉林的象征，这是合情合理的。"（"长白丛书"初版陈连庆先生序）

1983 年吉林师范学院古籍研究所（室）成立，作为吉林省古籍整理与研究协作组常设机构和丛书的编务机构，李澍田先生出任所长。全国高校古籍整理工作委员会、吉林省教委和省财政厅都给予了该项目一定的支持。李澍田先生是"丛书"的创始人，他的学术生涯就是"丛书"的创业史。"丛书"能够在国内外学界有如此大的影响力，与李澍田先生的敬业精神和艰辛努力是分不开的。"丛书"创办之始，李澍田先生"邀集吉、长各地的中青年同志，乃至吉林的一些老同志，群策群力，分工合作"（初版陈序），寻访底本，夙兴夜寐逐字校勘、联络印刷单位、寻找合作方，因经常有生僻古字，先生不得不亲自到车间与排版工人拼字铸模；吉林文史出版社于永玉先生作为"丛书"的第一任责编，殚精竭虑地付出了很多努力，为"丛书"的完成出版作出了突出贡献；原古籍所衣兴国等诸位前辈同人在辅助李澍田先生编印"丛书"的过程中，一道解决了遇到的诸多问题、排除了诸多困难，是"丛书"草创时期的重要参与者。"丛书"自 20 世纪 80 年代出版发行以来，经历了铅字排版印刷、激光照排印刷、数字化出版等多个时期，"丛书"本身也称得上是改革开放以来中国印刷史的见证。由于"丛书"不同卷册在出版发行的不同历史时期，投入的人力、财力受当时的条件所限，每一种图书的质量都不同程度留有遗憾，且印数多则千册、少则数百册，历经数十年的流布与交换，有些图书可谓一册难求。

1994 年，李澍田先生年逾花甲，功成身退，由刁书仁教授继任"丛书"主编。刁书仁教授"萧规曹随"，延续了"丛书"的出版生命，在经费拮据、古籍整理热潮消退、社会关注度降低的情况下，多方呼吁，破解困局，使得"丛书"得以继续出版，文化品牌得以保存，其功不可没。1999 年原吉林师范学院、吉林医学院、吉林林学院和吉林电气化高等专科学校合并组建为北华大学，首任校长于庚蒲教授力主保留古籍所作为北华大学处级建制科研单位，使得"丛书"的学术研究成果得以延续保存。依托北华大学古籍所发展形成的专门史学科被学校确定为四个重点建设学科之一，在东北边疆史地研究、东北民族史研究方面形成了北华大学的特色与优势。

2002 年，刁书仁教授调至扬州大学工作，笔者当时正担任北华大学图书馆馆长，在北华大学的委托和古籍所同人的希冀下，本人兼任古籍所所长、"丛书"主编。在北华大学的鼎力支持下，为了适应新时期形势的发展，出于拓展古籍研究所研究领域、繁荣学术文化、有利于学术交流以及人才培养工作的实际需要，原古籍研究所改建为东亚历史与文献研究中心，在保持原古籍整理与研究的学术专长的同时，中心将学术研究的视野和交流渠道拓展至东亚地域范围。同时，为努力保持"丛书"的出版规模，我们以出文献精品、重学术研究成果为工作方针，确保"丛书"学术研究成果的传承与延续。

在全方位、深层次挖掘和研究的基础上，整套"丛书"整理与研究成果斐然。"丛书"分为文献整理与东亚文化研究两大系列，内容包括史料、方志、档案、人物、诗词、满学、农学、边疆、民俗、金石、地理、专题论集 12 个子系列。"丛书"问世后得到学术界和出版界的好评，"丛书"初集中的《吉林通志》于 1987年荣获全国古籍出版奖，三集中的《东三省政略》于 1992 年获国家新闻出版总署全国古籍整理图书奖，是当年全国地方文献中唯一获奖的图书。同年，在吉林省第二届社会科学成果评奖中，全套丛书获优秀成果二等奖，并被国家新闻出版总署列为"八五"计划重点图书。1995年《中国东北通史》获吉林省第三届社会科学优秀成果二等奖。2005年，《同文汇考中朝史料》获北方十五省（市、区）哲学社会科学优秀图书奖。

"丛书"的出版在社会各界引起很大反响，与当时广东出现的以岭南文献为主的《岭南丛书》并称国内两大地方文献丛书，有"北有长白，南有岭南"之誉。吉林大学金景芳教授认为"编辑'长白丛书'的贡献很大，从'辽海丛书'到'长白丛书'都证明东北并非没有文化"。著名明史学者、东北师范大学李洵教授认为：《长白丛书》把现在已经很难得的东西整理出来，说明东北文化有很高的水准，所以丛书的意义不只在于出了几本书，更在于开发了东北的文化，这是很有意义的，现在不能再说东北没有文化了。"美国学者杜赞奇认为"以往有关东北方面的材料，利用日文资料很多。而现在中文的'长白丛书'则很有利于提高中国东北史的研究"（在"长白丛书"出版十周年纪念会上的发言）。中国社会科学院边疆史地研究中心主任厉声研究员认为："'长白丛书'已经成为一个品牌，与西北研究同列全国之首。"（1999年12月在"长白丛书"工作规划会议上的发言）目前，"长白丛书"已被收藏于日本、俄罗斯、美国、德国、英国、加拿大、澳大利亚、韩国及东南亚各国多所学府和研究机构，并深受海内外史学研究者的关注。

为了更好地传承和弘扬优秀地域文化，再现"丛书"在"面向吉林，服务桑梓"方面的传统与特色，2010年前后，我与时任吉林文史出版社社长的徐潜先生就曾多次动议启动出版《长白丛书精品集》，并做了相应的前期准备工作，后因出版资助经费落实有困难而一再拖延。2020年，以十年前的动议与前期工作为基础，在吉林省省级文化发展专项资金的资助下，北华大学东亚历史与文献研究中心与吉林文史出版社共同议定以《长白丛书》为文献基础，从"丛书"已出版的图书中优选数十种具有代表性的文献图书和研究著述合编为"长白文库"加以出版。

"长白文库"是在新的历史发展时期对"长白丛书"的一种文化传承和创新，"长白丛书"仍将以推出地方文化精华和学术研究精品为目标，延续东北地域文化的文脉。

"长白文库"以"长白丛书"刊印40年来广受社会各界关注的地方文化图书为入选标准，第一期选择约30部反映吉林地域传统文化精华的图书，充分展现白山松水孕育的地域传统文化之风貌，为当代传统文化传承提供丰厚的文化滋养，是一件功在当代、利在千秋的文化盛举。

盛世兴文，文以载道。保存和延续优秀传统文化的文脉，是人文社会科学研究者的社会责任和学术使命，"长白丛书"在创立之时，就得到省内外多所高校诸多学界前辈的关注和提携，"开发乡邦文献，弘扬地方文化"成为20世纪80年代一批志同道合的老一辈学者的共同奋斗目标，没有他们当初的默默耕耘和艰辛努力，就没有今天"长白丛书"这样一个存续40年的地方文化品牌的荣耀。"独行快，众行远"，这次在组建"长白文库"编委会的过程中，受邀的各位学者都表达了对这项工作的肯定和支持，慨然应允出任编委会委员，并对"长白文库"的编辑工作提出了诸多真知灼见，这是学界同道对"丛书"多年情感的流露，也是对即将问世的"长白文库"的期许。

感谢原吉林师范学院、现北华大学40年来对"丛书"的投入与支持，感谢吉林文史出版社历届领导的精诚合作，感谢学界同人对"丛书"的关心与帮助！

郑　毅

谨序于北华大学东亚历史与文献研究中心

2020年7月1日

"长白丛书"序

吉林师范学院李澍田同志，悉心钻研历史，关心乡邦文献，于教学之余，搜罗有关吉林的书刊，上自古代，下迄辛亥，编为"长白丛书"，征序于予，辞不获命。爰缀予所知者书于简端曰：

昔孔子有言："夏礼吾能言之，杞不足征也。殷礼，吾能言之，宋不足征也。文献不足故也，足，则吾能征之矣。"说者以为："文，典籍也。献，贤也。"这是因为文献对于历史研究相辅相成，缺乏必要的文献，历史研究便无从措手。古代文献，如十三经、二十四史之属，久已风行海内外，家传户诵，不虞其失坠，而近代文献往往不易保存。清代学者章学诚对此曾大声疾呼，唤起人们的注意，于其名著《文史通义》中曾详言之。然而，保存文献并不如想象那么容易。贵远贱近，习俗移人，不以为意，随手散弃者有之。保管不善，毁于水火，遭老鼠批判者有之。而最大损失仍与政治原因有关。自清朝末叶以来，吉林困厄极矣，强邻环伺，国土日蹙，先有日、俄帝国主义战争，继有军阀割据，九一八事变后，又有敌伪十四年统治，国土沦陷，生民憔悴。在政权更迭之际，人民或不免于屠刀，图书文物更随时有遭毁弃和掠夺的命运。时至今日，清代文书档案几如凤毛麟角，九一八事变以前书刊也极为罕见。大抵有关抨击时政者最先毁弃，有关时事者则几无孑遗。欲求民国以来一份完整无缺的地方报纸已不可能，遑论其他。

中华人民共和国成立以来，百废俱兴，文教事业空前发展。而中经十年内乱，公私图书蒙受极大损失，断简残篇难以拾缀。吉林市旧家藏书，"文革"期间遭到洗劫，损失尤重。粉碎"四人帮"后，祖国复兴，文运欣欣向荣，在拨乱反正的号召下，由陈云同志倡导，大张旗鼓，整理古籍，一反民族虚无主义积习，尊重祖国悠久文化传统，为振兴中华，提供历史借鉴。值此大好时机，李澍田同志以一片爱国爱乡的赤子之心，广泛搜求有关吉林文史图书，不辞劳苦，历访东北各图书馆，并远走京沪各地，仆仆风尘，调查访问，即书而求人，因人而求书，在短短几年内，得书逾千，经过仔细筛选，择其有代表性者三百种，编为"长白丛书"。盖清代中叶以来，吉林省疆域迭有变迁，而长白山钟灵毓秀，巍然耸立，为吉林名山，从历史上看，不咸山于《山海经·大荒北经》中也有明确记录，把长白山当作吉林的象征，这是合情合理的。

"丛书"中所收著作，以清人作品为最多，范围极其广泛，自史书、方志、游记、档案、家谱以下，又有各家别集、总集之属。为网罗散佚，在宋、辽、金以迄明代的著作之外，又以文献征存、史志辑佚、金石碑传补其不足，取精用宏，包罗万象，可以说是吉林文献的总汇，对于保存文献，具有重大贡献。

回忆酝酿编纂之际，李澍田同志奔走呼号，独力支撑，在无人、无钱的条件下，邀集吉长各地的中青年同志，乃至吉林的一些老同志，群策群力，分工合作，众志成城，大业克举。在整理文献的过程中，摸索出一套先进经验，培养出一支坚强队伍。这也是有志者事竟成的一个范例。

我与李澍田同志相处有年，编订此书之际，澍田同志虚怀若谷，对于书刊的搜求，目录的选定等方面多次征求意见。今当是书即将问世之际，深喜乡邦文献可以不再失坠，故敢借此机会聊述所怀。殷切希望读此书者，要从祖国的悲惨往事中，体会爱国家、爱乡土的心情，激发斗志，为"四化"多作贡献。也殷切希望读此书者，能够体会到保存文献之不易，使焚琴煮鹤的蠢事不要重演。

当然，有关吉林的文献并不以汉文书刊为限，在清代一朝就有大量的满文、蒙文的档案和图书，此外又有俄、日、英、美各国的档案和专著，如能组织人力，有计划、有步骤地进行整理，提要钩玄勒成专著，先整理一部分，然后逐渐扩大，这也是不朽的盛业，李君其有意乎？

吉林　陈连庆　谨序

一九八六年五月一日

目 录

双城堡屯田纪略

清·王履泰 编

陈见微 高淑清 分点

整理前言

　　清嘉庆年间，为解决京旗闲散生计，以东北三千旗丁为开荒主力，于吉林双城子（今黑龙江省哈尔滨市双城区）筹办双城堡屯田，是书即为其记录。其所钩辑者，为嘉庆十九年（1814）至道光三年（1823）六月计十年的部分档案。凡乾隆、嘉庆年间上谕暨道光三年以前谕旨、吉林将军经办屯田的具体措施，无论宏纲巨纪，还是委曲纤细，均予采录，比较全面、详细地反映了双城堡屯田的状况，尤其是屯垦前期，即吉林、盛京三千旗丁对双城堡开发情景。

　　编者王履泰，清江苏吴江人，官至大名府知府。嘉庆十三年（1808）进呈《畿辅安澜志》，后因违制听曲被黜，于道光元年发遣黑龙江，被富俊留于吉林，经办屯田。教稼劝稿，多有劳迹。督垦之余，将历年积存档案，芟其繁复，摘其要领，分门别类，理为一篇，名曰《双城堡屯田纪略》，以为后世屯田教课者取则。计分上谕、奏略、咨会、札檄、示约五类，十六卷，约十七万字。

　　本书编排，各类以时间为序，眉目清晰，颇便翻检。在选材上，注意照应，且悉录原文，不为一字增减，以昭信守。

　　本书系孤本，原藏南京大学图书馆，为第一手档案资料。它的一些内容，如上谕及奏略中之有关部分，《吉林通志》《吉林外纪》等书间有载录，而绝大多数均属第一次披露，具有极高史料价值；如官屯旗宅之建置及施工，满洲苏拉（闲散穷丁）之成为地主富农，工商各业之兴办，北地养蚕植棉之试验，等等，于东北开发史、经济史的研究裨益尤多。

　　原书为手抄本，舛误讹夺颇多。此番重刊，在标点基础上，进行整理，手书笔误，一律径改，不出校记。原编卷次化简，以类相从。

　　本书由吉林师范大学古籍研究所李澍田教授主编，陈见微、高淑清分点，丁武丁初审，夏润生复审。限于水平，定有舛误，祈方家教正。

编　者

庚午清明

凡 例

一、是编名曰纪略，盖纪其大略也。辛巳冬，奉文屯田效力，爰稽图籍，自嘉庆十九年（1814）经治以来，册档几于充栋，不一一厘然在心目间，何以从而教课，使底于成。于是芟其繁复，摘其要领，抄集十六卷，初名曰屯田纪录。顾念纪者，识也，至编曰录也，此非有识必录，可同于陆龟蒙耒耜经、胡锜耕录稿者，但期丁知官使之力其田，非有异于凡为农者之力其田则得之矣。

二、是编首列乾隆、嘉庆年间上谕暨道光元年以后谕旨，所以昭前烈、重圣谟也。次曰奏略，凡宏纲巨纪，委曲纤细，无不先入告而后施行者也。次曰咨会，内而部臣，外而盛京及各城副都统，罔弗咨诹详尽，以大和会者也。次曰札檄，如身之使臂，臂之使指，合群策群力以任奔走者也。次曰示约，则与丁约法，有如父兄之训其子弟焉。

三、是编之缉，志屯田也。屯田之设，裕旗人也。富尚书俊念莘穀之下，生齿日繁，我国家亿万年无疆之休，十年生聚，百年生聚，循此以往，虽骈肩累足而立于王畿千里之内，亦地仄人稠矣。于是乎辟地以创屯田，为京师万世计也。履泰念东三省尽多未辟之闲荒，悉我朝丰镐旧京之地，日后必有踵此议旗屯以疏生计者。数千百里，人无只影，水无一滴，中弥望荒莱，从何着手。得此卷以为率由，则事不难矣。于是乎编书以刊纪略，为后之官斯土而从事于此者有取则也。

四、是编仿于成龙政书、田文镜抚豫录，依原行条教体裁，不增减一字。古来政事之册、经济之书，一经著述，便涉铺张，兹悉录原文，以昭传信。图之进御者凡五，周袤数百里之地，当日系绘为巨幅，兹并缩于盈尺之中，而道途封堆不遗半黍，使后之踵事者如数掌纹。盖度土开荒，必如是而经营大备。而左图右史，亦必如是而参证靡遗矣。

五、是编所列凡三屯，曰中屯，曰左屯，曰右屯。每屯各分八旗，每旗又各列五屯，曰头屯，曰二屯，曰三屯，曰四屯，曰五屯，综计之凡一百二十屯。星罗棋布，纲举目张。古人寓兵于农，此则乃疆乃理之中，俨然万灶，恍然八阵。富尚书寓农于兵，又有深意存焉者。故其训诸丁也，必令有材识者无忘骑射，仍备挑差，期上进云。

六、是编札檄、示约数卷中，为逃丁一事，舌敝耳聋，不能禁阻，其故何也。旗人都不习于耕，屯官又不谙教稼，丁既无以为食，且无以为衣，于是报逃之牍无虚日。今教以稼穑，人尽知耕，数口之家，终年果腹，以其余粟粜钱市布，温暖兼资，安居乐业矣。两载以来，无一人逃逸，且各奉其父母，招其兄弟，挈其妻子，毕至偕来。三屯共养男妇老幼二万四千余，旗人熙熙皞皞，富尚书慰藉而去。癸未四月，松将军籑接膺斯役，又加振抚，益见敦宠。所谓莫为之前，虽美弗彰，莫为之后，虽盛弗传矣，故是编截至道光三年（1823）六月止。

王履泰　谨识

卷 一

上 谕

嘉庆十七年（1812）四月初二日奉上谕：八旗生齿日繁，京城各佐领下户口日增，生计拮据，虽经添设养育兵额，而养赡仍未能周普。朕宵旰筹思，无时或释。前日举行大阅典礼，各旗营队伍整齐，在南苑先期训练，祗遵约束。朕嘉旗人服习教令，更念养先于教，为之谋衣食者益不可不周。国家经费有常，旧设甲额现已无可复增，各旗闲散人等为额缺所限，不获托食名粮。其中年轻可造之材，或闲居坐废，甚或血气方刚，游荡滋事，尤为可惜。因思东三省原系国家根本之地，而吉林土膏沃衍，地广人稀。闻近来柳条边外采参山场日渐移远，其间空旷之地不下千有余里，悉属膏腴之壤，内地流民，并有私侵耕植者。从前乾隆年间，我皇考高宗纯皇帝轸念八旗人众，分拨拉林地方，给予田亩，俾资垦种，迄今该旗人等甚享其利。今若仰循成宪，斟酌办理，将在京闲散旗人陆续资送前往吉林，以闲旷地亩拨给管业，或自行耕种，或招佃取租，均足以资养赡。将来地利日兴，家计日裕，旗人等在彼尽可练习骑射，其材艺优娴者仍可备挑京中差使，于教养之道实为两得。著传谕赛冲阿、松宁，即查明吉林地方自柳条边外至采参山场其间道里共有若干，可将参场界址移近若干里。自此以外，所有闲旷之地悉数开垦，计可分赡旗人若干户。并相度地势，如何酌盖土锉草房，俾藉栖止。其应用牛具籽种每户约需若干。再该处现有闲散官员是否足资统束，抑或须增设佐领、骁骑校之处，一并详细妥议章程，并绘图贴说具奏，候朕酌度。或先派旗人数百户前往试行，俟办有成效，将来即可永资乐利。此事经营伊始，该将军等毋得畏难观望，务尽心筹划，以副委任。将此谕令知之。钦此。

嘉庆十七年九月十七日奉上谕：赛冲阿、松宁筹办移驻闲散旗人一事。查得宁古塔东南五百余里绥芬河、范家老营等处周围六百余里，其中花尔哈等处水木较便，可开地五六万垧。但离城辽远，艰于约束，未便移驻，松宁现拟先往拉林踏勘等语。旗人移驻之处，必须有将军、副都统等就近管束，方可安静谋生。今花尔哈等处在宁古塔东南五百余里，旗人移驻到彼难以弹压稽查。赛冲阿等以该处未便移驻，尚属晓事。此事熟筹妥办，总须在三五年之后，该将军等尽可从容踏勘。如勘有闲荒地亩相距吉林、宁古塔二处不过十里远近，最为妥协，即绘图奏明请旨。若近处无可垦之田，亦即据实奏明，毋庸办理可也。将此谕令知之。钦此。

嘉庆十九年（1814）十一月二十六日奉上谕：据富俊等奏预拟试垦章程，请先于吉林等处闲散旗人内挑选屯丁一千名，每丁给银二十五两、籽种谷二石，于拉林东西夹信沟地方，每名拨给荒地三十垧，垦种二十垧，留荒十垧。试垦三年后，自第四年起交粮贮仓。十余年后移驻京旗苏拉时，将熟地分给京旗人十五垧、荒五垧，所余熟地五垧、荒五垧即给原种屯丁，免其交粮，作为恒产。并将屯田出入各数，屯丁用款及设官管理章程开单呈览。此项试垦地亩需帑无多，将来开垦成熟后移驻京旗闲散，与本处旗屯众丁错处，易于学耕伙种，不致雇觅流民代耕，启田为民占之弊，所议似属可行。由其单合计十年用银四万零五百两。其试垦之第一年只需银二万八千余两，即可与办。着即照富俊等所议，挑选屯丁一千名，由该处备用银两拨给牛价等项，公仓内拨给谷种，如法试垦。富俊现准来京陛见。着松宁先行经理，俟富俊回任后，一切会同妥办。此事创行伊始，伊等务计划周详，督率各屯丁勤习耕作，并随时认真查察。如一年办有成效，则积至十余年后，所得租谷帑价，大可裕旗人生计。若仍令雇民代垦或将地亩私行租佃，久之悉为流民占据，将来移驻旗人时，无地可耕，则该将军等办理不善，咎有攸归，断不宽恕。其所议按年征租及派拨官兵约束一切章程，均着照所议办理。将此谕令知之。钦此。

嘉庆二十年（1815）五月十四日奉上谕：富俊等奏诣勘分荒试垦事竣一折。拉林西北双城子一带地土沃衍，经富俊亲往查勘，派员履丈。现拟每屯设立五屯，共屯丁一千名。一切农具耕牛等项已分别采买，于本年备齐，明春一律开垦。并据绘图进呈，朕详加披览，所拟辟屯试垦章程尚为周妥，着照所奏办理。该将军等唯当随时督察，认真经理，以期渐有成效。至折内称，现在勘之地可备移驻京城闲散旗人二三千户之用。该将军等前奏称，自试垦之第四年交粮起，七年交谷十四万石，每石约价银五钱，可得银七万两。除十年用项外，余银二万九千余两，十余年后即可以移驻京旗闲散等语。着该将军等于试垦收粮办有成效后，察看可以移驻京旗之时，毋庸奏请，同时并往，当酌定起数，如移驻一千户，分为数年，陆续前往，庶办理较有次第，赍遣亦易为力也。将此谕令知之。钦此。

嘉庆二十一年（1816）九月二十日内阁奉上谕：富俊等奏开垦地亩被霜情形一折。吉林双城堡地亩本系试垦生荒。今秋禾稼被霜，收成仅只四分，着照所请，将二十四年起征之粮递缓一年，展至二十五年征收。并于明春在阿勒楚喀仓贮粮石内借给籽种二十石，于秋收后照数征还。其屯丁家口不敷栖止，准其于库存备用项下动支银三千两，添盖窝棚七百五十间，分给居住，俟十年粜谷价银再行归补原款。钦此。

嘉庆二十一年十月初七日奉上谕：富俊等奏双城堡开垦地亩被霜一折。已明降谕旨，照所请施恩矣。双城堡地方本系生荒，经富俊奏请开垦，适被霜灾，业已量为调剂。但该将军折内有屯丁报逃，另行补派之语。该处初经开垦，气候早寒，屯丁等一切俱未熟悉。若试垦二三年岁有收获，自可以渐垦辟。倘其地实不宜于种植，徒劳无益，富俊即当据实奏明，另行筹划，不可固执己见，以奏准在前，意存回护也。将此谕令知之。钦此。

嘉庆二十三年（1818）上谕：富俊奏筹议开垦屯田一折，又另片奏伯都讷围场现有堪种荒地，请饬查明备垦。着交松宁，一并详查妥议具奏。俟定议后，再行会同富俊办理。钦此。

嘉庆二十三年十一月初六日奉上谕：前据富俊奏筹议开垦屯田，并请查明伯都讷围场荒地备垦，当降旨及松宁详查妥议，俟定议后，再行会同富俊办理。兹据松宁将议开双城堡屯田章程开单具奏，并以试垦伯都讷围场地亩经费不敷，请俟双城堡屯地陆续升科后接办。富俊现已调任吉林将军，着将松宁所议章程再交富俊复加核拟，松宁所定银数是否丰俭合宜，屯丁得此是否即可养赡家口，尽心开垦，务期国帑可以按限归补，不致多糜，而于旗民生计亦实有裨益，方为经久良策。其伯都讷地亩应否酌分缓急次第办理，该将军议定，即行复奏候旨饬遵。松宁折并清单俱着发给阅看，将此谕令知之。钦此。

嘉庆二十四年（1819）八月十八日内阁奉上谕：富俊奏请以废员劝课屯田等语。吉林双城堡屯田劝课需人，准其以已革知县窦心传饬赴吉林劝课屯丁，如三年期满，卓有成效，照直隶办理营田之例奏明，送部引见。钦此。

嘉庆二十五年（1820）五月十七日内阁奉上谕：富俊奏双城堡三屯应增各条款。双城堡中、左、右三屯移驻屯丁三千户，兼有眷口帮丁，已成繁庶，所有前议未备之处，自应增定章程，以利耕屯而安生聚。着照所请，每屯添设井一口，仍按前估银一千八百两，准其在参余项下动用支给。其三屯屯丁所有户婚钱债及争斗讼事，即着各该佐领呈报协领讯办。如有人命盗案，报解阿勒楚喀副都统衙门验讯，转咨该将军核办。双城堡协领处准其添设无品级笔帖式二员、委官二员，三屯佐领每处各添设无品级笔帖式一员、委官一员，以资办公差委。即各于甲兵内挑选补放，仍食本身钱粮，笔帖式于钱粮外照例支给米石。其五屯所设之总屯达差务较繁，着各赏戴金顶，每人月给工食银一两，遇闰增给，亦于参余项下动支报销。至三屯领催、甲兵红白赏银，各由将军衙门给发。文移来往，未免稽迟，着准其预支银三百两存贮协领公所，随时呈报给发，年终造册汇销，每年俱补足三百两之数备贮。该协领仍每季将实存之数结报，以凭查核。钦此。

嘉庆二十五年五月十七日奉上谕：富俊于吉林开垦屯田一事锐意办理。今双城堡新垦地亩已有成效，盛京闲散旗丁视为乐土，纷纷呈请愿往耕种。其续行筹议条款亦俱周妥，洵属实心任事。富俊着交部议叙。钦此。

嘉庆二十五年五月二十五日奉旨：富俊于开垦屯田一事锐意办理，卓有成效。部议给予记录二次，尚不足以示优奖，着赏加一级。钦此。

嘉庆二十五年六月十三日内阁奉上谕：富俊等为双城堡开垦地亩、管理屯丁之协领等才力不及参奏一折。双城堡立屯开垦地亩，该管协领明保等皆系特派承办之人，并无尽心善导指管之处。富俊竟不固执前奏，据实参奏，甚是。即照富俊所奏，将明保降补中屯左翼佐领，阿尔喀善委佐领，富征额仍归防御原任，明保所出总理三屯协领员缺，着以记名舒经额补授。余依议。钦此。

道光元年（1821）正月初六日内阁奉上谕：富俊奏吉林屯田移驻京旗闲散章程一折。八旗生齿日繁，而甲饷设有定额，屡经筹议加增，于旗人生计仍未能大有裨补。惟因地利以裕兵食，乃万年之长策。富俊筹办开垦阿勒楚喀、双城堡三屯地亩九万数千垧，现已渐有成效。兹据奏，其地可移驻在京旗人三千户。酌议自道光四年为始，每年移驻二百户，分为四起送屯。该处预于道光二年伐木筑室，按户给予房间地亩、牛具、盘费等项，逮及纤悉。并移驻后，添设官兵、盖房给地，及设官兵升调挑补各事宜，其计划甚为周备。均着照所议办理。其折单着发交八旗满洲、蒙古都统、副都统等，各晓谕所属旗人，使知迁移之乐。愿移驻者各报明本旗，届期资送，授产力田，以原生理。不得以桀骜不驯之人充数，致扰淳风。各该旗仍将报名之户咨报户部，每届年终，先行具奏一次。钦此。

道光元年正月二十一日内阁奉上谕：富俊奏屯田出力废员恳恩鼓励一折。已革知县窦心传前经饬赴吉林办理双城堡屯田事宜，劝课屯丁，尚为认真。着加恩赏给知县原衔。俟道光四年（1824）移驻京旗闲散事竣，如果始终妥善，再行送部引见。钦此。

道光元年八月初六日奉上谕：富俊等奏双城堡随缺地亩请加展生息银两以资佃垦一折。双城堡三屯协领以下官兵，虽经拨有随缺地亩，因无力开垦，不能得益。富俊等请添给牛具等项银两，着照所请。三屯官兵随缺地二分，共六千五百六十垧。每地十垧，赏给牛犁等项银十两，先于抵补费用参余项下动支。其前经奏准发商生息银二万两，准其加展生息，三年所得息银七千二百两，除归补参余银六千五百六十两外，其余银六百四十两即准其添补中屯农器。富俊等即责令该员弁等赶紧佃垦，勒限三年，一律开齐。如有推延，分别参办。其另片所奏，连盖房屋之砍木兵亦着照所请，将原派之阿勒楚喀、拉林兵二百名内减派百名，于吉林、伯都讷、乌拉共派兵百名，宁古塔、三姓共派兵百名，递年与原派兵百名合一，百名轮流赴山砍伐，以均劳逸。其所议移驻在京闲散给车借饷事宜，俟届时该将军等再行具奏，另降谕旨。将此谕令知之。钦此。

道光元年十一月初八日内阁奉上谕：富俊奏劝课屯丁乏人，请将黑龙江废员改发吉林委用一折。王履泰着改发吉林，交该将军差委效力。钦此。

道光二年（1822）正月二十七日奉上谕：前据富俊等覆奏伯都讷屯田各款一折，当交曹振镛等会议具奏。兹据奏称，开垦屯田原为移驻京旗闲散而设。上年富俊奏定双城堡章程，经各都统等晓谕八旗，迄今已逾一年，愿移者仅二十八户，恐十五年内移驻三千户必须届期展限之事，所盖住房即不免先有闲旷。伯都讷移驻闲散，又在道光十八年以后，计日尚遥，其所需经费不能不预筹垫借。是否亟应筹办，应请钦派大臣前往查勘等语。双城堡屯田计可移驻京旗闲散三千户，今愿移者仅二十八户，人情不甚踊跃。若同时开垦伯都讷屯田，为计太早，且经费亦恐不敷。所有伯都讷屯田一事，毋庸派员查勘，着富俊即行停止筹办。并饬令文武员弁，严禁民人私垦。现在只须专将双城堡屯田妥为经理，以期经久无弊。至该将军原议现在砍木备料，自道光三年（1823）为始修盖住房八百间，以后每年盖房八百间。今旗人既观望不前，其多盖房屋，诚恐徒滋糜费。着俟道光四年（1824）移驻时计若干户，卓有成效，再行酌量情形，核实办理。将此谕令知之。钦此。

道光二年闰三月初二日奉上谕：据富俊等明白回奏开垦伯都讷屯田情形一折。吉林乃我朝根本之地，若因伯都讷开垦屯田，招集流民耕种，日久流弊，不可胜言。今该将军等覆奏原议，系由吉林现有纳丁纳粮民人认垦，并非招集流民，将来不必另筹安置，于事尚无窒碍。惟现在双城堡屯田并未垦竣，且移驻京旗甚少，何必亟亟筹办。俟将双城堡办竣，获有成效，再行议及开垦，亦未为迟。至另片奏请于闲散旗人中二十岁以上、五十岁以下，果有父母兄弟叔侄等三口以上者，均可算户，不必拘定娶有妻室之人，或愿来者多等语，亦恐窒碍难行。现距移驻之期尚有二年，将来呈报愿往者或不乏人，毋庸预为筹及也。将此谕令知之。钦此。

道光二年四月二十八日内阁奉上谕：富俊等奏双城堡建盖官房，请免题报估销一折。此项建盖移驻京旗闲散官房工程，前经该将军奏准，由备用银内动支，仍于粜谷价银及参余项下归款，非开销正项可比。着毋庸报册题估题销，别项工程不得援以为例。该部知道。钦此。

道光二年六月十六日奉上谕：据松筠奏遵旨查勘双城堡屯田情形折内称，双城堡此次开垦屯田，中屯一千丁，多系旗丁自行耕种，其雇觅民人帮工及分种者二十一户，虽无私行租典之事，惟间有在封堆内携带家眷者，请旨饬禁等语。着富俊即行出示严禁，以杜民占旗产之渐。至另片所奏，查勘伯都讷围场现在封禁，立封堆四百一十个，委无民人在内私行开垦之处，并着富俊随时查察，严禁私垦，毋得日久疏懈，致滋流弊。将此谕令知之。钦此。

道光二年六月二十七日奉上谕：松筠奏查勘双城堡屯田情形酌拟调剂各款一折。双城堡开垦屯田，原为移驻京旗而设。现既查明开垦地亩及屯丁耕种情形未能悉符原议，自应量加调剂，期收实效。松筠已调任吉林将军，该处屯田事宜，即系伊一人专责。着于到任后，将此次陈奏八条，再行体察情形，逐一详核。如有令行酌改之处，奏明办理。不可因此折具奏在前，稍涉回护。总期筹酌妥善，使开垦屯丁乐于趋事，移驻京旗踊跃争先，方为不负委任。将此谕令知之。钦此。

道光二年八月十五日奉上谕：松筠奏调剂双城堡屯田情形，将酌拟各款内先行复奏二款，请旨遵办一折。所奏是。吉林双城堡开垦屯田移驻京旗，前经松筠查勘情形，奏请调剂，已降旨令该将军于到任后，将陈奏各条逐加详复，务期妥善。兹据该将军查明，该处中屯地亩已经垦种之地共六千五百余垧，应照六年升科之例，令其纳粮。惟此项地亩内，有因屯丁残废、病故、脱逃另补，以致已开复荒。续挑之丁到屯未满六年，自未便令其一体完纳。着该将军详细确查，其实届六年者，即着于本年秋收后按垧纳粮。余着暂行展缓，俟承种届满年限，再行照办。至修盖京旗住房，原不应预备过多，致有闲旷损坏。着照该将军所请，先按现愿移驻京旗户数修盖住房，此外均着缓办。将来京旗续有咨报移驻之户，由户部知照该将军，再行兴工，亦不致迟误。松筠接奉此旨，即移知富俊遵照办理。其余各款，松筠到任后，仍遵前旨，体察情形，悉心筹酌，务俾屯丁农务、移驻京旗两有裨益，方为尽善。将此谕令知之。钦此。

道光三年（1823）四月十三日奉上谕：本日富俊奏交代屯田节省银钱，将动用款目开单呈览。据称，前于嘉庆十九年奏垦吉林双城堡屯田，制备窝棚、牛具并修理公所、仓廒、住房等项，除动用银十七万五百余两外，经承修工员缴回银二万八十二两零，又剩存小木变价银四千一百五十两，钱一万二千三百八十七串。三屯义仓现存谷八千七百五十仓石，三屯屯丁分生孳生乳牛二百四十只，小牛八十八只。所存仓粮备接济屯丁之用，春借秋还，可期永无亏短。孳生牛只，除补足倒毙额数外，赏给种地最多之屯丁。存剩银钱，拟交吉林理事同知，发给殷实铺商生息，以息银接济屯丁，毋许动用原本。嗣后，每任列入交代具奏一次，毋庸报部等语。富俊在该处年久，情形尚为熟悉。其筹节各项钱粮，尤应核实经理，以期历久无弊。着松筠查明实存数目，遵照妥办。务期钱粮不致短绌，屯丁永资接济，以副委任。将此谕令知之。钦此。

道光三年四月二十七日奉上谕：松筠奏屯田出力之员请即送部引见一折。奉天已革知县窦心传，前经富俊奏准，调赴吉林办理双城堡屯田事宜，劝课屯丁，认真出力，已赏给知县原衔，仍留该处差委。该员出力已满三年，现在别无经手事件，着照所请，窦心传准其送部引见。该部知道。钦此。

道光三年五月二十八日奉上谕：松筠奏查明前任交代屯田动用库款并实

存数目一折。前因富俊奏明交代屯田节省银钱及动用款目,当交松筠查照妥办。兹据查明,库贮撙节银钱、义仓现存谷石并屯丁分牧孳生大小牛只与原奏均属相符,惟动用参余项下银二万两发交揽头等承领生息办理,现形拮据,一时难以提缴。着即于历年所领未能进山票应发银二万余两内,分作三年扣缴归款。俟按限缴足后,即仍交殷实铺商生息。此内除动用交商生息银两照例年终报部外,其撙节一款,着于年终具奏一次,毋庸造册报部。该处存贮各项钱粮,原为接济屯丁之用,自应核实经理,以期历久无弊。该将军务须随时严查,毋许丝毫亏短,致滋流弊,是为至要。将此谕令知之。钦此。

道光三年七月初九日奉上谕:松筠奏详议双城堡屯务章程条款一折。朕详加披阅,内酌给帮工制钱一条。新地正需添开,旸雨亦难预定,除本年毋庸发给帮费外,倘遇歉收之年,至次年兴耕之始,该屯丁力量支绌,着于生息撙节项下酌给调剂。钱费不动正款,毋庸预定数目。俟该将军于秋成后核定办理。其中屯屯丁住房酌给修费一条。中屯房屋已阅八年之久,多有坍塌处所。除将不合式木植发给该屯丁修理外,仍照该将军前议,每丁一名房一间给修费银三两,由撙节生息项下支给,不动正款。其移驻闲散先尽中屯安置一条。京旗移驻者,新旧共三十一户,现在中屯八旗盖房四十所,足敷居住。嗣后有愿移驻者,即照原议,由户部咨明户数,再为按户盖房,以备移驻。此次移驻京旗,即交该屯协领、佐领等官管辖。该官兵送到后,即令回京,毋庸在彼居住弹压。嗣后均照此划一办理。至建盖房屋,将屯基酌量展宽一条。新建京旗住房,与屯丁房屋毗连,移驻日久,丁丁繁衍,屯丁与京旗杂处,易生嫌隙。嗣后移驻京旗,着于附近闲荒内按户建房,备住京旗。与屯丁分处,各不相扰,该管官亦易防闲。其每屯两井,仅敷现在屯丁汲用。移驻京旗,着就近再添两井,仍照奏定原价开挖,在备用项下动支。其义仓贮谷并贮黑豆一条。中、左、右三屯各建义仓一所,足敷支借。惟屯丁等恃牛力,所有应贮三仓市斛黑豆一千五百石,俟秋收后在撙节生息项下动支采买。每年春耕出借,秋后还仓,以资接济,毋庸再动正款。又逃丁一名选丁顶补一条。现在各屯并无逃逸,嗣后间有一二名潜逃,着由撙节生息项下支给买补农器,该佐领只赔迁费银四两,以免苦累。至屯丁已故另补屯丁,地亩均归新丁,其家口无依,殊堪恻悯。除查明有亲属可依,给资令其回旗,另行筹给养赡外,其无可归者,即于大封堆内酌拨闲荒八垧,租与民人耕种,令该户按年取租,以资养赡。该将军唯当行之以实,持之以久,俾各屯丁趋事赴功,移驻京旗安居乐业,方为不负委任。钦此。

卷 二

奏 略

　　奴才富俊、松宁跪奏为遵旨预议试垦章程，以备京旗闲散移驻种地奏请圣鉴事。窃照在京闲散满洲移驻吉林耕种事宜，经前任将军赛冲阿、奴才松宁奏，勘得拉林东北闲荒可垦五千余垧，东南夹信沟可垦二万余垧。近年吉林收成不丰，请俟三五年后从容筹办等因。奉旨：该处收成不丰，此时原不能即将旗人移驻，其一切垦荒计亩章程，则须预为筹办，不必延至三五年后推诿时日。着该将军等即检查乾隆年间移驻旧案，将先期试垦备办各事，宜详细酌核，先行筹议章程具奏。候旨遵行。钦此。钦遵。前任将军赛冲阿、喜明俱未及办竣奉旨调任。奴才富俊莅任后，会同奴才松宁细心商办，检查从前旧卷，移驻京旗苏拉盖房垦地，均藉吉林各城兵力赶办，其地但垦而不种，虽酌留数人教耕，一年裁撤，新移京旗苏拉往往不能耕作，始而雇觅流民代为力田，久之多为民有，殊失我皇上爱育旗人之至意。此时预筹试垦，莫若先计屯田，通盘核算。应请先于吉林所属无业闲散旗人内，令各旗共拣丁一千名，出结保送，作为屯丁。每丁由备用项下给银二十五两，官为置买牛具自行搭盖窝棚，由阿勒楚喀公仓内赏给籽种谷二石，每年给补倒毙牛价银一千三百三十六两，于前勘定拉林东南夹信沟地方，每年拨给荒地三十垧，垦种二十垧，留荒十垧，试种三年后，每垧交谷粮一石，计自第四年起交粮贮仓。十余年后移驻京旗苏拉时，将熟地分给京旗人十五垧、荒五垧，所余熟地五垧、荒五垧即给原种之屯丁作为恒产，免其交粮，亦不补给倒毙牛价。如此因利而利，并不多靡国帑。吉林穷苦旗丁获沐殊恩，即将来京旗苏拉移驻到吉得种熟地，与本处旗屯众丁犬牙相错，易于学耕伙种，殊与移驻有益。所有屯田出入各数，及设官管理章程并屯丁用款，谨缮清单恭呈御览外，理合据实覆奏，如蒙俞允。现在吉林十旗协领、参领等已将各旗苏拉内情愿往屯勘种者保出七百二十名，尚短二百八十名，请于阿勒楚喀、伯都讷各旗苏拉内各派出百名，打牲乌拉八旗苏拉内出派八十名，共合屯丁一千名，计合牛二百五十具，合并声明。伏祈皇上睿览。谨奏。

嘉庆十九年十一月十四日

谨将屯种拟用银粮合计十年出入总数恭呈御览：

查种地屯丁每名买牛、置买农具一切给银二十五两，屯丁千名计用银二万五千两，只给一次。耕牛一千条，照官屯例，牛六条每年准倒毙一条，计一年倒毙牛一百六十七条，每条价银八两，共合银一千三百三十六两。初年不给，以九年计，合银一万二千零二十四两。屯丁千名，共赏给籽种谷二千石。每石作价六钱，共合计银一千二百两，只给一次。协领等官以及兵丁盖房二百一十二间，每间给价银十两，又盖办事公所房七间，合银二百二十两。共合银二千三百四十两。

以上十年共计用银四万零五百六十四两。

屯种十年，初垦三年不交粮石，第四年起征。每丁交谷二十仓石，屯丁千名，一年应交谷二万石，计七年共交谷十四万石。每石约计价银五钱，十四万石共合银七万两。除十年共用银四万零五百六十四两外，计余银二万九千四百余两。再种十年，只用倒毙牛价银一万三千三百六十两，得谷二十万石，合银十万两，除补牛银外，仍余银八万六千六百余两。合并声明。

谨将拨设官兵屯种章程恭呈御览：

一、种地屯丁千名，应设官弹压及办理一切事件。拟设委协领一员，总司其事，由十旗佐领内拣选调补。其佐领缺即令无兼佐领之协领署理。由防御内拣选二员作为委佐领，每员各管一翼。由委官及世职七品监生内拣选二员作为骁骑校，随佐领办理一翼。屯丁事件呈委协领，由委协领核转，详报阿勒楚喀副都统衙门办理，咨报将军衙门。防御并无专司之事，毋庸补设。如挑委官所出之缺，系食原饷，仍由领催、前锋内挑补。至委协领、佐领、骁骑校管理屯丁千名，应请照委更换顶戴以资弹压，食原俸饷。

二、委协领、佐领处应设办事应役之人。委协领处拟给领催二名、甲兵二十名。委佐领处每翼领催二名，甲兵十五名。领催、甲兵共五十六名，即在吉林五十六佐领下每佐领各出一人充补。以上均作为该处额缺。

三、委协领管理有方，除垦荒外，初次三年屯丁全交粮石，即补吉林协领。以后定以五年全交粮石即补吉林协领。所出之缺，由委佐领内拣补，委佐领出缺，由委骁骑校内拣补，所出之缺由六名领内挑补，以示鼓励，并资熟手。其领催之缺，由五十名甲兵内挑补。以上各项如不得人，仍由吉林各旗佐领、防御、监生、委官内拣选补放。

四、马甲挑补，领催事故出缺，以该兵之子弟并八旗屯达内拣选充补。

五、屯丁出缺，由伊弟兄子侄内挑补。俾所种地亩可作恒产，不致视为传舍，潦草从事。四丁合一具，应令四人互相结保，如有逃懒等事，同具互保人应即报明。仍逃，伊子侄兄弟充补，不得藉词，有废耕作，致误交粮。

六、委协领等官初到无所栖止，委协领拟给房十间，佐领各给房八间，骁骑校各给房六间，领催六名各给房四间，甲兵五十名各给房三间。以上共房二百一十二间。每间给价银十两，听其自行建盖居住。官为建盖办事公所草正房三间，草厢房三间，大门一座，土院围墙一道，共估需银二百二十两。

以上共用银二千三百四十两，只给一次。

七、委协领等官初到，口粮、心红、纸张不无需费，协领一员，拟给荒地四十垧。佐领二员，拟各给地三十垧。骁骑校二员，拟各给地二十垧。领催六名，拟各给地十垧。甲兵五十名，各给地八垧。以上共合地六百垧，以省动项，均作为随缺官地，永远不准典当滋弊。

八、种地八旗，应按左右翼分方立屯。镶黄、正黄每旗屯丁一百二十八人，合牛三十二具。其余六旗，每旗屯丁一百二十四人，合牛三十一具。每旗设立五屯，每屯设十家长二人、屯达一人。五屯设总屯达一名，副屯达一名，俱由屯丁内拣选充补，以资约束，有事禀官办理。

九、委协领、佐领有呈报一切事件，请给委协领关防一颗，及左右翼佐领图记二颗，以昭信守。

十、第四年开征，每年收谷二万石，应修盖仓厫，合贮二万石谷数。来春即照市价，每石减银一钱出粜，价银即解吉林银库另款存贮，以备将来移驻旗人盖房等项使用。俟开征之头年，另筹建盖。合并声明。

谨将屯丁用款恭呈御览：

屯丁四人，合牛一具，用牛四条，每条价银八两，共合银三十二两。

喂牛黑豆，每牛每日二升。三月起至八月止共六个月，喂黑豆十四石四斗。每石价银一两，共合银十四两四钱。

喂牛草每牛每日四束，六个月共合草二千八百八十束。每束合银三厘，共合银八两六钱四分。

窝棚一间，合银四两。

井一眼，合银二两四钱。三十人合一眼。

犁杖一副，合银五钱。

铧子二条，合银六钱。

犁碗子一个，合银五钱。

千斤一副，合银四钱。

怀扒信子一个，合银二钱五分。

锄头四把，每把合银四钱，共合银一两六钱。

镰刀四把，每合银一钱二分，共合银四钱八分。

镢头一把，合银四钱。

大斧子一把，合银四钱。

铁锹一把，合银二钱。

石碾子一个，合银一两七钱。

磨一盘，合银二两。

碾子一盘，合银四两。

车二辆，每辆合银三两二钱四分，共合银六两四钱八分。

铡刀一把，合银一两八钱。

大锯一把，合银二钱七分。

锛子一把，合银三钱。

凿子一把，合银一钱九分。

大磨石一块，合银五钱。

口袋四条，每条合银四钱，共合银一两六钱。

铁锅一口，合银一两五钱。

大缸一口，合银四钱。

盆子一套，合银二钱五分。

碗四个，合银八分。

盘子两个，合银六分。

席子一领，合银三钱。

白布四匹，每匹一两五钱，共合银六两。

靰鞡四双，每双二钱，共合银八钱。

口粮二石，每石合银二两五钱，共合银五两。

以上共合银一百两，每丁合银二十五两。

奴才富俊、松宁跪奏为试垦创始前诣确勘分荒遵旨计划周详，以备明春一律开垦奏祈圣鉴事。窃奴才等奏请将拉林夹信沟闲荒拣丁屯种试垦各事宜，仰蒙恩准，令奴才松宁先行经理，俟富俊回任后，一切会同妥办。等因，钦此。奴才松宁随令委员核计，器具饬造，至采买牛条，总须派员出边购买，于青草茂时方能陆续赶赴垦所，未免需时。奴才富俊于二月初九日回任，会同商酌，筹备各项器具。及买得一千条牛，核计时日，已逾春夏，未能即为垦荒必需。奴才富俊带同各委员亲往详勘，始可分拨。应于本年分旗拨地，编设屯堡，建造衙署，挖立井眼，相度水道，砍运木植，搭盖窝棚，以备明春开垦。庶屯丁得以从容耕作，慎终唯始。现将印钥移交奴才松宁署理，奴才富俊即日起程前往妥办，务期核实。容俟分荒事宜全竣，分款咨部。为此恭折具奏，伏祈皇上睿鉴。谨奏。

嘉庆二十年四月初六日

奴才富俊、松宁跪奏为诣勘分荒试垦事竣回城恭折复奏事。窃奴才等请将拉林夹信沟闲荒拣丁屯种试垦各事宜，仰荷恩允。四月初六日，奴才富俊带同委员前往详勘缘由，奏蒙圣鉴。兹查原勘之荒地虽沃衍，大势洼下，前勘时询系秋深草茂，未能辨别。试垦创始，必须详慎。随复往阿勒楚喀、拉林之西北八十里之双城子一带，东西约有一百三十余里，南北约有七十余里，地土平坦，洵属沃衍，可备移驻京城闲散旗人二三千户之用。检查旧档，乾隆四十三年，前任将军富康安具奏绘图进呈。奉旨：知道了。此事交军机处存记缓办。钦此。奴才当即在此地适中之处暂行驻札，派令各委员周围履丈分拨。通计四丁四牛之数，俾得同力合作，核算成屯，每旗设立五屯。镶黄、正黄二旗每旗住屯丁一百二十八户，计住二十四户者三屯，住二十八户者二屯。其正白、正红、镶白、镶红、正蓝、镶蓝六旗每旗住二十四户者四屯，二十八户者一屯。共满洲屯丁一千名。每户房基东西宽二十丈，南北长二十丈，屯丁宽用九丈，留十一丈，以备将来移驻京旗盖房之用。每屯房分三路，住二十八户屯东西宽计用二百丈，住二十四户屯东西宽计用一百六十丈。南北长俱六十丈。每屯街一道，宽五丈。巷一条，宽三丈。共占用六十八丈。除房基街巷外，每屯丁核给荒地三十大垧，各按左、右翼附屯分拨。至东、西、左、右翼之界中建盖公所及协领住房、左右翼官住房、各领催、兵房，悉照奏款留基之外，分给官兵随缺荒地，仍在公所附近留建仓地基，计共用见方三十四里。所用一切农具，先已饬交同知采买成造。现于勘定处所开井，相度水道。应用耕牛一千只，派员前往边外采买，分起赶赴垦所，总需本年备齐给丁。先为运木割草，搭盖窝棚使用。采取木植，即由莫勒拉林河上游砍运。请于明春一律间段开垦。饬令该管官督察勤惰催耕，该屯丁等自必感激天恩，渐有成效。所有现勘试垦之拉林西北双城子一带界址，咨行阿勒楚喀副都统色尔衮，派委协领各官设立封堆，绘图呈报存案。其在官荒界内，零星间有旗人招来垦种数屯人丁，系嘉庆十五年清查案内奏准入丁陈民，奴才富俊当即出示晓谕，令伊在本屯周围垦种数垧，以养身家。不许借词影射，多占官荒。如有违禁，平毁究治。办理事毕，于四月十九日回城。谨将双城子官荒地图暨分拨八旗屯丁试垦地图贴说，恭呈御览，理合恭折复奏。伏祈皇上睿鉴。谨奏。

嘉庆二十年四月二十九日

（附地图三幅：地界图一、屯街图一、八旗分布图一。）

奴才富俊、禄成跪奏为查勘双城堡开垦地亩被霜致灾情形，据实奏恳圣恩仰祈睿鉴事。窃查奴才等于嘉庆十九年（1814）十一月具奏，于吉林等处闲散旗人内拣选一千名，赏给牛具、籽种、口粮，拨往双城堡。每人给地三十垧，令垦种二十垧，于二十四年起征，每垧交纳谷粮一石，出粜之价，预备移驻京旗苏拉之用。仰蒙俞允。奴才等遂于去年拣委官兵，购买牛只，筹办农具、口粮，拣派闲散旗丁五百名赴山砍木，搭盖窝棚，以备今年耕作。其余五百名于今春二月遣赴双城堡，令其合具开垦屯种去后。据该管委协领明保等屡报屯丁脱逃，奴才等严拿究问。据各逃丁供称：丁等本皆穷苦，所有屯种牛条、农具一切，均系官为备办，丁等并未得有分文，拮据难度，是以逃出在外佣工，图得现钱。并因妻子在家无养系念，衣破乏人缝补，逃回是实，委无别情等语。奴才等查各旗出派屯丁，多系穷苦无业，间有不肖之徒习惯懒惰，当即剀切晓以圣恩，使安分者得有生计之路，其违令擅逃者分别严惩，另行补派，督催上紧耕作。缘今春雨少地干，开垦费力，合计本年每丁只开地一垧余至二垧不等。幸夏秋雨水调匀，所种禾稼畅茂，正在有望丰收。不意八月初五日，据阿勒楚喀都统衔副都统色尔衮咨报：阿勒楚喀、拉林、双城堡等处于七月十四、十五日连降大霜，禾稼受冻，恐致成灾，现在委员查勘另报等语。奴才等闻之焦急，随行令据实查报外，奴才富俊即于十八日亲赴拉林、阿勒楚喀、双城子一带查勘。适晤副都统色尔衮，询以查办情形，据云拉林、阿勒楚喀虽被霜较早，籽粒欠实，幸麦秋丰稔，合计收成尚有五分，余勘不成灾。惟双城堡系初开生荒，又无麦收，颗粒空虚，合计收成止有四分，已属致灾。所打谷粮仅敷当年糊口，明春尚须接济。且无力另雇长工，不能多开地亩等语。与奴才沿路询访查勘情形无异。合无仰恳圣恩，请将二十四年起征之粮递缓一年，展于二十五年征收。明春在于阿勒楚喀仓贮谷石内，借给口粮籽种二千石，责令秋收后照数还仓，以资接济。再奴才亲赴八旗各屯查验，众丁跪恳，金称丁等四人合牛一具，赏银四两，搭盖窝棚一间，无人做饭看家，应开地多，不能四人同力耕作，若将家口带来，房不能容，丁等又皆无力自盖，叩求每人赏给窝棚一间，俾将妻子接来，看家做饭有人，亦免牵挂。无妻眷者雇工帮垦，亦有栖止，得以尽力开垦，不致误课等语。奴才详细体察，系属实情。查原议四人一具，给银四两，盖窝棚一间，四人同住，实不能接取家口，甚至屡逃，于屯种无益。若每人各给一间，屯丁千名，除前已给二百五十间外，仍须添盖七百五十间，每间银四两，计共用银三千两。可否赏给之处，出自皇上天恩。如蒙恩准，即于库贮备用银内动支。计种十年，粜谷之价足敷归补所动原款。合并声明。奴才富俊于九月初二日旋省，谨将查勘缘由据实具奏。伏祈皇上睿鉴。谨奏请。

嘉庆二十一年九月初六日

　　奴才富俊、禄成跪奏为双城堡新垦屯田实在情形恭折复奏仰祈圣鉴事。嘉庆二十一年十月初七日，接奉上谕：富俊等奏双城堡开垦地亩被霜一折，已明降谕旨，照所请施恩矣。双城堡地方本系生荒，经富俊奏请开垦，适被霜灾，业已量为调剂。但该将军折内有屯丁报逃另行补派之语，该处初经开垦，气候早寒，屯丁等一切俱未熟悉，若试垦二三年，岁有收获，自可以渐垦辟。倘其地实不宜于种植，徒劳无益，富俊即当据实奏明，另行筹划，不可固执己见，以奏准在前，意存回护也。将此谕令知之。钦此。仰见我皇上爱育旗人，体恤周至。奴才等跪读之下，不胜悚感。伏查双城堡，奴才富俊亲诣查勘，地属平原黑土，实为膏腴之区。是以相度区划，核定章程，奏蒙俞允。洵为八旗穷丁生路，兼可预植移驻京旗之根基，第系初垦生荒，未免费力。新拨屯丁，间有穷乏，习惯懒惰，乘便脱逃，并非地不可耕。双城堡地方与拉林、伯都讷接壤，寒暖较吉林不相上下。昨奴才富俊前往履查，见勤苦耕作者积草储粮，颇有熙皞气象，当即酌赏奖励。金称荷蒙圣主厚恩，赏给美地、窝棚、牛具、农器、口粮，纤悉皆备，虽父母爱子，未必能如是周全。其懒惰偷安以及脱逃之丁，随时具报责惩，分别更换补额。访得实情，遂有添盖窝棚及支借籽种粮石之请。现叩鸿慈恩准，并宽限起征，则稍有天良务本者，计地生财，固日臻起色。即穷苦畏缩者，亦必观感，效法趋切，家计渐裕。矧所拨之地毫无沙洼，三四年后定成乐土。奴才富俊断不敢以预筹久远之计而作一时回护之思，以致将来窒碍难行，转为后之接事者借口地步。唯是生荒初垦，较之熟地用力原属天渊，适遇霜早，粮粒不齐，故在附近已熟之处勘不成灾，而在生荒甫垦之区未免减色。用是据实奏闻。兹蒙高厚恩施指示，体恤备至，

21

奴才等俱有天良，叩感靡已，奴才富俊何敢固执己见，自贻罪戾。合将遵旨详查双城堡地实堪耕种缘由，据实复奏。伏祈皇上睿鉴。谨奏。

嘉庆二十一年十月二十六日

奴才富俊跪奏为筹议开垦屯田移驻京旗苏拉章程仰祈圣鉴事。伏查八旗生齿日繁，久勤圣念。迭奉恩旨，增添步甲养育兵额，凡为旗人生计者，无不体恤周备，恩至渥也。第国家经费有常，名粮有额，而八旗数千万众聚积京师，不农不贾，皆束手待养于官，势有不能。奴才再四筹划，惟有量为移驻屯田，因天地自然之利，使自耕种为养，方资久远之计。奴才前任吉林将军时，曾勘得阿勒楚喀、双城堡地方，奏请挑选吉林等处闲散丁一千名，酌给牛具、籽种，荒地三万数百垧，设立屯田一分，试垦三年征粮，后因歉收递缓一年，定于二十五年升科，每年计纳谷二万石，将来以粜谷价银盖房安家，可期不费帑项，移驻京旗苏拉一千名。奏准遵行在案。今已垦种三年，查其情形，一丁一牛竭力耕作一年，止能垦种十垧，必须丁力稍裕，加雇牛条长工帮作，始能开足二十垧。请于二十五年先征十垧粮石，其余十垧恳恩再缓二年，以二十七年升科征粮。俾穷丁从容，输纳踊跃。至移驻京旗苏拉，若必计谷筹费，有需时日。奴才因查双城堡尚有荒地二分未垦，与其芜弃，莫若即行开垦，俾早得谷价，可成善举。拟于盛京、吉林八旗无论满洲、蒙古、汉军各项旗人内，情愿前往屯种旗丁，挑选二千名，于嘉庆二十四年置买牛条、器具，挖立井眼，搭盖窝棚，于二十五年春正前往垦种，名为双城堡左屯、右屯，将前垦处所名为中屯。新垦之地二十八年升科，先征十垧粮石，其余十垧请于三十年起一律纳粮。除建盖官兵房间外，其余一切事宜均照初次设立中屯章程划一办理。其续垦荒地二分，共用屯丁二千名，每丁搭盖窝棚一间，应用牛只器具等物，每丁合需银三十两，核计共需银六万两。其屯田官兵住房及办事公所，共计房三百二十间，应需银一万一千二百两。每年支给二处买补倒毙牛价银二千六百七十二两外，用仓粮四千石，只此一年，次年停止，毋庸再给，以省靡费。以上统计需银七万三千八百七十二两，仓谷四千石，所需银两即在吉林库储备用银内暂行借支应用。此项银两若俟粜谷之价归款，需时较久，请在吉林及奉省参余银两项下先行陆续归款。至移驻京旗苏拉，奴才通盘筹计，不必尽待粜谷价银办理。拟请于嘉庆二十八年起，每年移驻二百户，每一旗，满洲拟派二十名、蒙古五名，共合二十五名。八旗合二百户为一起，每户盖房银一百二十两，赏给治装、盘费银三十两，双城堡置买牛粮器具安家银五十两，每起共用银四万两。由京起程时，二百户赏给治装、盘费银六千两，其余三万四千两，暂由吉林备用银内动支，每年由双城堡粜谷价银及吉林、奉省两处参余银两内归款，足可敷用。至奉省参余银两，应请除已奏定动用款项外，以后再不得动支，留为移驻京旗苏拉之用。届期每户给车一辆，由顺天府官雇送至奉省，由盛京照数备办，送至吉林双城堡，车价均照例价报销。每起派佐领等官二员、领催四名押送，事毕，额缺即留该处管理屯务，额外仍令旋京。拟于正月望间由京起程，二月内到屯，以便耕种。所用房间，应请于嘉庆二十六年备料，二十七年兴修。嗣后照此，每年建盖二百所，以备按年移驻，俾有栖止。其协领办事公所及官兵等住房，于移驻之前一年建盖，可期无误。统计自二十八年起，每年由京派拨二百户，计十五年即能陆续移驻三千户。该苏拉等各得田产，安居乐业。内可分八旗户口之繁，外可联边城巩固之势，则八旗人等自必顶感皇仁，欢欣恐后矣。所有应给官兵等心红、随缺荒地数目，及每户应给房间、地亩、牛条、器具等项，分别另缮清单，恭呈御览。是否有当，伏祈皇上睿鉴。谨奏。

嘉庆二十三年八月二十七日

再，谨查伯都讷现有围场一处，四至平川，约有一百数十里。名曰围场，并无山树，亦无牲畜，界外多系民田熟地。应请敕下吉林将军，详查堪可耕种荒地得若干万垧，以备开垦屯种，移驻京旗。合并附片奏闻。谨奏。

谨将开垦屯田移驻京旗章程清单恭呈御览：

一、新设双城堡左右二屯，不必仍前复设委协领，请照拉林协领一员管数佐领之例，将原设双城堡作为中屯，将委协领明保改为实缺三品协领，总理三屯。协领处原设有领催二名、甲兵二十名，今总理三屯事务较多，应请增添领催二名、甲兵十名，以资办公。前设之委佐领二员、委骁骑校二员，各管旗丁五百户，婚丧事件、户口滋生、催征粮石，事务不少，均请改为实缺，以资弹压，照品食俸。新设二屯旗丁二千名内，盛京各处结保愿往旗丁一千七百三十九名，所短旗丁二百六十一名，在于吉林各城愿往丁内挑取足数。应添设佐领四员、骁骑校四员，各管旗丁五百名。每佐领下应设领催二名、甲兵十五名办公应役。以上所需官兵若另请增设，未免有靡经费。拟由奉省义州佐领十七员内裁拨佐领二缺、复州、熊岳各九员骁骑校内各裁拨骁骑校一缺、熊岳七十八名领催内裁拨领催二缺、金州八十名领催内裁拨领催三缺，共领催五缺。由金州、复州裁拨兵三十五名，由吉林满洲正红、正白二旗裁防御二员改为佐领二员，计添俸银五十两。乌拉布特哈骁骑校八员内裁骁骑校一员。吉林满洲各旗内兵三百三十名以外之旗下裁拨领催五名、甲兵三十五名，给新添协领及四佐领下当差应役。所有该官兵俸饷，归入吉林俸饷内一体关领。

二、查前设委协领拟给随缺荒地四十垧，作为口粮、心红、纸张，未给盐菜。若又改为实缺，总理三屯，事务较繁，拟仿照养息牧奏定章程，再拨给荒地四十垧，以为盐菜、添补心红之用。各佐领前给地三十垧，拟再给荒地二十垧。骁骑校每员前给地二十垧，拟再给荒地十垧。领催前各给地十垧，拟再给荒地十垧。甲兵前各给地八垧，拟再给荒地八垧。以为盐菜口米之资，以省动项。均作随缺官地，不许典卖，查出治罪，撤地给主。以后新设佐领以及甲兵，均照此办理。

三、嘉庆二十八年，移驻京旗苏拉二百户，请添佐领一员、骁骑校一员、办事应役领催二名、甲兵十五名，暂令双城堡中屯协领总理。俟驻足六百户之年，再添设三品协领一员、随协领办事应役领催二名、甲兵二十名，添佐领一员、骁骑校一员。移驻一千二百户之年，再添佐领一员、骁骑校一员。移驻二千二百户之年，再添佐领一员、骁骑校一员，协领处请添领催二名、甲兵十名。移驻二千六百户之年，再添佐领一员、骁骑校一员。至三千户止。所用办事公所、官兵住房仍照前例，先一年建盖。以协领一员，总司六员佐领、京旗苏拉三千户。佐领一员、骁骑校一员，各管理京旗苏拉五百户。协领处共设领催四名、甲兵三十名。每佐领下各设领催二名、甲兵十五名，以资办公差委。查应设协领一员、佐领六员、骁骑校六员，奉天、吉林额设官员内再无应裁之缺，请由京中补放，入于吉林各旗，一体升转。照例铸给关防图记、心红盐菜、随缺荒地，仍与双城堡中屯协领、佐领等一体拨给。所有领催十六名、甲兵一百二十名，仍于奉天、吉林两省各处均匀裁拨。移来京中八旗苏拉入于吉林各旗，其子弟与本旗一体考试挑差。至新设官员陆续添足缺后，每年共应需俸银一千一百二十两，请由吉林参余项下动支。其倒毙牛价银两，按年照数裁减。

四、双城堡中屯协领管理旗丁，教导有方，三年全交，粮石足额，即以吉林协领缺出调补。管理移驻京旗协领约束安静，苏拉得所，三年满后，遇有盛京满洲协领缺出，即行调补。其所出协领之缺，即以十二佐领内拣选补放。所出佐领之缺，即以骁骑校拣补。均无论满洲、蒙古、汉军，唯在得人。其骁骑校之缺，即以领催内拣补。甲兵补选领催，其甲兵即以苏拉之子弟充补。

五、建盖移驻京旗苏拉居住官房，每户四间，大门一间，周围土院墙一道，合计银一百二十两。就近由阿勒楚喀、拉林二处各派兵一百名砍采房木。

自嘉庆二十五年春正起，每年砍大小房木一万四千六百件、椽木二万八千根，以便夏雨水旺，由拉林河运至双城堡金钱屯，交吉林将军专派承修协领、佐领等官工员查收，工员自运工所建盖。计连修造十五年，每年砍木之兵，每名请赏给盐菜银八两，共合银一千六百两，请于吉林参余项下动支。以后如采木砍运渐远，将赏兵丁盐菜银两交给承修工员，再行筹酌采买应用，核实报销。

六、移驻京旗苏拉由京补放协领、佐领、骁骑校，及现开垦屯田二分，由盛京、吉林拨去官兵所住房间，应请于移驻之前一年交承修官预为兴修备用。查前次奏明，协领给房十间，办事公所七间，佐领给房各八间，骁骑校给房各六间，领催给房各四间，甲兵给房各三间。今拟照此数建盖，计每间木植、砖灰、草束、运脚工价、围墙合银三十五两，以吉林备用银两动支，仍于参余项下归款，照例报销。

谨将移驻京旗苏拉每户应给房地器具清单恭呈御览：

每户给草房四间，每间进深二丈二尺，周围土院墙长二十丈，宽十丈。熟地十五坰，荒地五坰，计两项各随原种地户旗人一名，初到或自耕种，或与伙种听便。耕牛二条、犁杖一副、铧子一条、犁碗子一个、千斤一副、怀爬信子一个、铁锄一把、镰刀一把、镢头一把、铁斧一把、石礤子二人一个、铁锹一把、磨四人一盘、碾子四人一盘、木轮车一辆（绳套全）、铡刀一把、大锯一把、口袋二条、铁锅大小二口、大缸一口、盆子一套、瓷碗四个、瓷盘二个、黑豆二石、草五百束、小米二石、炕席三领、水桶一副（扁担全）、木锹一把、水瓢一个、木勺一把、铁勺一把、笊篱一把、铁火筷一把、竹筷一把、笤帚一把、簸箕一个、油灯一盏、木柜一个、条桌一张、杌凳二个、食盐十斤、苏油十斤、喂牛木槽一个。计以上共合银四十二两，仍剩银八两，交给本人备用。此外，皇上赏治装、盘费银三十两，各本旗笃念桑梓，由各项兵丁名下公帮每名银二十两，俾路费从容，仍禁私债勒扣。每起定于正月望间由京起程，二月内到屯，以便料理耕种。

奴才松宁跪奏为遵旨议奏事。嘉庆二十三年（1818）八月二十七日，盛京将军富俊奏筹议开双城堡左、右二分荒地章程，及查勘伯都讷围场堪种荒地折片二件。奉旨：富俊奏筹议开垦屯田一折，又另片奏伯都讷围场现有堪种荒地，请饬查明备垦。着交松宁一并详查妥议具奏。俟定议后，再行会同富俊办理。钦此。奴才伏查富俊原奏内开，前任吉林将军时曾勘得阿勒楚喀、双城堡地方，奏请挑选吉林等处闲散旗丁一千名，酌给牛具、籽种，荒地三万数百坰，设立屯田一分。试垦三年征粮，后因歉收递缓一年，定于二十五年升科，每年计纳谷二万石，奏准遵行在案。今已垦种三年，查其情形，一丁一牛竭力耕作一年，止能垦种十垧，必须丁力稍裕，加雇牛条、长工帮作，始能开足二十垧。请于二十五年先征十垧粮石，其余十垧恳恩再缓二年，以二十七年升科征粮。俾穷丁从容，交纳踊跃。因查双城堡尚有荒地二分未垦，与其芜弃，莫若即行开垦，俾早得谷价，可成善举。拟于盛京、吉林八旗无论满洲、蒙古、汉军各项旗人内，情愿前往屯种旗丁挑选二千名，于嘉庆二十四年置买牛只、器具，挖立井眼，搭盖窝棚，于二十五年春正前往垦种，名为双城堡左屯、右屯，将前垦处所名为中屯。新垦之地，二十八年升科，先征十垧粮石，其余十垧请于三十年起一律纳粮。除建盖官兵房间及添给窝棚器具外，其余一切事宜均照初次设立中屯章程划一办理。其续开垦荒地二分，共用屯丁二千名，每丁搭盖窝棚一间，应用牛只、器具等物，每丁合需银三十五两，核计共需银七万两。其屯田官兵住房及办事公所共计房三百二十间，应需银一万一千六百两。每年支给二处买补倒毙牛价银二千六百七十二两外，用仓粮四千石，只此一年，次年停止，毋庸再给，以省靡费。以上统计需银八万三千八百七十二两，仓谷四千石，所需银两即在吉林及奉省参余银两项下先行陆续归款。原片内开伯都讷现有围场一处，四至均有一百数十里，并无山树牲畜，界外多系民田熟地，请交吉林将军详查可耕荒地得若干万垧，以备开垦屯种各等因。奴才并经面奉谕旨，俟回吉林后，确查议奏。奴才窃惟八旗生齿日繁，无饷余丁筹其生计，唯有拨给恒产，俾务本力稿，以赡身家。其中材智者，仍可习骑射以备当差，最为长策。奴才顷任吉林将军，查得吉林通省闲散余丁即有一万七千余名，则京师及盛京等处八旗丁口之盛可知。嘉庆十九年富俊在吉林将军任时，奏请开垦屯田。先挑吉林余丁，每丁给荒地三十垧，令垦地二十垧，三年后升科，每垧纳谷一石，外存荒地十垧。至拨用时拨出熟地十五垧、荒地五垧，仍留熟地五垧、荒地五垧，给原垦之丁作为己产，免其纳粮。其移驻该屯丁时，每丁给牛具窝棚等银二十五两。其时奴才在吉林副都统任内，曾一同与议。嗣于二十一年勘得双城堡一带地土沃衍，定议拨丁一千名前往开垦，迄今已阅三年。在从前事经创始，一切章程多出悬揣，现俱一一试行。奴才自上年到吉林将军任后，逐一留心体察。开屯一事，变荒地为熟地，变无业之丁为有业之丁，多垦一顷有一顷之益，早垦一年有一年之效，洵为至善。惟三年以来，考其成效，尚不能悉符原议。如前议给三万垧，三年之内，本应垦地二万垧，今仅垦地九千三百四十八垧。其垦二万垧，本应于二十四年升科，嗣因霜灾，展缓一年，应于二十五年升科。现据富俊以地未垦全请于二十五年先征十垧粮石，其余十垧展至二十七年升科。其现在办理情形,查与原议不符者实因前议章程尚有未协,奴才悉心推求,总缘彼时于一切用项节省,其移驻屯丁每名议给窝棚、牛具等项银止二十五两,实有不敷,该丁等率皆无力,不能自行贴补。奴才查知该丁等均系只身到屯,家口不能随住。其到屯后,官给之项已属不继,一两年中开垦须倍费人工,地亩尚未有花息,其在屯用度及内顾赡家,诸形拮据,且家口不能同移,即无妇子厮养帮同力作。日用且有不给,更难添雇人工,众手集事。是以各丁先皆情愿挑选,及到屯后屡有报逃,经该旗赔补器具,挑选足额之后,其余所给之地开垦未经及半,不能照限升科,皆由于此。今富俊以双城堡尚有左、右二分余荒,请于盛京、吉林八旗内挑丁二千名前往试垦,每丁议给窝棚、牛具等项银三十五两。奴才查双城堡于前此拨垦一分荒地外,现实有余地可垦,盛京、吉林余丁内亦不患无情愿挑选前往之人。惟每丁给以窝棚、牛具等银三十五两,虽视前稍有加增,其余该丁等携眷盘费及到屯之初添给日用帮补人工等项,均未筹及办理,仍属不敷。奴才查此项屯地原拟俟垦熟后拨备公用,其原垦之丁于拨地后留地亦属不多,是以先给之荒地不能再减。其每丁给地三十垧,令开垦二十垧,以每垧十亩计之,二十垧为地二百亩,每岁三时翻犁芟薙、布种收获,断非一丁之力之所能胜。若不宽为支给,令丁有余力,足以雇觅人工,竭力垦种,非地多丁少,荒废不理,即假手民人,辗转滋弊。似此则丁力日疲一日,或于升科纳粮之后逋欠无偿,或届拨地归公之时垦熟无几。凡此流弊,皆不可不为计。及奴才愚昧之见,以为意存节省而事多窒碍,不如稍为宽裕,而功克有成。查例载:京旗下屯种地,每人绘银一百两,给房四间,例价银十两,官为建盖等语。又查乾隆五十二年,吉林拨丁移驻三姓地方以备挑甲当差,亦系每丁给银一百两,例案可查。今双城堡垦地处所相距盛京及吉林各城近自二三百里,远即千余里。现蒙赏地开荒,借资八旗生计,自应筹划周妥,方可举行。奴才酌议,拟先派员查勘,各就地势分立旗屯。应建窝棚二十间,并拨兵赴山砍木,另给费用。每间需银二两,俟木植运齐,官为搭盖完竣,一到即可居住。仍照前每间给工费价银四两。挑丁之初,即令携眷同往,每丁酌给迁费银八两,应给牛只、籽种、器具、衣履等项需银三十四两七钱零。计第一年每丁需银四十八两七钱零,其第二、三、四等年酌拟接济种熟地,开新荒,雇觅人工,添给衣履器具等项,需银二十一两二钱零。统计四年每丁需银七十两,共银十四万两。核之例载,京旗屯种每人需银一百一十两,为数不及十分之七,连按年支给倒毙牛价,计九年需银二万四千零四十八两,通共需银十六万四千零四十八两。所需银两应请先在吉林库储备用及税银项下陆续动拨。查吉林抽收参余项下,尚有归补赔参变价银一万三千余两，为数无多。二十三年课项应有余剩，应请即从本年扣起。现开二分荒地并前开一分荒地用项，共银二十万六千四百一十二两，不过十二三年尽可全数归补完结，似毋庸再扣奉省参余银两。其现开二分荒地应交种粮，仍照初办奏定，每垧交租一仓石。唯升科年限若照前拟，以三年核计，四丁一具，每年不能开足二十垧，三年开不及半，委系实在情形。该处地平土厚，系旱地，应请查照旱地六年升科之例，仰恳圣恩，将先后应开荒地均按年升科，以纾丁力。所有前后荒地三分，每分每年应交租谷二万石，每石照原奏减价一钱出粜，以四钱为准。积至十年，计三分即可得谷价银二十四万两，另行储库备用。谨缮具续开荒地酌增银数清单，恭呈御览。至伯都讷围场地亩，奴才亦曾知悉，该处可以开垦。但同时办理，恐筹垫经费银两不敷借拨。应请双城堡屯地陆续升科后，再行核办。是否有当，恭候命下之日，请交新任将军富俊次第办理。所有奴才遵旨筹议缘由，理合恭折具奏。伏祈皇上睿鉴训示。谨奏。

嘉庆二十三年十月二十日

谨开原办双城堡中屯一分荒地派丁一千名应给牛具、籽种等项数目清单恭呈御览：

每屯丁四名，合牛一具，用牛四条。每条价银八两，共合银三十二两。

喂牛黑豆，每牛每日二升。以是年三月起至八月止共六个月，喂黑豆十四石四斗。每石价银一两，共合银十四两四钱。

喂牛草束，每牛每日四束，计六个月共合草二千八百八十束。每束合银三厘，共合银八两六钱四分。

窝棚四间，每间合银四两，共银十六两。原奏四人合住窝棚一间，共盖二百五十间。嗣二十一年奏准添盖窝棚七百五十间，共盖窝棚一千间，以便接眷同住。

井一眼，合银二两四钱。三十人合一眼。

犁杖一副，合银五钱。

铧子二条，合银六钱。

犁碗子一个，合银五钱。

千斤一副，合银四钱。

怀爬信子一个，合银二钱五分。

锄头四把，每把合银四钱，共银一两六钱。

镰刀四把，每把合银一钱二分，共银四钱八分。

镢头一把，合钱四钱。

大斧子一把，合银四钱。

铁锹一把，合银二钱。

石磙子一个，合银一两七钱。

磨一盘，合银二两。

碾子一盘，合银四两。

车二辆，每辆合银三两二钱四分，共银六两四钱八分。

铡刀一把，合银一两八钱。

大锯一把，合银二钱七分。

锛子一把，合银三钱。

凿子一把，合银一钱九分。

大磨石一块，合银五钱。

口袋四条，每条合银四钱，共银一两六钱。

铁锅一口，合银一两五钱。

大缸一口，合银四钱。

盆子一套，合银二钱五分。

碗四个，合银八分。

盘子二个，合银六分。

席子一领，合银三钱。

白布四匹，每匹合银一两五钱，共合银六两。

靰鞡四双，合银二钱，共银八钱。

口粮二石，每石合银二两五钱，共银五两。

以上每屯丁四名，应给牛具等项原合银一百两。嗣经奏准添盖窝棚七百五十间，每丁共合银二十八两。其籽种粮每丁四名，给谷二石，系动用阿勒楚喀公仓，奏明赏给，并不合价。今此次开垦左右两分余荒，共派丁二千名，除原给各项照旧办理。应行加添各物及逐年接济，酌拟各条，一并声叙。

第一年

一、原定四丁合给镢头一把，实不敷用。今拟每丁一把，应添三把，合银一两二钱。

二、原定四丁合给大斧子一把，实不敷用。今拟每丁一把，应添三把，合银一两二钱。

三、原定四丁合给铁锹一把，实不敷用。今拟每丁一把，应添三把，合银六钱。

四、原定四丁合给石碾子一个，实不敷用。今拟每二丁应添一个，合银一两七钱。

五、原定四丁合给车二辆，实不敷用。今拟每丁一辆，应添二辆，合银六两四钱八分。

六、原定四丁合给锅一口，实不敷用。今拟每丁一口，应添三口，合银四两五钱。

七、原定四丁合给大缸一口，实不敷用。今拟每丁一口，应添三口，合银一两二钱。

八、原定四丁合给盆子一套，实不敷用。今拟每丁一套，应添三套，合银七钱五分。

九、原定四丁合给碗四个，实不敷用。今拟每丁四个，应添十二个，合银二钱四分。

十、原定四丁合给盘子二个，实不敷用。今拟每丁二个，应添六个，合银一钱八分。

十一、原定四丁合给席子一领，实不敷用。今拟每丁一领，应添三领，合银九钱。

十二、原定四丁合给靰鞡四双，不敷穿用。今拟每丁二双，应添四双，合银八钱。

十三、原定四丁合给口粮市斛二石，不敷食用。今拟每丁每日五合，计六个月应添一石六斗，合银四两。

十四、原定四丁赏给籽种粮二石，动用公仓，恐积储陈粮难以播种，今拟按照市值酌中定价，每石七钱，合银一两四钱。

十五、酌拟拨兵赴山砍木应需盘川费用，每窝棚一间给银二两，计四丁合银八两。

十六、酌拟添给每丁棉衣棉裤各一件，按照市值酌中定价。每棉衣棉裤两件价银二两五钱，计四丁合银十两。

十七、酌拟添给每丁铁勺一把，每把合银一钱二分，计四丁合银四钱八分。

十八、酌拟添给每丁木勺一把，每把合银三分，计四丁合银一钱二分。

十九、酌拟添给每丁菜刀一把，每把合银二钱四分，计四丁合银九钱六分。

二十、酌拟添给每丁水瓢一个，每个合银六分，计四丁合银二钱四分。

二十一、酌拟添给每丁木锨一把，每把合银六分，计四丁合银二钱四分。

二十二、酌拟添给每丁水桶一副，每副合银七钱，计四丁合银二两八钱。

二十三、酌拟添给每丁大笸箩一个，每个合银六钱五分五厘，计四丁合银二两六钱二分。

二十四、酌拟添给每丁大簸箕一个，每个合银一钱，计四丁合银四钱。

二十五、酌拟添给每丁携眷迁费银八两，计四丁合银三十二两。

以上四丁共合银一百九十五两零一分，每丁合银四十八两七钱五分二厘五毫。内除原项二十八两及籽种价银三钱五分外，计第一年每丁添银二十两零七钱五分二厘五毫。

第二年

一、酌拟接济每丁种熟地、开新荒帮添雇人工、籽种、饭食银四两，计四丁合银十六两。

二、酌拟添给每四丁更换铧子二条，每条价银三钱，合银六钱。

三、酌拟添给每丁更换镰刀一把，每把价银一钱二分，计四丁合银四钱八分。

四、酌拟添给每丁白布一匹更换衣裤，每匹布价银一两五钱，计四丁合银六两。

五、酌拟添给每丁靰鞡一双，每双价银二钱，计四丁合银八钱。

以上四丁共添银二十三两八钱八分。

第三年

一、酌拟添给每丁种熟地、开新荒帮添雇人工、籽种、饭食银四两五钱，计四丁合银十八两。

二、酌拟添给每丁锄头一把，每把价银四钱，计四丁合银一两六钱。

三、酌拟添给每四丁收拾铡刀工银，合银八钱。

四、酌拟添给每丁更换席子一领，每领价银三钱，计四丁合银一两二钱。

五、酌拟添给每丁镰刀一把，每把价银一钱二分，计四丁合银四钱八分。

六、酌拟添给每丁白布一匹，每匹价银一两五钱，计四丁合银六两。

七、酌拟添给每丁靰鞡一双，每双价银二钱，计四丁合银八钱。

以上四丁共添银二十八两八钱八分。

第四年

一、酌拟接济每丁种熟地、开新荒帮添雇人工饭食银五两五钱，计四丁合银二十二两。

二、酌拟添给四丁更换铧子二条，每条价银三钱，合银六钱。

三、酌拟添给四丁更换怀爬信子一个，合银二钱五分。

四、酌拟添给每丁镰刀一把，每把价银一钱二分，计四丁合银四钱八分。

五、酌拟添给每丁白布一匹，每匹价银一两五钱，计四丁合银六两。

六、酌拟添给每丁靴鞡一双，每双价银二钱，计四丁合银八钱。

七、酌拟添给四丁犁碗一个，合银五钱。

八、酌拟添给每丁口袋一条，每条价银四钱，计四丁合银一两六钱。

以上四丁共添银三十二两二钱二分。统共四年，每四丁合银二百八十两，计每丁需银七十两。

奴才富俊跪奏为遵旨悉心妥议，恭折具奏仰祈圣鉴事。窃奴才前于盛京围场接军机大臣字寄嘉庆二十三年十一月初六日奉上谕：前据富俊奏筹议开垦屯田，并请查明伯都讷围场荒地备垦，当降旨及松宁详查妥议，俟定议后再行会同富俊办理。兹据松宁将议开双城堡屯田章程开单具奏，并以试垦伯都讷围场地亩经费不敷，请俟双城堡屯地陆续升科后接办。富俊现已调任吉林将军，着将松宁所议章程再交富俊复加核拟。松宁所定银数是否丰俭合宜，屯丁得此是否即可养赡家口，尽心开垦，务期国帑可以按限归补，不致多糜，而于旗民生计亦实有裨益，方为经久良策。其伯都讷地亩应否酌分缓急，次第办理，该将军议定即行复奏候旨。饬遵松宁折并清单俱着发给阅看。将此谕令知之。钦此。奴才跪读之下，仰见我皇上轸念旗丁，体恤周备之至意。奴才细心详核松宁所奏添给砍木衣履并迁费银两，奴才前未筹及，似应增添。但奉天金州、复州等处至吉林双城堡将及二千里，穷丁自力前往，诚有不逮。每丁拟给迁费银八两，在所必需。至吉林各处至双城堡不过二三百里，亦拟给银八两，未免远近漫无区别。吉林屯丁每丁应请给迁费银四两。又请添给每丁车一辆。查庄农人家多系一车二牛驾拉一具，四牛前已给车二辆，足敷使用，似可毋庸再行添给。至升科既请照旱地第六年征租，该屯丁等已有花息，况此次系办开屯田，非京旗下屯种地可比，不必再按年给予种熟地、开新荒接济银两，以重帑项而昭核实。以上每丁合计需银四十七两零四分五厘。其奉省拨派官四员，携眷远赴双城堡，每员请给迁费银十二两。领催兵四十名，每名迁费银八两。吉林拨派官四员、领催、兵四十名，应请照奉省减半给予。以上官兵迁费共合银五百二十两。前设中屯屯丁现多未携眷，每丁请给迁费银四两，其余一概毋庸增添。建盖新添二分屯田官兵住房及办事公所，共房三百二十间，应需银一万一千二百两。买屯田两分倒毙牛价，查预买之年二十头内即间有倒毙，请于开垦之年支给，以十年合计，需银二万六千七百二十两。前开中屯一分，连给迁费，以十年合计，共需银四万六千三百六十四两。统共现开二分，连前开一分荒地，以十年合计共需银十七万八千九百二十六两。所开三分荒地自升科征租年起计算，每年得谷六万石，遵照奏定原价，每石减价银一钱出粜，以四钱为准合算，积至十年可得谷价银十四万两，较前动支数目有盈无绌。至现动银两，帑项攸关，不可久悬。应请于吉林参余银两项下先行归补，计十年以内即可清结所得谷价，另存备用。除移驻京旗各款伏候谕旨另行遵办外，所有开垦升科，征租年分，委协领、佐领等改补实缺，裁拨两省官兵，增给盐菜、心红、荒地砍木盖房，铸给图记等事，均请照松宁所拟及奴才前议章程办理。至伯都讷现报堪可耕种地八万垧，奴才明春再行详查明确，挖立封堆存记。请俟双城堡中屯征租以后，再为筹划开垦办理之处，理合遵旨复加核议缘由，并屯丁每具应用各款所需银数，敬缮清单，恭呈御览。是否有当，伏祈皇上睿鉴训示遵行。谨奏。

嘉庆二十三年十二月初六日

双城堡屯田纪略

谨拟新开二分屯田，每分应给口粮、牛条、器具清单恭呈御览：

屯丁四名，给牛一具用牛四条，每条价银八两，共合银三十二两。

喂牛黑豆，每牛每日二升，三月起至八月止共六个月，喂黑豆十四石四斗，每石价银一两，共合银十四两四钱。

喂牛草，每牛每日四束，六个月共合草二千八百八十束，每束合银三厘，共合银八两六钱四分。

窝棚四间，合银十六两。

井一眼，合银二两四钱，三十人共一眼。

犁杖四付，合银一两五钱。

铧子四条，合银一两三钱。

犁碗子二个，合银一两。

千斤二副，合银八钱。

怀爬信子二个，合银五钱。

锄头四把，合银一两六钱。

镰刀四把，合银四钱八分。

镢头四把，合银一两六钱。

大斧子四把，合银一两六钱。

铁锹四把，合银八钱。

石磙子二个，合银三两四钱。

磨一盘，合银二两。

碾子一盘，合银四两。

车二辆，每辆合银三两二钱，共合银六两四钱八分（绳套全）。

33

铡刀二把，合银三两六钱。

大锯一把，合银二钱七分。

锛子二把，合银六钱。

凿子一把，合银一钱九分。

大磨石一块，合银五钱。

口袋四条，合银一两六钱。

铁锅四口，合银六两。

大缸四口，合银一两六钱八分。

盆子四套，合银一两。

碗十六个，合银三两二分。

盘子八个，合银二钱四分。

席子四领，合银一两二钱。

白布四匹，每匹一两五钱，共合银六两。

靰鞡四双，合银八钱。

口粮四石，每石合银二两五钱，共合银十两。

水桶四副，合银三两二钱（扁担全）。

木锨四把，合银六钱。

铁勺四把，合银六钱。

木勺四把，合银二钱。

水瓢四个，合银二钱。

竹箸四把，合银二钱四分。

油灯四盏，合银五钱六分。

以上共合银一百四十两，每丁合银三十五两（系奴才前奏款单）。

籽种二石，合银一两四钱（因仓储陈粮不能播种）。

窝棚四间，砍木盘费合银八两。

棉衣棉裤各四件，合银十两。

靰鞡四双，合银八钱。

菜刀四把，合银九钱六分。

大筐箩四个，合银四钱。

携眷迁费，奉天、吉林两省合算，四丁合银二十四两。

以上共合银四十八两一钱八分（系松宁所奏核拟应增款单）。连前单共合银一百八十八两一钱八分。每丁合银四十七两零四分五厘，共需银九万四千零九十两。

谨将开垦三分屯田十年用款及征租粜卖十年谷价数目敬缮清单，恭呈御览：

现开二分，屯丁二千名，每丁合银四十七两零四分五厘，共需银九万四千零九十两。两省官兵迁费，共需银五百五十二两。买补倒毙牛价，以十年合计，共需银二万六千七百二十两。建盖办事公所、官兵住房二百二十间，共需银一万一千二百两。前设中屯一分，连现议给迁费，以十年合计，统共需银四万六千三百六十四两。以上统计，十年共需银十七万八千九百二十六两。三分屯田，以升科之年起，计十年征谷六十万石。每石合银四钱，共合银二十四万两。除归还前用数目外，仍余银六万余两。合并声明。

再奴才富俊前为双城堡设立屯田劝课乏人，请援照直隶营田之例，恳恩赏发废员。奉旨：涂以辂、朱履中俱着改发吉林，交富俊差遣。钦此。钦遵。兹该废员等到吉，奴才查看，涂以辂，江西人，年六十九岁。朱履中，浙江人，年六十一岁。精力均属就衰，语言与旗丁亦不甚通晓，远路来往奔驰，难期得力，令在奴才衙门效力及教课义学诸生，尚有裨益。查有原任署承德县事、宁海县知县窦心传，山西人，年五十二岁。嘉庆六年考中进士，由庶吉士散馆改用知县，选授江西新淦县知县，调繁丰城县。丁忧起服，拣发奉天，题补宁海县知县，奏署承德县事。于二十三年恭办大差，承修道段泥泞，被参革职。现在奉天闲住。奴才前兼管奉天府尹事务，曾经委办事件，俱属妥协。后随奴才出差黑龙江，亦颇出力。该员有守有为，合无仰恳圣恩，准照直隶废员办理营田之例，令窦心传赴吉，劝课双城堡屯丁。三年期满，如有成效，照例送部引见。奴才为开垦三分屯田劝课得人起见，是否可行，伏祈皇上训示遵行。谨附片具奏。请旨。

嘉庆二十四年八月初一日

奴才富俊跪奏为双城堡左、右两屯屯丁到齐，恭折奏闻仰慰圣怀事。窃奴才于嘉庆二十三年奏准，在盛京、吉林各项旗人内挑选苏拉二千名，开垦双城堡左右二屯荒地。随于二十四年咨取盛京旗丁五百名，酌拨吉林旗丁五百名，前往砍木盖房。盛京旗丁五百名内，多有亲族随来帮同工作。因见此处田地肥美，纷纷呈恳，情愿来屯垦种。吉林核计各城丁数酌拨，宁古塔之苏拉往往潜逃，询因宁古塔地方山深林密，该苏拉等多借打猎为生，彼处地亦肥美可耕，不愿轻离乡土，亦系实情。奴才随将宁古塔苏拉全数送回，咨明盛京将军松宁，于该省情愿前来垦地旗人内，多挑苏拉二百余人，以补宁古塔苏拉遗缺，不必拘定一千之数。嗣经该将军挑拣足数，随同本年应来苏拉五百名陆续咨送到屯，即以宁古塔苏拉缴还迁费银两拨给，毋庸增添。其余吉林各城苏拉，亦据各该旗佐具报如数，携眷赴屯在案。奴才巡查各城完竣，由拉林就近赴双城堡左右二屯挨次按旗查勘。该旗丁等比屋环居，安土乐业，合具者多系一族，同屯者半属姻亲，犬牙错壤，鳞次分疆，颇有井田遗风。该旗丁等莫不扶老携幼，跪诵皇仁。奴才谕令孝弟力田，安静守法，即所以伸答天恩。随至中屯，履亩查勘，麦苗已皆长发，正值播种之期。男耕妇馌，俱极勤苦，奴才皆酌加奖犒。回环周历千数百里，经十三日而始毕。谨将分拨二屯地亩段落绘图贴说，并筹议数款附单恭呈御览外，所有左右二屯屯丁业经到齐原由恐虚圣怀，理合恭折奏闻，伏祈皇上圣明睿鉴。谨奏。嘉庆二十五年四月十七日奏。奉朱批：满洲故里，佃田宅宅，洵善事也。钦此。

谨将筹议双城堡三屯应增条款恭呈御览：

一、每屯应添井一眼，以裕食用也。奴才原奏试垦双城堡屯田，每三十丁井一眼，每四丁合银二两四钱。嗣因每旗设立五屯，每屯二十四丁、二十八丁不等，挖井一眼，牵合二十五户一眼，仍以每四丁二两四钱之数合算。每井一眼工料银十五两，三屯挖井一百二十眼，共作银一千八百两。唯中屯拨往旗人仅止一丁，带领本身妻子，井水尚敷食用。今设左、右两屯，盛京拨来屯丁，每户父子兄弟男妇多者十五六口，少亦七八口不等。洵系闻知此处地甚肥美，多愿跟来充作帮丁。现在该丁等自行添盖窝棚居住，每屯多至一二百人，加以官给耕牛并饮自畜驴马，往往不敷日用。嗣后生齿渐繁，移驻京旗，亦须添挖。现在中屯间有井身一时损坏无处汲水者，殊多未便。相应仰恳皇上天恩，每屯添挖井一眼，仍照前估共给银一千八百两，即在参余项下动支，毋庸开销正项钱粮。

二、词讼案件应归协领讯办，以专责成也。奴才原奏设立双城堡三屯，系在拉林界内圈出荒场，四面挖立封堆，封堆内系双城堡界址，一切事件呈报阿勒楚喀副都统衙门，转咨奴才衙门核办。现在三屯屯丁三千户，不无户婚钱债及与附近民人争斗情事，应着各佐领呈报协领讯办。如有人命盗案，双城堡并未设有番捕、仵作、监狱，应报解阿勒楚喀副都统衙门验讯核转。

三、三屯公所应添无品级笔帖式委官，以资办公鼓励也。奴才原奏，双城堡协领处给领催四名，甲兵三十名。各佐领处每翼给领催二名，甲兵十五名。原止管理屯田。兹既管理屯丁三千户，词讼案牍纷繁，兼随关防。请照珲春之例，协领处添设无品级笔帖式二员，中、左、右三屯佐领处各添设无品级笔帖式一员，办理一切案件。协领处并请添设委官二员，中、左、右三屯佐领处各添设委官一员，以资差委稽查各屯事件。均于领催、甲兵内择其通识清汉文字者补放。笔帖式照例准支米石，各食本身钱粮，毋庸另行增给。其委官并不支领米石，仍食本身钱粮。

四、总屯达应给虚衔工食，以资弹压也。奴才原奏，每旗设立五屯，每屯设立十家长二人、屯达一人。五屯设立总屯达一人，原令其约束屯丁，查报滋生户口及倒毙耕牛，并年满催纳粮石。户众人繁，弹压非易，且遇事应赴公所呈报，均须盘费，毫无鼓励，徒多差使，人皆视为畏途。请照拉林之例，总屯达各赏戴金顶外，每人月给工食银一两，共二十四人，一年共用银一百八十八两，遇闰增给银二十四两，亦在参余项下动支报销。

五、赏银应由管理三屯协领处支存，以示体恤也。奴才原奏三屯设立领催十六名、兵一百二十名，遇有婚丧事件，例得恩赏银两，向系临时本佐领呈报该协领申详副都统，咨报奴才衙门给发，未免稽迟，不能济急。应准其支领银三百两，存储中屯协领公所，由协领就近照例给领，仍随时呈报查核，统于年终造送册结汇办。每年除去用项，仍补足三百两之数。令该协领每季将实存之数出具印结，以杜挪用侵蚀之弊。以上五款是否有当，伏祈皇上睿鉴训示施行。谨奏。

嘉庆二十五年四月十七日

奴才富俊、穆腾额跪奏为特参双城堡不称职之协、佐各员，请旨分别降调，仰祈圣览事。谨查嘉庆二十年奴才富俊奏立双城堡，派拨苏拉一千名前往垦荒，以吉林镶蓝旗世管佐领明保换用三品顶戴委协领，总管中屯。以镶红旗防御阿尔喀善、富征额委佐领，以镶红旗委官舒义、正红旗委官塔凌阿委骁骑校，分管两翼在案。嗣于二十三年，奴才富俊又奏请设立双城堡左右二屯，派拨苏拉二千名。自二十五年垦荒起，委协领明保因总管三屯苏拉三千名，作为实缺协领。委佐领阿尔喀善、富征额，委骁骑校舒义、塔凌阿各管苏拉五百名作为实缺佐领、骁骑校，蒙恩准行。阿尔喀善、舒义已经引见补放佐领、骁骑校。其协领明保、佐领富征额、骁骑校塔凌阿尚未送部引见。兹查明保前管苏拉一千名尚能胜任，近年来办理三屯事务，管理三千苏拉，甚形拮据。中屯已立五年，奴才富俊会同阿勒楚喀副都统穆腾额亲诣各屯查验，不惟苏拉所垦之田不多，而窝棚亦未盖齐，皆缘佐领阿尔喀善、委佐领富征额才识短浅，导引无方所致。奴才不敢拘泥前奏，恐妨公事。奴才等请将委协领明保仍降佐领，佐领阿尔喀善、委佐领富征额仍以防御降回原处行走。其所出佐领员缺,明保办理双城堡多年,习知地方情形,并无过恶,尚能经营一翼事务,中屯左翼佐领员缺,请即以明保降补。明保之世管佐领缺,奴才等另行委员署理。右翼佐领员缺,奴才等另行拣选送部引见。明保所出总理三屯协领员缺,现有奉旨记名之镶红旗佐领舒精额,为人奋锐任事,管辖严肃,应请即以舒精额坐补。骁骑校舒义、委骁骑校塔凌阿虽属微职,亦系随同办事之员,不能无过。但于一时概行改补,无益于事,奴才等当即责惩,以观后效。奴才等为公事有益起见,可否照请降调办理之处,伏祈圣明睿鉴。恭候命下之日遵行。谨奏。

嘉庆二十五年五月十七日

再,奴才更有请者。昨查双城堡所设左右二屯,每丁合银四十七两,一切农具均备。屯丁等欢欣踊跃,视为乐土。而中屯屯丁颇形拮据,缘嘉庆十九年初奏设立双城堡,诸多从简,每丁合银二十五两,四丁窝棚一间,后蒙恩准,每丁赏给窝棚一间,迁费银四两,而器具内如水缸、饭锅、席片、锹镢等项,均系四人一件,势不敷用。连年收成丰稔,粜卖谷贱,无力添补。查现有归补屯田项下参余银二万四千余两,应请以二万两分交殷实铺商,每月一分生息,所得利银酌量添补中屯屯丁器具,五年掣回,归还原款。每年用项,取具双城堡协、佐领等册结印领,送部核销,以归核实。是否有当,恭候命下遵行。谨附片具奏。

奴才富俊跪奏恭谢天恩事。六月初四日接奉廷寄嘉庆二十五年五月十七日内阁奉上谕:富俊于吉林开垦屯田一事,锐意办理。今双城堡所垦地亩已有成效,盛京闲散旗丁视为乐土,纷纷呈请愿往耕种。其续行筹议条款亦俱周妥,洵属实心任事。富俊着交部议叙。钦此。奴才跪读之下,不胜顶感,恭谢天恩。窃思奴才一介糊涂蒙古,屡受皇上重恩,未能竭力报效,正在昼夜惶悚。遵旨办理双城堡开垦屯田,移驻闲散,动用皇上库帑至数万两始有微效,此皆圣主养育旗仆无极之天恩。奴才富俊仰体圣主抚育众旗仆仁慈至意,奋勉开垦,实奴才分内之事。乃蒙圣主特恩,将奴才富俊交部议叙,实系奴才梦寐不敢仰望鸿恩。奴才富俊唯顶感皇上鸿慈,于任内一切事务益尽血诚,竭力奋勉,以图仰报于万一。所有奴才感激下忱,理合恭折敬谢天恩。谨奏。

嘉庆二十五年六月初四日

奴才富俊跪奏为筹议开垦屯田,移驻京旗闲散人等,仰祈圣鉴事。伏查八旗生齿日繁，久厪圣念，迭奉恩旨，增添步兵养育兵额。凡为旗人生计者，无不体恤周备，恩至渥也。第国家经费有常，名粮有额，而八旗数十万众聚积京师，不农不贾，皆束手待养于官，势有不能。奴才再四筹划，唯有量为移驻屯田，因天地自然之利，使自耕种为养，方资久远之计。奴才前曾勘得阿勒楚喀、双城堡地方，两次奏请挑选奉天、吉林等处闲散旗丁三千名，酌给牛具、籽种，荒地九万数千垧，设立中、左、右三屯，每屯旗丁一千名。中屯于嘉庆二十一年设立，除因霜灾奏请展缓一年外，应于道光二年起征租，每丁谷二十仓石，一千名每年征谷二万石。左、右二屯嘉庆二十五年添设旗丁二千名，应于道光五年起征租，每征谷四万石。计连中屯，每年共征租六万石。将来以粜谷价银盖房安家，可期不费帑项，移驻京旗三千户。奏准遵行在案。伏查移驻京旗闲散人等，若必待收谷价作费，有需时日。奴才谨拟前往双城堡种地，每户拟给房地器具款单，请旨饬交八旗，传示各佐领下满洲、蒙古人等俾知圣恩，当有愿往之人令其呈报本旗，年终汇总，咨报户部。由部查核各旗所报人数足二百户者作为一班，分为四起，官车送屯。每户起程时，由京赏给治装盘费银三十两，不准私债勒扣。吉林双城堡盖房银一百二十两，置买牛只、器具银五十两，计每户共用银二百两。除治装、盘费银两由京发给外，暂由吉林备用银两项下动支，以抽收参余及粜谷价银陆续归款，不致虚靡帑项。如蒙俞允，奴才拟请于道光二年砍木备料，三年修盖一百户住房八百间，备办牛条、器具，四年正月移送闲散二百户前往双城堡安业。以后每年盖房八百间，移驻八旗闲散二百户，陆续盖房，移驻闲散三千户。内可分八旗户口之繁，外可连边城巩固之势，则京旗满蒙人等各得田产，永远妥业，自必顶感皇仁，欢欣恐后矣。所有每户闲散应给房间、地亩、牛条、器具及添设官兵建盖公所一切章程，另缮清单，恭呈御览。是否有当，伏祈皇上睿鉴训示。谨奏。

道光元年正月初六日

谨将移驻京旗章程清单恭呈御览：

一、移驻京旗闲散前往吉林双城堡种地度日，所给房地一切器具，预为传知满洲、蒙古各旗，有愿去者令其自行呈明本旗注册，俟年终各旗咨报户部汇总，足二百户奏明。分为四起，每起五十户，均须有妻室家眷，不准只身算户。于道光四年正月起程时，每户官给治装、盘费银三十两，禁止私债勒扣。给官车一辆，由顺天府官雇长车短价，沿途各厅州县按程发给，照例报销。送至吉林双城堡，指给房地、器具安业。每户给熟地十五垧、荒地五垧，合计两项各有原种地亩旗丁一人，初到或自耕种，或与伙种，听便。但不准租典与人，如有违例私行租典转卖者，查出两造治罪撤地，仍给原人。每户给房一所计四间，每间宽一丈，进深二丈。墙壁上截外砖内坯成造，草苫房顶。院墙十一丈宽，二十丈长，泥垛砌造。耕牛二条、牛样二个、籽种谷一石、木轮车一辆（绳套全）、犁杖一副、犁碗子一个、千斤一副、怀爬信子一个、铧子一条、锄头一把、镰刀一把、镢头一把、大斧一把、铁锹一把、顺锯一把、锛子一把、铡刀一把（二人合使）、石碌子一个（二人合使）、碾子一盘（四人合使）、石磨一盘（四人合使）、喂牛木槽一个、喂牛黑豆二市石、喂牛草五百束、大小铁锅二口、水桶一副（扁担全）、木锨一把、大缸一口、水瓢一块、盆子一套、碗四个、盘子二个、铁勺一把、木勺一把、菜刀一把、案板一块、笊篱一把、席子三领、大簸箕一个、笤帚一把、口袋二个、竹筷一把、油灯一盏、木柜一顶、条桌一张、杌凳二个、木炭二百斤、火炉一个、小米二十石（合仓石五石）、家鸡四只、小猪二口、食盐十斤、苏油十斤、盘费钱十千、铁火箸一副、咸菜十斤（按此内亦无价值花数）。此外，各本旗笃念桑梓，由各项兵丁公捐每户帮银十两，俾路费从容，仍禁私债勒扣。每起定于正月初五日以后起程，隔五日一起，二月内到双城堡，以便料理耕作，可期无误。以后每年移驻二百户，共三千户为止。此中或有恋土难移，骨肉离别亦系人情所有。第查昨由奉天拨去之丁，多有阖家全去，甚至有阖族及告退披甲前去者。缘闻双城堡土地肥美，柴草便宜，米粮价贱。惟一丁得房一间，牛只、器具一分，如何能养许多人口。奴才筹计，遂择其父子兄弟年二十岁以上五十岁以下有妻室者均作为正丁，俾一家有充二三丁及三四丁者，房地、牛只、器具即得数分，用度从容，骨肉团聚，欢欣踊跃，视为乐土。其无妻室及年老年幼之人，均作为帮丁，协力耕作，相安乐业。都中各旗，应一律出示晓谕，惟听闲散人等之便，不必拘定数目勒派，自无骨肉离别之难，庶顺人情，顶感皇仁，谅愿去者不乏人也。到后，红白赏项，以及挑差居官考试，均与吉林八旗一体办理，合并声明。

二、道光四年移驻京旗闲散二百户，请派佐领一员、骁骑校一员、办事应役领催二名、甲兵十五名，暂令双城堡协领兼管。俟移驻足六百户之年，再添设协领一员、同协领办事领催四名、甲兵三十名，添佐领一员、骁骑校一员、领催一名、甲兵十五名。移驻一千二百户之年，再添佐领一员、骁骑校一员、领催二名、甲兵十五名。移驻一千六百户及二千二百户、二千六百户之年，照前添设佐领、骁骑校各三员，领催六名、甲兵四十五名。移驻三千户为止。以上协领一员，总辖三屯。佐领、骁骑校各六员，京旗闲散三千户。每佐领一员、骁骑校一员，各管一翼闲散五百户。查应设协领一员，佐领、骁骑校各六员，领催十六名，奉天、吉林额设官员领催内再无可裁之缺，请由京中补放。吉林领催每年食饷银三十六两，即请由愿去闲散内择其能识清、汉字者挑补，以便押带闲散，前去当差，入于吉林各旗，一体升转。照例铸给关防图记，以昭信守。

三、协领、佐领办公心红、纸张以及随缺官地，应照前奏定：协领给地八十垧，佐领各给地五十垧，骁骑校各给地三十垧，领催各给地二十垧，甲兵各给地十六垧，以为心红、盐菜、口米之资，以省动项，均作为随缺官地，不许典卖。如违，查出治罪撤地，仍给原人。以上应设甲兵一百二十名，请由奉天、吉林两省各处均匀裁拨。至新设官员领催陆续添足，每年共应需俸银一千六百九十六两，请由吉林备用银内动支。其倒毙牛价银两及应征粮石，按年照数裁减。

四、管京旗协领，管理三屯闲散，教导有方，旗丁安静，三年满后，即以盛京满洲协领缺出调补。管理屯丁协领，每年征纳粮石足额，屯丁安业，三年满后，即以吉林省城协领缺出调补。其所出协领之缺，即以十二员佐领内拣选升补。所出佐领之缺，即以十二员骁骑校内拣补。无论满洲、蒙古、汉军，唯在得人。其骁骑校缺由各笔帖式、委官、领催内拣补。甲兵补放领催，其甲兵之缺，即以闲散之子弟充补。

五、协领处遵照设立吉林双城堡三屯奏定，设无品级笔帖式二员、委官二员。六翼佐领处各设无品级笔帖式一员、委官一员，以资办理一切案件、差委稽查各屯事件。均于协领、佐领到后，由领催、甲兵内择其通晓清、汉文者补放。笔帖式照例准支米石，食本身钱粮，委官不支米石，仍食本身钱粮。

六、建盖移驻京旗闲散人等官房，每户房四间，栅栏门一道，周围泥垛院墙一道，合计共需银一百二十两。就近由阿勒楚喀、拉林各派兵一百名，砍采修盖八百间房木。自道光二年春季起，每年砍小房木一万四千六百件、椽木二万八千根，以便夏令雨水由拉林河运至双城堡金钱屯，交吉林派出修工协领等官查收，运至建盖处所修造。计接连修盖十五年。每年砍木之兵每名请照前例，赏给盐菜银八两，二百名兵合银一千六百两，请于吉林参余项下动支。以后如采木砍远运难，将赏兵丁盐菜银两交给承修工员，令其筹酌采买应用，核实报销。

七、由京补放协领、佐领、骁骑校、领催，及由奉天、吉林拨到甲兵住房并办事公所，请照吉林双城堡三屯于移驻之前一年建盖。查公所前系七间，协领、佐领共一公所堆储档案，各佐领办公实不敷用。应请加添三间，共盖房十间。协领住房十间，佐领各八间，骁骑校各六间，领催各四间，甲兵各三间，每间木植、砖灰、草束、运脚工价、围墙三十五两，以吉林备用银内动支，仍于参余项下归款，照例报销。

奴才富俊跪奏为屯田出力废员，恳恩赏复原衔以示鼓励，办理移驻京旗闲散事。奴才谨查，原任署承德县知县窦心传系山西进士，嘉庆七年由庶吉士散馆改用知县，选授江西新淦县，调繁丰城县，旋即丁忧，起服后拣发奉天。嘉庆十八年，奴才奉命审办黑龙江遣犯滋事各案，将窦心传带往办理各案，律例详明，甚为得力，题补宁海县知县。二十二年，奴才任盛京，留心体查，窦心传有才有守，洵为有司中杰出之员，遂调署承德县知县，恭办东巡大差。九月初一日至马官桥大营，降落大雨，因系陵寝禁地，不敢刨沟泄水，道路泥泞，奉旨查参。经奴才将窦心传参交部议，奉旨革职。二十三年差毕，奴才调任吉林后，因双城堡中屯屯丁屡有报逃，劝课乏人，奏请令窦心传赴吉劝课屯丁。于二十四年八月十八日奉上谕：已革知县窦心传饬赴吉林劝课屯丁，如三年期满，卓有成效，照直隶办理营田之例奏明，送部引见。钦此。钦遵。窦心传随来吉林，正值安设左右二屯旗丁二千户。窦心传亲赴中、左、右，遍查一百二十屯，劝谕开导调剂，妥立章程，屯丁俱各安业，经奴才据实奏闻。于二十五年五月十七日奉上谕：富俊于吉林开垦屯田一事，锐意办理。今双城堡所垦地亩现已有成效，盛京闲散旗丁视为乐土，纷纷呈请愿往耕种。其续行筹议条款亦俱周妥，洵属实心任事，富俊着交部议叙。钦此。奴才跪读之下，感激难名，此皆窦心传诚心办理，井井有条所致。今复拟办移驻京旗闲散三千户，所有砍木、相度地势盖房，招募商人就近立窑烧造砖瓦，及赴屯开铺造办器具以省运费种种，一切均须筹议调度妥备，惟赖窦心传一手经理。合无仰恳圣恩，将窦心传知县原衔开复，俾有顶戴，办理一切较为得力。窦心传必定感顶鸿慈，益尽心力，奴才得收指臂之效。俟道光四年移驻京旗闲散安妥后，奴才再将窦心传送部引见，恭候圣恩酌用。是否有当，谨据实奏闻请旨。伏祈皇上睿鉴。谨奏。

道光元年正月十一日

奴才富俊、富登阿跪奏为双城堡随缺荒地无力开种，援照成案，加展生息利银，给资佃垦恭恳圣恩事。窃照设立双城堡屯田之初，奴才等因各官兵公费、心红无项，仿照盛京成例，分别给予随缺地亩，于嘉庆十九年十二月间奏蒙恩准在案。至今六年，此项荒地并未开垦，该官兵等各有差使，断难责令躬耕。欲使招佃，又无庐舍牛具。若使捐用俸饷，则初开荒地不能得利，办公先形竭蹶。且此项地亩随缺转移，及至得利之时，未知犹是原捐俸饷之官兵与否。所以因循至今，并未开垦，奴才等亦难强使必行。但既有随缺之名，不得地亩之益，终属辜恩。现在又筹移驻京旗事宜，京旗来员一切心红、红笔公项尤无所出。奴才等检阅乾隆十三年大学士、公讷钦等议复盛京将军达尔当阿奏设随缺地亩原案开垦章程：每地十坰，给牛一犋，估银九两。置买犁铧等项，估银一两。总共用银七万余两，在生息银两利银内展限加扣。开荒完日，即以原设牛犁等项赏给，作为农器等因。查双城堡三屯随缺地亩，协领一员八十坰。佐领六员，每员五十坰共三百坰。骁骑校六员，每员三十坰，共一百八十坰。领催十六名，每名二十坰，共三百二十坰。兵一百二十名，每名十六坰，谨拟加增四坰，每名亦给二十坰，共二千四百坰。本地官兵一分，共三千二百八十坰，加以京旗官兵一分，二分总共六千五百六十坰。吉林与蒙古密迩，牛价较省而犁铧等物则倍之，可否仿照盛京章程，仰恳皇上天恩，每地十坰赏给牛犁等项银十两，共地六千五百六十坰，需银六千五百六十两，暂在抵补费用参余项下动支。奴才等前因双城堡中屯屯丁原得农器，较后设左、右二屯屯丁短少，于嘉庆二十五年六月间奏蒙恩准，于参余项下动用银二万两，每月一分，给商行息，五年添补中屯农器，应请加展生息，三年得利七千二百两，除归款外，剩银六百四十两，一并添补中屯农器，仍照原奏章程咨销。如蒙恩准，札饬该三屯员弁等陆续招佃，勒限三年，一律开齐，京旗官兵到日即可得租。倘推延，分别参办。如此则不动帑项，官兵等均沾实惠，似于公务有益。是否有当，伏乞皇上圣明训示遵行。谨奏。

道光元年七月二十日

再奴才等详查本年正月间，奏请筹议双城堡移驻京旗闲散建盖房屋木料，就近由阿勒楚喀、拉林各派兵一百名砍采，每年每兵请照例赏给盐菜银八两，二百名兵合银一千六百两，请于吉林参余项下动支，等因具奏。奉旨允行。钦此。奴才等钦遵咨行阿勒楚喀副都统衙门派官四员，督押兵二百名赴山，砍修盖八百间房木大小四万二千六百件。今查此项木料连砍十五年，而阿勒楚喀、拉林各有兵四百六名，如此奏定章程，按年只派该城官兵砍采，不无拮据。奴才等检查乾隆年间移驻拉林苏拉满洲砍伐盖房木料原奏，曾令伯都讷、三姓各派兵三百名帮砍在案。奴才等请将此次砍伐木料照乾隆年间奏案，拟于吉林各城一体轮派。除本年阿勒楚喀、拉林已派兵二百名赴山砍伐道光四年移驻京旗房木不议外，五年盖房木料，本年冬间即宜派兵二百名赴山砍伐，以备明年河运晒晾备用。拟将阿勒楚喀、拉林二处本年冬季减派兵百名，其缺兵奴才等按各城差务繁简、兵数多寡核计，拟派吉林兵四十名、伯都讷兵四十名、乌拉兵二十名，以足二百名之数。至道光二年冬季，拟派宁古塔兵五十名、三姓兵五十名，均与阿勒楚喀、拉林二处官兵会同，核计木数，砍伐运交。按年以次轮派，照数发给盐菜银两。其各城出派弹压之官四员，砍木一年，每年每员拟请赏盐菜银十一两。如此酌量各城协济帮砍，兵力得纾，苦乐均平。再查奴才等前议道光四年移驻京旗章程内：闲散起身时，赏给治装银两，路给官车，到屯备有食物、器具。惟押带闲散之协领、佐领等官及领催，亦应陆续携眷前来，路费一切均未议及。奴才拟请照京旗闲散之例，每员各给官车一辆，起身时请各借支半年俸饷，作为治装盘费。查十五年共来协领一员，佐领、骁骑校各六员，领催十六名。到屯后，此项借支俸饷银拟在伊等应得俸饷内按八季坐扣归款，抑或恩赏，出自皇上天恩。其由奉天、吉林两处陆续拨来甲兵，拟照前次左、右二屯之例，分别给予迁费银两，合并声明。谨此附片恭奏请旨。

奴才富俊跪奏为奏闻请旨事。伏查奴才前办双城堡屯田，因课屯丁乏人，曾于嘉庆二十四年五月奏请，在黑龙江废员内年力精壮、因公获咎者酌拨二三员，前来效力帮办。并查近来公事，各衙门咨行汉文居多，又因捐设汉官学房，教训旗丁，俾资造就，延师不易。仰恳圣恩敕部，嗣后如有获罪较轻府州县等官，发吉林数人效力等因。恭奉谕旨：富俊奏请酌拨黑龙江废员发往吉林，责令劝课屯丁等语。涂以辀、朱履中俱着改发吉林，交富俊差遣。钦此。钦遵。咨调来吉。因该废员等年力就衰，不胜奔驰。籍隶南省语言，旗丁不甚通晓。令在衙门及义学中效力当差，均有裨益。又经奴才援照直隶营田之例，于是年八月奏调原任知县窦心传来屯效力，仰蒙恩准。窦心传到此，甚为出力。奴才于今年正月据实具奏，荷蒙圣恩，赏给知县原衔，仍令承办移驻京旗事宜。现在砍运木植，明春即在屯中左右两翼建盖移驻京旗苏拉房间。第左翼右翼相隔十余里、二十里不等，来往督视稽查未免难周。适原任大名府王履泰违制听曲，发遣黑龙江，于道光元年十月过吉点验。奴才因知王履泰曾于嘉庆十三年进呈畿辅安澜志，蒙恩录用，自系留心民事之员。洵以屯田农务，均各通晓。令其录写数款，尚有可采。奴才随换给文票，派兵押解赴戍去讫。查黑龙江与吉林接壤，前由黑龙江改发之涂以辀业经病故，朱履中恭逢恩诏释回，可否将王履泰改发吉林效力，并遵照前次奏请改发成案，仍请于黑龙江废员内改发一二汉员发遣吉林效力当差，奴才得收指臂之效，出自皇上天恩。为此谨奏请旨。

道光元年十月二十六日

奴才富俊、富登阿跪奏为恭折复奏仰祈圣鉴事。窃奴才等于二月初四日接奉军机大臣字寄道光二年正月二十七日奉上谕：前据富俊等复奏伯都讷屯田各款一折，当交曹振镛等会议具奏。兹据奏称，开垦屯田，原为移驻京旗闲散而设。上年富俊奏定双城堡章程，经各都统等晓谕八旗，迄今已逾一年，愿移者仅二十八户，恐十五年内移驻三千户必须届期展限之事，所盖住房即不免先有闲旷。伯都讷移驻闲散又在道光十八年以后，计日尚遥，其所需经费，不能不预筹垫借。是否亟应筹办，应请钦派大臣前往查勘等语。双城堡屯田计可移驻京旗闲散三千户，今愿移者仅二十八户，人情不甚踊跃。若同时开垦伯都讷屯田，为计太早，且经费亦恐不敷。所有伯都讷屯田一事毋庸派员查勘，着富俊即行停止筹办，并饬令文武员弁严禁民人私垦。现在只须专将双城堡屯田妥为经理，以期经久无弊。至该将军原议现在砍木备料，自道光三年为始修盖住房八百间，以后每年盖房八百间。今旗人既观望不前，其多盖房屋诚恐徒滋靡费。着俟道光四年移驻时计若干户，卓有成效，再行酌量情形，核实办理。将此谕令知之。钦此。奴才等跪读之下，仰见皇上训示周详，无微不至。伏思双城堡移驻京旗，仰蒙皇上赏给地亩、房屋、牛条、籽种、口粮，一切器具全备，京旗闲散到此，无家而有家，无业而有业，较其赁房居住，穷苦逼迫不堪情形，何啻天渊。揆之情理，当必愿来者多。去年所报愿来之户甚少，或因奴才前奏赏银及本旗公帮银两禁止私债勒扣，计来双城堡尚有二年之久，一经呈报愿来，则无人通融缓急，是以迟迟，亦未可定。至修盖住房八百间，奴才富俊原奏道光二年砍木，三年盖房。及旋任后，询之十旗协领、参领，金云必须元年秋冬砍木，冬日趁雪，爬犁拉至河岸，于二年桃花水或夏日水旺运至金钱屯等处登岸，陆运公所，锯解晒晾，三年盖房方能坚固，不至翘裂。细访系属实在情形，奴才等随饬照办，砍取四五两年木植。兹蒙训谕，奴才暂将应砍六年盖房木植停止，俟道光四年移驻时计若干户再行核实遵办外，至开垦伯都讷屯田自应遵奉谕旨停止。第奴才等愚见，不独为移驻京旗，天地自然之利芜弃可惜。前次原议，大学士伯麟等亦曾言之，食为民天，治土殖谷实仁政之首务。今伯都讷围场可得地二十余万垧，计寻常之年，每垧可足三数人之食，丰年则过之。是其地开垦后，每年可益数十万人之食。若任其荒废，实为可惜等语。此次大学士曹振镛等议及于垫借经费。即以经费而言，每丁用银五两二钱，起租之年每丁纳制钱九千，一年归款，尚有敷余。奴才等初次奏折，业经声明在案。即以筹款而言，亦不过借垫五年，不致悬宕，且亦不能二十万垧一时齐垦，为款无多，尚易筹备。奴才等详核该处荒地二十余万垧，计可安二百余屯。姑以十屯言之，每屯三十户，计三百户。每户给盖窝棚银四两，共用银一千二百两。每屯打井二眼，十屯共打井二十眼，每眼工价银十八两，共用银三百六十两。二项共用银一千五百六十两。第六年升科，每垧地征制钱三百文，九千垧共征制钱二千七百串，每两银以制钱一串一百，合银二千四百五十四两零，归还原款银一千五百六十两外，仍剩银八百九十四两。以后每年得租制钱二千七百串，计地二十余万垧，将来开地多，得租愈多，于经费亦不无稍裨。且系招集民人，毫无抑勒，较银米并征民地征租本轻。风闻小民愿认领者不少，一旦卓有成效，无论年月久近，随时移驻京旗闲散裕如也。事关国计民生，奴才等不敢缄默不言，谨将实在情形声明，一并恭折奏闻。伏候钦定。谨奏请旨。

道光二年二月十一日

　　再前奉谕旨：内经各都统晓谕八旗，迄今已逾一年，愿移者仅二十八户，人情不甚踊跃等因。钦此。奴才跪读之下，或因奴才原奏恩赏及公帮银两不准私债勒扣，计来双城堡尚有二年之久，一经呈报愿来，则无人通融缓急，是以迟迟亦未可定。具奏后接准户部来咨单开愿来双城堡之二十八户，奴才详阅单内闲散甚少，而食饷之领催、护军、马甲、步兵、养育兵有二十余名之多。此等有饷可以糊口尚肯愿来，其无钱粮之闲散，度日更艰，为何反不呈报愿来。细思其故，盖闲散多有寒苦，或力不能成家，因而各旗不准呈报。奴才原奏均要有妻室，不准只身算户者，特恐其到此，只身耕作，无人炊爨、照应门户，并恐其游荡脱逃。细思移驻，原为穷苦闲散出外就养，而京中八旗户口籍稍松宽，挑饷较易起见。今因闲旷无室，不能呈报，未免窒碍。奴才愚见，闲散中二十岁以上五十岁以下，若果有父母兄弟叔侄，或有嫡母、伯母、婶母情愿同来，有三口以上者均可算户，不必拘定娶有妻室之人，如此闲散中或可多报愿来。且双城堡已有旗丁三千户，所生子女不少，到此不难议婚成家。奴才愚见如斯，可否敕下八旗都统，再为出示晓谕各佐领，庶无窒碍之处，伏候皇上圣裁。谨附片奏闻。谨奏。

　　奴才富俊、富登阿跪奏为接奏谕旨钦遵办理奏闻事。闰三月十三日，准军机大臣字寄道光二年（1822）闰三月初二日奉上谕：据富俊等明白回奏开垦伯都讷屯田情形一折。吉林乃我朝根本之地，若因伯都讷开垦屯田，招集流民耕种，日久流弊不可胜言。今该将军等覆奏原议，系由吉林现有纳丁纳粮民人认垦，并非招集流民，将来不必另筹安置，于事尚无窒碍。唯现在双城堡屯田尚未垦竣，且移驻京旗甚少，何必呶呶筹办。俟将双城堡办竣获有成效，再行议及开垦，亦未为迟。至另片奏请于闲散旗人中二十岁以上、五十岁以下，若果有父母兄弟叔侄等三口以上者均可算户，不必拘定娶有妻室之人，或愿来者多等语，亦恐窒碍难行。现距移驻之期尚有二年，将来呈报愿往者或不乏人，毋庸预为筹及也。将此谕令知之。钦此。遵旨寄信前来。奴才跪读之下，仰蒙皇上指示周详，感悚交骈。唯有钦遵办理外，并遵前奉谕旨，令伯都讷副都统和福饬派文武员弁严禁民人私垦，专将双城堡屯田妥为经理，以期成效。谨将接奉谕旨钦遵办理缘由恭折奏闻。谨奏。

道光二年闰三月二十八日

奴才富俊、富登阿跪奏为遵照部示专折具奏仰祈圣鉴事。窃奴才富俊于道光元年（1821）正月初六日具奏筹议双城堡开垦屯田移驻京旗闲散一折。自道光四年起，每年移驻二百户。每户给房四间，周围泥垛院墙一道，宽十一丈、长二十丈。除派官兵砍伐木植，每间给盐菜银二两外，每间工料运脚连墙合银三十两。又建盖公所、官兵房屋采买木植在内，每间连墙合银三十五两，由备用银内动支，仍于粜谷价银及参余项下归款，俟奏销时在备用参余项下照例报销，奏蒙允准在案。旋准工部咨开：今将每年应建房间数目、需用工料银两、丈尺做法，按年造册题估，工竣照例造册题销，等因咨行前来。奴才等查例载，乾隆三十九年（1774）奉旨新疆一带修建工程均系派拨兵丁砍伐木植，筑打土方，支给该处耕种所收米面青稞等项，较之采买物料、雇觅匠夫者本属减省。今乌鲁木齐新建满兵城房工程，既较内地应用银数有减无浮，又何必复照内地之例核算，所有用过银两即着照数准销，毋庸再行交部查核。嗣后新疆等处工程派拨兵丁及砍伐木植修建者，俱不必照依内地定例核销。钦此。又查盛京养息牧开垦屯田修建官兵住房，每间估销银一百八十余两。吉林向办工程，每房一间，亦估销银四十九两零。此次建盖移驻京旗闲散居住官房工程，派兵砍木修建，与新疆等处工程事同一例，较定例应用银数减至倍余。且此项动用银数，仍俟将来垦地各屯丁交纳粮石出粜所得谷价银两，及参余银两如数归补原款，非开销正项可比。自应比照新疆之例，毋庸题销题估，咨复工部去后。兹准部咨，所用银两较之内地例价有减无浮，自系实在情形。但查乾隆三十九年谕旨系专指新疆而言，今未奏明，向无办过成案，应由该将军自行奏明，以便办理。等因前来。谨查此项工程，奴才富俊详细筹核，节省帑项，每间价银三十两，仍令工员保固十年，较前吉林建房准部销价每间四十九两仍节省银十九两，若再题估题销造册等项之费无出。奴才等应请即照新疆之例，毋庸造册题估题销缘由据实恭折具奏，伏乞皇上圣鉴。谨奏请旨。

道光二年四月十六日

　　奴才松筠跪奏为遵旨查勘双城堡屯田地亩及屯丁现在情形，据实复奏仰祈圣鉴事。窃奴才遵奉谕旨赴任，路过吉林之便，五月初七日到双城堡查勘开垦屯田地亩及屯丁现在情形。在彼住十二日。先于奉天途次，适遇缘事发往黑龙江当差之原任工部员外郎马瑞辰，派令随同前往，并就近调派水师营四品官舒凌阿、呼兰副总管玛勒洪阿分途密查，令将中屯垦种熟地若干垧，旗丁到屯后报逃另补者若干丁、残废病故另补者若干丁、有帮工者若干户、并恐屯丁有将未垦地亩私自租给民人垦种者，俱各按屯按户逐一详查，据实册报。据该员等册开：中屯开垦地亩现种者五千五百五十二垧一亩，新垦未种者一千垧，共六千五百五十二垧一亩。屯丁报逃另补者二百九丁，残废病故另补者二百四十一丁，家有帮丁者九十六户，雇工帮作者二十一户。奴才复亲赴各屯查询种地实数及屯丁各情形，与册报均属相符。奴才伏查中屯地亩，自嘉庆二十一年拨丁一千名前往开垦，原奏三年之内应垦地二万垧。迨嘉庆二十三年，曾经查明，报垦地九千三百八十余垧，何以今届七年之久，开垦地仅六千五百余垧，较前报之数转少。询之督办屯田之协领等，据称前报开垦地亩多有已垦未种者在内。嗣于嘉庆二十五年，经将军富俊等清查已种熟地，只有四千二百余垧，比将前任协领、佐领等奏明参处。嗣经该员等禀明，与其多垦而复荒，不若少垦而全种。自道光元年以来，续开地二千余垧，是以现在垦种地共六千五百余垧，较原议尚未及半。推原其故，中屯一千丁，悉从吉林各城拨来，素以披甲当差及打猎砍木为生，于农业多未谙习，故到屯后屡有潜逃。兼以残废病故，均由该佐领另行挑补足额，甚至一丁之缺挑补数次，不免有需时日，致多荒废。故种地最少者，半系屡经更换之丁。至同系原来之丁，种地亦有多寡。缘丁力有强弱勤惰之分，兼有贫富众寡之别。盖以每垧十亩计之，竭一丁一牛之力，不过种地五六垧而止。凡家有余丁及力能雇人帮作、添买牛马者，自可多种十余垧，其余人力牛力每有不足，故种地无多。此中屯开垦地亩不能足额之实在情形也。左、右二屯，嘉庆二十三年议给窝棚牛具等项，每丁合银四十七两，而二十一年初立中屯，每丁仅合银二十五两，后虽酌给迁费，添盖房屋，每丁仍少得银十余两，故中屯丁力最为竭蹶。虽经吉林各城该管佐领随时帮贴，或给布一匹，或帮钱数千文，又或因逃丁另补赔给迁费器具，在该旗已形赔累，而于屯丁仍属无济。现值青黄不接之时，屯丁多有口粮不足，籽种无出者。先虽设立义仓一所，本年仅存谷七百余石，早经支放无余。现在协领舒精额禀请买谷三百石，督办屯田之原任知府王履泰、知县窦心传禀请添建义仓，买荞麦二千石，借给三屯旗丁作为口粮、籽种，以资接济。又屯丁勤业者少，兼多不谙农务，不知蚕织，现经将军富俊派令王履泰督率劝课，并令屯丁于隙地种植柘树，教以蓄蚕织茧。此又现在该将军经理屯田教养兼施之实在情形也。此次开垦屯田，原专为旗人生计而设，不得假手民人，致滋流弊。现在查明中屯一千丁，多系旗丁自行耕种，其雇觅民人帮工及分种者二十一户，虽无私行租典之事，惟间有在封堆内携眷住者。应请旨饬交该将军出示，严禁帮工民人携带家眷，以杜民占旗产之渐。至左右二屯，于嘉庆二十五年始行开垦，现在二屯共报开垦地七千三百余垧，均较胜于先立之中屯，而左屯较右屯尤为踊跃。缘左屯一千丁系从奉天之复州、盖平近海等处旗丁内拨来，本系务农之人。素苦本处人多地少，无可耕种，及来双城堡，人少地多，田皆肥美，故俱乐于从事。每正丁各有帮丁一、二、三名，又或稍有变产余资，添买牛马，故种地较多。右屯一千丁系从吉林各城拨来，除宁古塔旗丁二百五十名奏明全行送回以奉天旗丁顶补外，其余素未习农及懒惰残废送回者一百余丁即以奉天余丁顶补，当可安心乐业，不致再有逃匿。中屯设立在先，嘉庆二十年吉林将军富俊初议章程时，奴才在吉林副都统任内曾一同与议，实以事经创始，一切章程半出悬拟，于用项多从节省，故办理致多未协。今奴才查勘现在情形，不敢回护原议。所有应行酌拟之处，尚需详细酌核，再行陈奏。谨将遵旨查勘屯田情形，先行恭折据实复奏。伏乞皇上圣鉴。谨奏。

道光二年五月十五日

奴才富俊跪奏为遵旨分别示禁缘由恭折奏闻事。窃奴才承准军机大臣字寄道光二年六月十六日奉上谕：据松筠奏遵旨查勘双城堡屯田情形折内称，双城堡此次开垦屯田，中屯一千丁，多系旗丁自行耕种，其雇觅民人帮工及分种二十一户，虽无私行租典之事，惟间有在封堆内携带家眷者，请旨饬禁等语。着富俊即行出示严禁，以杜民占旗产之渐。至另片所奏查勘伯都讷围场现在封禁，立封堆四百一十个，委无民人在内私行开垦之处，并着富俊随时查察，严禁私垦，无得日久疏懈，致滋流弊。将此谕令知之。钦此。遵旨寄信前来。奴才跪读之下，仰见皇上防微杜渐之至意。伏查伯都讷围场设立封堆，严禁私垦，并咨行伯都讷副都统责成旗民地方官不时严查，按季结报查核，业于本年闰三月二十八日奏蒙圣鉴在案。至双城堡屯田严禁民人私典，于二十年设立之始，即札饬该管官严查，违者撤地追价，仍治以应得之罪，亦在案。兹奉谕旨钦遵，再行分别示禁，并严饬双城堡协领详查屯田界内除雇觅只身民人作工不禁外，如有携眷居住者，立即驱逐具报。仍令每年年底出结，以杜私占旗产之渐。唯是奴才初设双城堡，原系由拉林管辖闲荒内拨出地界，南北七十余里，东西一百三十余里，四围设立大封堆，以别拉林、双城堡两协领分管界址。嗣因分设左、右二屯，又将中屯与左、右二屯分界各设立小封堆，以别双城堡三屯佐领分管界址。其小封堆以外大封堆以内闲荒，仍留作本地官兵及京旗官兵随缺地亩之用。此项地亩随缺交代，若兵丁老病、事故、退革，便无容身糊口之处，续将北面闲荒东西展长一百二十七里，南北展宽五里，挖立大封堆一百二十七个，以备退革兵丁恒产之用。此双城堡封堆之形势也。其小封堆以内皆系旗丁之产，未便民人杂处，早经逐出屯田界外。而大封堆以内，先系拉林管界，其嘉庆十五年奏准，入丁陈民未便全行驱逐，随于所居周围挖界，止许垦界内数垧以养身家，不准越占官荒，于嘉庆二十年四月内奏蒙圣鉴。又官兵随缺地亩，各有差使，不能自种，恳恩赏给农器，招佃开垦，限三年一律开完。于道光元年七月内，奏蒙俞允，各在案。入丁陈民此处即其土著，承种随缺，佃户有家，仍不至欠租潜逃，且小封堆以内旗丁既须雇工，大封堆以内若无民户，一遇农忙添工，雇觅于百数十里以外，谁肯远来相就。此小封堆以内断不可容留民人，而大封堆内断不能不容留民人之情形也。但除原有入丁陈民及承种随缺地亩，每户仍不准增添一人，此两项民人如有指地借钱、私典等事，仍照前禁撤地归旗，追价入官，仍行治罪。其谁肯银地两空，自罹法网。所有遵旨分别示禁，及大封堆内民人不能无眷缘由，理合恭折具奏。伏祈皇上圣鉴。谨奏。

道光二年七月初四日

奴才松筠跪奏为查勘双城堡屯田情形，酌拟调剂，恭缮清单仰祈圣鉴事。窃奴才查勘双城堡屯田，业将开垦地亩实数及屯丁现在情形恭折据实奏闻。兹复检查历年原议章程，与现在查勘情形悉心详核，凡有可以照旧者固未便轻议更章，内有尚需酌拟之处亦未敢以成议在先，稍存回护。伏思双城堡开垦屯田，原为移驻京旗闲散而设。而欲京旗闲散之乐于迁居，必使奉天、吉林所拨之开荒旗丁先皆竭力耕田，安居乐业，有粮可以自给，有租可以交官，有地可以归公，而后京中闲散旗丁闻风鼓舞，莫不知为乐土，争先恐后。今查中屯已届升科纳粮之期，而开垦地亩实数较为议尚未及半。现值布种耘田之际，虽间有殷实之家力能自给，而无力屯丁或口粮无余，或籽种不足，或难觅帮工，或兼乏牛食，又以时届青黄不接，易致潜逃，而各旗赔费送丁不无苦累。此非酌量调剂，恐难望其多开田亩，事克有成。再移驻京旗房屋，本奏明先期修盖，现在情愿移住者尚无多人，自应酌分缓急。而新盖住房地势应行展宽，旧房损坏亦应酌量修整。谨就奴才愚见所及，详细酌拟，敬缮清单，恭呈御览：

一、征粮应查明已种地亩实数，按年征收也。查双城堡中屯地亩，原奏三年升科，每地一垧纳谷一石，嗣因霜灾，奏缓一年。又于嘉庆二十三年经奴才奏请，查照六年升科之例，将先后应开荒地均按六年升科。所有先开中屯荒地一分，扣除奏明展缓一年，算至本年秋间，已届六年之限。惟中屯地亩现在已经垦种者仅止六千五百五十余垧，查定例六年升科，原指实在垦种六年者而言。不特地未垦种不便先令纳粮，即已经垦种之地，或因原来之丁残废病故及报逃补，其续挑之丁到屯未满六年，所得花利无多，亦未能与原来之丁一律令其纳粮。奴才愚昧之见，除查明未垦地亩例不纳粮外，其已种地亩应先查已届六年者实数若干垧，令其按垧纳粮。至续挑之丁，挑补月日皆有册籍可查，应请暂行展缓，俟查明实届六年再令纳粮，以昭核实。

二、种地必需帮工，应酌加津贴也。查原议奉天、吉林所拨屯丁，每丁三年应先开地二十垧。今中屯已届七年，开垦多未及半。推原其故，开新荒倍难于种熟地，若多开新地，恐熟地转致抛荒，故竭一正丁之力，种地不过六七垧而止，其多至十二三垧者，乃系各有帮丁。其仅止六七垧者，类皆有正丁无帮丁。现查中屯一千丁内，家有帮丁者仅九十六户，外雇帮工者仅二十一户，其种地不能足额，实由帮工甚少，已有明证。此时欲多垦新地，非令丁有余力足以添雇帮工，不能济事。惟外雇帮工，必需庸值，势不得不酌加津贴。今拟三屯旗丁每帮工一名，每年酌帮制钱三千。本年春耕夏耘均已过期，应请自道光三年为始，以两年为止，凡查系种地在八垧以上者，即准给帮工一人。如家有帮工多人者亦止准给一人帮项。盖帮工多则素有余资，为时久则力能渐裕。惟左、右二屯均值开垦之初，中屯虽届七年而丁力正在疲敝之际，酌加津贴，则正丁得资帮助，而帮工益加踊跃矣。再查中屯向无帮丁，自嘉庆二十五年以后，因奉天拨来左、右屯屯丁每家各有携来亲丁一、二、三名不等，是以中屯仿照办理。查询家有余丁者，即拨为帮丁。惟一家虽有数丁，或家有老亲不能远离，或本有旧产不便抛弃，又或希图挑甲食饷不愿帮工，势不能责令兄弟数人全来种地，即不得不暂雇民人帮作。查民人向在双城堡私自种地，因立屯田，致被驱逐移居封堆外者正复不少，亦不患无可雇觅之人，但恐开民占旗产之渐。唯有严禁民人携带家眷私自租典，以免借端侵占，致滋流弊。至添拨帮工，不愿帮作者应令其仍回本旗，其情愿帮作者，俟有正丁缺出，即令顶补。

三、设立义仓，应令多贮谷石，兼贮黑豆也。查每年青黄不接之时，屯丁恒因口粮不足易致潜逃。欲其安居乐业，不得不量予补助。先经吉林将军富俊等于屯田节省项下，在中屯建设义仓一所贮谷市斛二千石，分别或赏或借。本年仅存谷七百五十余石，不敷支放。现据协领舒精额禀请，添买谷三百石，又经督办屯田之原任知府王履泰、知县衔窦心传禀请，于左、右二屯各建义仓一所，添买荞麦二千石，借给屯丁，作为籽种口粮，以资接济。奴才窃思义仓之设，原为补助所需，兼备荒歉之用，总宜先于丰收之年多贮谷石。应请旨饬交该将军，俟秋成时，于应收谷石外每仓各多贮市斛谷一千石，以备支借。再翻犁驾具全恃牛力，春夏之交，人已乏食，更不能多贮黑豆以备养牛之用。虽间有该管佐领买豆均摊，私自接济，而缺乏牛食之家甚多，其势不能遍及。应请每仓于贮谷外各兼储市斛黑豆五百石，以备出借。

四、另行挑补屯丁应补给农器、衣履等项，以免各旗赔累也。查吉林各城佥送屯丁，均由各旗佐领出结保送，间有逃匿，自系该旗佥送不慎所致，是以向来补给新丁迁费、农器等项，均由该旗赔补，惟补丁赔费每一次约需银十余两，该旗不免苦累。如全系官为补给，并不责令分赔，又恐该旗毫无惩儆，始则随意佥送，继则任令潜逃，均所不免。奴才酌中核议，嗣后如间有报逃屯丁，惟将迁费银四两责令该旗佐领自行赔补。其余应添农器、布匹靰鞡等项，查中屯现有奏明发商生息添买农器银两，应请即于前项银内动支。则于罚赔之中仍寓体恤之意，该旗不至无所惩儆，亦不至过于赔累矣。

五、移住京旗闲散宜分屯安置也。查移住京旗，原议先尽中屯安置，系以每丁垦地二十垧交出十五垧计算。今查开垦熟地每丁多者十余垧，少者三四垧，安能有十五垧熟地先交京都旗丁。即再迟数年，仍恐不能足额。如合数丁所种之熟地凑付一人，恐地亩零碎即难合具耕种，而多寡参差，拨交时亦难一律。唯有每屯移住二户，每次于移住之前一年合一屯二十余人之力，于京旗应得地段内垦种三十垧熟地，以备次年分给二户，每丁每年开地一垧有零，人力既无不足，牛力亦属有余。通盘核计，每一大屯分为四十屯，即可移居八十户。现报情愿移居之二十八户，先尽中屯安置，尚属有余。俟续报有移居户数，再于三屯轮流摊派，以昭平允。则京都旗丁到屯，不患无可耕之熟地矣。

六、京都八旗移住房屋应俟报明户数再行修盖也。查京旗头起移居住房，先经吉林将军富俊奏准，于道光二年砍木，三年修盖，原以每次移居二百户，其住房八百间，为数较多，必需早为建盖。现在咨报愿移居者仅二十八户，若仍先期盖房八百间，恐彼时移居户数无多，将已盖房间听其日久闲旷，易致损坏。且询之承办工员，据称木植尚未交齐。其已交木植，甫经水运，多未晒干，难以应用。即灰草砖瓦多已发价，亦不妨将物料暂行存贮备用。应请先按现报移居户数修盖住房二十八所，共计一百一十二间，其余暂缓兴修。俟续有愿移居者，再行照数修盖。惟咨报户数过迟，又恐赶办不及。嗣后凡有愿移住者，应请旨敕下京都八旗，均于本年年终咨报户部，户部即行知照该将军，于第二年照数修盖房间，以备第三年移住。庶帑项不至多糜，而办理亦无迟误。再查原奏移住京旗闲散二百户派佐领一员、骁骑校一员，俟足六百户添设协领一员，佐领、骁骑校各一员。原以人数众多，议请特派京员管辖。若现在移住户数无多，止需由京派员护送到屯后，即可令双城堡协领、佐领兼管，毋庸专派京员。其应盖京员之公所住房，除业经动工者照旧修盖外，其余亦可暂缓。

七、中屯建盖房基应酌量展宽也。查原议章程内载：中屯一千丁，每户房基东西宽二十丈，南北长二十丈，屯丁宽用九丈，留十一丈以备移驻京旗盖房之用。每屯房分三路，住二十八户。屯东西宽计二百丈，住二十四户。屯东西宽计一百六十丈。南北长六十丈。每屯街宽五丈，巷宽三丈，共六十八丈等语。奴才赴屯查看，按照原定房基丈尺，现值移驻之初，尚可足敷居住，日后人丁繁衍，即欲自行添盖房屋，亦无隙地。且庄农人家必于房基附近设立场院，以便收割禾稼，堆贮柴草。随令该协领等商酌禀报。据称京旗及屯丁各一户共种地三十垧，其房基连场院东西约宽二十八丈，南北约长三十丈。每屯房分三路。如一屯住二十八户，连街巷在内计东西宽共需二百八十八丈；一屯住二十四户，连街巷在内计东西宽共需二百三十二丈。其南北连街巷均长九十八丈，即可稍为宽裕等语。今查每屯四面挖有沟壕，南北各长一百余丈，已足敷用。东西各宽二百丈，尚觉过窄。据该协领等禀称，沟壕外现有闲荒可以加展，应请照现拟丈尺分别加宽，以资容纳。至左、右二屯地势东西较窄，据该管协领等禀报，南北闲荒尚多，应将南北加长，或以京旗与屯丁各分三路居住，或前后安置京旗而中住屯丁，均各因地制宜，以期彼此相安而不相扰。

八、中屯屯丁住房应酌加修整也。查左、右二屯修盖屯丁住房，嘉庆二十三年议给每房一间修费银四两外，拨兵赴山砍木，另给砍工银二两，是以木植较好。而十九年议立中屯时，每房一间仅给修费银四两，令屯丁自行砍木并不另给砍木工价，是以木植大半细小。现届七年，住房多将倾圮，急需修整，木植尤宜更换。因查现盖京旗住房，官砍木植较多，内有存剩料件及寸尺不合式者，应请陆续赏给中屯屯丁作为修整住房之用。每房一间，酌给银三两，屯丁既有木植，再加拣用旧料，即足以资修理。统计新盖及修整，每房一间，前后共给银七两，较之左、右二屯新盖住房，每间连砍工合银六两，仅多给银一两，而统计初立中屯议给牛具、窝棚等项每丁合银二十五两，较之左、右二屯每丁合银四十七两，仍属有减无增。至此项修房银两，应请连津贴帮工钱文、添买谷豆价值一并在参余项下动支，再将存剩参余银两归还屯田动支库项原款。

以上八条，奴才系为仰体圣慈，调剂屯丁，核实课功起见，是否有当，伏乞皇上圣鉴训示遵行。谨奏。

道光二年七月二十日

奴才松筠跪奏为奏闻请旨事。窃奴才接准军机大臣字寄道光二年六月二十七日奉上谕：松筠奏查勘双城堡屯田情形，酌拟调剂各款一折。双城堡开垦屯田，原为移驻京旗而设，现既查明开垦地亩及屯丁耕种情形未能悉符原议，自应量加调剂，期收实效。松筠已调任吉林将军，该处屯田事宜即系伊一人专责，着于到任后，将此次陈奏八条再行体察情形，逐一详核，如有另行酌改之处，奏明办理，不可因此折具奏在前，稍涉回护。总期筹酌妥善，使开垦屯丁乐于趋事，移驻京旗踊跃争先，方为不负委任。将此谕令知之。钦此。遵旨寄信前来。奴才跪读之下，仰见我皇上圣虑周详，务期筹酌尽善之至意，自应遵于到任后体察实在情形，逐一详核，再行奏明办理。务于屯丁农务、移驻京旗实有裨益，以期无负圣主委任之重，断不敢以陈奏在先，稍存回护。惟奴才钦遵谕旨，俟德英阿到任交卸后再赴吉林新任，约计须在冬间，而双城堡中屯田亩本年秋收后已届纳粮之期，若不先行奏定章程，未敢行知调任将军富俊查照办理。伏查双城堡屯田地亩，先于嘉庆二十三年经奴才奏准，照六年升科之例，令其纳粮。而定例六年升科，系指实在垦种六年者而言。兹查中屯已经垦种之地共六千五百余垧，除未垦种地亩例不纳粮外，其已经垦种地亩内原挑屯丁种地已届六年者，自应照例按垧纳粮。间有因原挑屯丁残废病故及报逃另补者，其残废报逃之人或不能另作，或怠于耕种，原开田亩本属无几，又因挑补需时，多系已开复荒，而续挑之丁到屯未满六年，所收花利无多，原不在定例六年升科之例。若令一律纳粮，丁力不无竭蹶。可否即照奴才前奏，将已种地亩查系实届六年者，先令于今秋按垧纳粮，其余续挑之丁暂行展缓，俟查明实届六年再令纳粮之处，恭候钦定，以便遵行。再查京旗闲散报明愿移驻者现仅二十八户，若修盖京旗住房为数过多，恐不免先有闲旷，易致损坏。又移住户数无多，即无须多派京员管辖，其京员住房、公所亦未便先行修盖。应否照奴才前奏，先按移驻京旗户数修盖住房，其余拟盖移驻房间及京员住房公所，均令暂缓，以节糜费。并令京旗将续有愿移住者，于本年十二月咨报户部，户部即行知照吉林将军，于第二年照数修盖住房，以备第三年移住，免致迟误，亦应先期奏明，请旨酌定。缘现在双城堡正当兴工之际，仍系按照移住京旗二百户修盖住房八百间，京员公所住房亦同时修盖。若俟奴才到任后始令缓修，恐其时修盖将完，势难中止。为此先将前奏二条恭折伏奏，伏候命下之日，再行知照调任吉林将军富俊遵办。其余前奏六条，俟奴才到任后悉心详核，另行具奏。是否有当，伏乞皇上圣鉴训示遵行。谨奏请旨。

道光二年七月二十日

　　再奴才查吉林抽收参余银两取自商损，本专为抵补刨夫塌欠，买补未能进山票参及短放票减票折价充饷而设，例应量出为入，不得多收。嗣因嘉庆十五年清查参务案内，有归补赔参变价一项奏明，暂行酌加抽收，每上参一两抽收不得过二十两，俟归补赔参变价足额后，仍应奏明，将抽收参余银数酌减。又因有归补双城堡屯田动支备用库项奏明，照旧抽收。是参余一款本非应行存贮公项，以参余归补屯田借款，在参商照旧纳课，并非额外加收，而屯田借支正项陆续还清，均可全归有著。统计双城堡设立三屯前后，共借支备用银十九万五百余两。近年以来，每年抽收参余银在六万两上下，而赔参变价银两业经归补足额，刨夫亦无塌欠，所得参余一款除买补未能进山票参及短放票、减票折价充饷等银四万两零，每年实可归还屯田借款银一万八九千两及二万两不等，约十年可以归款。今于参余项下添给津贴帮丁、添买谷豆、中屯修整屯丁住房三项内，津贴帮丁耕种地八垧以上，计算三屯现共三百二十三户，每户帮工一名，给钱三吊，约需制钱九百六十九吊。添买仓贮谷石，计市斛谷三千石，约值银一千八百两，市斛豆一千五百石，约值银一千五百两。中屯屯丁修整住房一千户，每户给房银三两，约需银三千两。现共需银七千二百六十余两。即种地垧数按年加增，其帮工自应酌加，约亦不能过多。且帮工津贴拟给二年，添买谷石、修盖住房仅只一次，只需将归还屯田参余银两迟归一二年即可足敷支给。若以现在归还银两计算，自嘉庆二十三年至二十五年，参余项下除先尽归还赔参变价外，计还过屯田借款银二万零四百二十九两，尚有发商生息银二万两奏明，俟收还本银作为屯田归款。道光元年，参余又归还银二万二百余两。共归还银六万一千余两，计尚未归还银十二万九千四百余两，自本年起约十年内即可全行还款，理合附片奏。

奴才富俊跪奏为遵旨办理双城堡征租修工各缘由恭折奏闻事。道光二年九月初一日，准黑龙江将军松筠咨开，本年八月十五日奉上谕：松筠奏调剂双城堡屯田情形，将酌拟各款内先行复奏二款请旨遵办一折。所奏是。吉林双城堡开垦屯田，移驻京旗，前经松筠查勘情形奏请调剂，已降旨令该将军于到任后，将陈奏各条逐加详覆，务期妥善。兹据该将军查明，该处中屯地亩已经垦种之地共六千五百余垧，应照六年升科之例，令其纳粮。惟此项地亩内有因屯丁残废、病故、脱逃另补，以致已开复荒。续挑之丁到屯未满六年，自未便令其一体完纳。着该将军详细确查，其实届六年者即着于本年秋收后按垧纳粮，余着暂行展缓，俟承种届满年限，再行照办。至修盖京旗住房，原不应预备过多，致有闲旷损坏。着照该将军所请，先按现愿移驻京旗户数修盖住房，此外均着缓办。将来京旗续有咨报移住之户，由户部知照该将军再行兴工，亦不致迟误。松筠接奉此旨，即移知富俊遵照办理，其余各款，松筠到任后仍遵前旨，体察情形，悉心筹酌，务俾屯丁农务、移驻京旗两有裨益，方为尽善。将此谕令知之。钦此。钦遵。咨会遵照办理前来。奴才跪读之下，仰见皇上节用爱人之至意。伏查双城堡移驻京旗闲散，砍木修工、置办器具，奴才历经奏明，给发过承办各员银三万六千三百四十五两，兹奉谕旨，遵即札饬承办各员去后。嗣据双城堡协领舒精额禀称，中屯屯丁开种地六千五百余垧，查据档册已满六年者实止地三千六百三十一垧，现在按垧征收。至应修京旗官兵住房十九所计六十七间，已修五十二间，仅止未安门窗，暨未修房十五间均各备料，业已遵照停工。修工协领巴善禀称，砍木委员应交四年分房木四万余件，未交木七千八百余件，暨五年分房木因本年水浅，未能运到，俱经砍伐。应置器具铁、木、石三项均已发价制造。其应修京旗闲散住房二百所计八百间，已修房四十所计一百六十间，已备料二十六所计一百四十四间，现已遵照停工各等语。并据开造清册呈送，奴才逐款详核，实动用过银一万六千二百六十二两零。奴才随派协领德春前往，按款复查，并据出具切实印结存案。奴才于打围回省后复亲赴屯次查验，应征粮三千六百三十一石，业已贮仓。已修房间亦尚坚固，当即分别咨札阿勒楚喀副都统、双城堡协，领将修成房间及已备物料等项派人小心看守，俟调任将军松到日，按册交代，听候户部知照再行遵办。未经动用银二万八十二两七钱七分二厘二毫，饬令委员等交库归款。除征租花册咨送户部查核外，所有遵旨办理缘由，理合恭折具奏，伏祈皇上圣鉴。谨奏。

道光二年十二月初二日

奴才富俊跪奏为交代屯田节省银钱各项恭折奏闻仰祈圣鉴事。窃奴才自服官以来，视国事皆如家事，事关动用钱粮，尤期核实。奴才于嘉庆十九年奏垦吉林双城堡屯田，设立中屯，屯丁一千名。二十二年又奏设左、右二屯，屯丁二千名。前后共三千名。所给窝棚、牛条、器具及修盖公所、仓廒、倒毙牛价并修理移驻京旗公所、官兵、闲散住房及置买器具，先后奏明，共动用银十九万五百九十余两。续因遵旨停工，承修工员缴回银二万八十二两零，实动用银十七万五百余两。原奏内均系按照物价扣合银数，嗣因市价涨落不时，饬令承办各员筹划妥实经理，奴才并亲加检点。又委员砍伐房木尺寸不敷之小木估变价值，前后节省银钱除陆续接济屯丁各项动用外，现共剩存银四千一百五十两、制钱一万二千三百八十七串。三屯义仓现存谷八千七百五十仓石。三屯屯丁分牧孳生乳牛二百四十只、小牛八十八只。此项节省钱粮动用剩存数目，每月户司立稿，奴才与副都统共同画存，年终结总，户司立有印册存查。奴才蒙恩补授理藩院尚书，自应交代新任将军松筠经理。奴才愚见，存仓粮石可备接济屯丁之用，春借秋还，出陈易新，可期永无亏短。孳生牛只，每屯分牧二只，每年孳生小牛，除补足二百四十只倒毙额数外，即可赏给种地最多之屯丁，以示鼓励。唯银钱一项，于奏准开销之外，屯丁每有不时之需，日用日少，拟交吉林理事同知发给殷实铺商，每月一分出息，以后尽此利息接济屯丁，毋许动用原本。以上三项，每任列入交代具奏一次，原系筹节之项，毋庸报部，以归简易。是否有当，请旨饬交将军松筠遵办。除将动用款目另缮清单恭呈御览外，所有奴才交代屯田节省银钱缘由，理合专折具奏，伏祈皇上圣鉴。谨奏。

道光二年二月十六日

谨将已用节省银钱款目清单恭呈御览：

一、中屯屯丁冬日入山砍伐房木，买给皮袄、棉衣五百件，动用市钱一千五百吊。

二、中屯原派屯丁及续查三屯穷丁，前后制给棉衣裤及单裤三千四百零五件，动用市钱七千一百六十七吊九百零五文。

三、三屯屯丁添给铁耙齿一百二十副，动用市钱一千二百九十七吊三百六十文。

四、三屯屯丁陆运、水运器具盘费、草料，动用市钱一千二百零二吊零五十文。

五、三屯逃丁迁费器具责成原保之佐领等赔补外，其残废病故另补各丁添给迁费、器具，动用市钱四百四十七吊六百七十文。

六、公所添挖井眼暨三屯挖井例口不敷，动用市钱二千零七十三吊一百文。

七、中屯修建牌坊一座，添修档房三间，动用市钱三百三十五吊九百五十文。

八、三屯每屯修建义仓九间，堆拨房一间，共三十间，动用市钱一千七百二十四吊一百零四文。

九、接济三屯牛料市石豆二千石，动用市钱一千四百五十吊。

十、接济三屯初到屯丁闰月及家口并陆续补丁口粮市石谷四千八百四十四石八斗七升，动用市钱四千二百六十二吊六百六十文。

十一、置买三屯义仓市石谷三千五百石，合仓石谷八千七百五十石，动用市钱五千四百吊。

十二、置买挈生乳牛二百四十只，动用银一千一百三十七两六钱。

以上共动用银一千一百三十七两六钱，共动用市钱二万六千八百六十吊零七百九十九文，合制钱一万三千四百三十串零三百九十九文，均由搏节钱项下动用，合并声明。

奴才松筠跪奏为奏闻请旨事。窃奴才到吉林任事已经旬日，一面将案件、仓库次第清厘，一面于所属大小各官留心体察，是否有人地非宜及衰庸恋栈之员另行分别随时具奏外，伏查双城堡中、左、右三屯屯务，自蒙圣恩将奴才调任吉林以后，从上年六月届今春杪，虽未到任，此数月内该屯实在情形节次派亲信之人密赴该处访查，今有详稽历年档案并细询舆情。前任将军富俊因该屯佐领、骁骑校等官大率粗愚不能劝稼课耕，奏请仿照直隶营田之例，在于废员中挑拨熟谙农田水利二三员，责令劝课。于嘉庆二十四年奏奉谕旨准行。嗣于是年八月经富俊奏请，将废员原任奉天府宁海县知县窦心传赴屯田效力。钦奉上谕：富俊奏请以废员劝课屯田等语。吉林双城堡屯田劝课需人，准其以已革知县窦心传饬赴吉林劝课屯丁，如三年期满，卓有成效，照直隶办理营田之例奏明，送部引见。钦此。窦心传即于二十四年九月来到，续于二十五年查出该屯协领明保、佐领富征额等导引无方，分别降补。又于道光元年正月，富俊以窦心传屯田出力，奏恳圣恩，请将窦心传原衔开复，俟道光四年移驻京旗闲散安妥后，送部引见。当奉上谕：富俊奏屯田出力废员恳恩鼓励一折。已革知县窦心传前经饬赴吉林办理双城堡屯田事宜，劝课屯丁，尚属认真，着加恩赏，给知县原衔，俟道光四年移驻京旗闲散事竣，如果始终妥善，再行送部引见。钦此。兹奴才细查该双城堡自二十四年以屯官明保等分别降补之后，窦心传赴各屯挨查禀报，委系出力。富俊因原奏道光四年起，每年需移京旗二百户，人众地多，是以奏请将窦心传于三年期满之后，再俟道光四年京旗来到安妥后送部，今道光元年、二年，京旗具报愿移住者仅只三十一户，似无须专留该员在此遥遥守候，徒滋苦累。查此外别无经手未完事件，窦心传既出力已满三年，前经钦奉谕旨，照直隶办理营田之例，三年期满，奏明送部，自应仍遵原奉上谕办理。谨缮该员履历清单及缘事案由，恭呈御览。伏候命下之日，奴给咨该员，饬令赴部引见。至奴才前奏办理屯田章程八条，除核实征粮、停盖房屋二条已奏奉谕旨遵行外，其余六条复向八旗复加悉心体访，务使舆情共洽，荒地悉可开成熟地，三千屯丁家给人足，俾近悦远来，以为旗人长久生活之计。断不敢轻率定议，仍致将来上烦圣虑。合并陈明。为此恭折具奏，伏祈皇上圣鉴训示遵行。谨奏请旨。

道光三年四月初十日

谨将窦心传履历及缘事案由开单恭呈御览：

窦心传，现年五十六岁，系山西沁水县进士，由奉天府宁海县知县署承德县。因嘉庆二十三年随前任将军富俊等承办大差道途泥泞，被参革职。于二十四年九月到双城堡屯田效力，扣至道光二年，三年期满。

奴才松篆跪奏为钦奉谕旨查明前任将军交代屯田动用库款，并撙节银钱实存数目恭折复奏仰祈圣鉴事。本年四月二十日，承准军机大臣字寄奉上谕：本日富俊奏交代屯田节省银钱，将动用款目开单呈览。据称，前于嘉庆十九年奏垦吉林双城堡屯田，制备窝棚、牛具并修理公所、仓廒、住房等项，除动用银十七万五百余两外，经承修工员缴回银二万八十二两零，又剩存小木变价银四千一百五十两、钱一万二千三百八十七串。三屯义仓现存谷八千七百五十仓石。三屯屯丁分牧孳生乳牛二百四十只、小牛八十八只。所存仓粮备接济屯丁之用，春借秋还，可期永无亏短。孳生牛只除补足倒毙额数外，实给种地最多之屯丁。存剩银钱拟交吉林理事同知发给殷实铺商生息，以息银接济屯丁，毋许动用原本。嗣后每任列入交代具奏一次，毋庸报部等语。富俊在该处年久，情形尚为熟悉，其筹节各项钱粮，尤应核实经理，以期历久无弊。着松筠查明实存数目，遵照妥办，务期钱粮不致短绌，屯丁永资接济，以副委任。将此谕令知之。钦此。遵旨寄信前来。伏念奴才仰荷圣恩，畀以吉林将军重任，兢惕弥深。于新立屯田，抚丁教稼固为切要，而于动用钱粮，克使屯丁永资接济，以期历久无弊，尤应慎始核实。查双城堡自嘉庆十九年设立屯丁，暨二十三年添设屯丁，所给窝棚、牛条、器具及修盖公所、仓廒、倒毙牛价并修理移驻京旗公所、官兵、闲散住房，及置买器具，先后奏明动用库储银十九万五百九十余两。续因遵旨停止建盖京旗住房未修，工员缴回银二万八十二两零。又嘉庆二十三年至道光元年，抽收参余银两缴还库项四万零八百九十余两，统共缴还库项银六万零九百七十余两，现在实欠库银十二万九千六百两零。奴才详查库款，实存双城堡撙节银四千一百五十两、制钱八百八十七串零。询据户司禀称交代折内小木变价撙节项下制钱一万二千三百八十七串，于道光三年十月二十日发给理事同知交商生息制钱五千串。又于道光三年三月初十日，发给理事同知交商生息制钱六千五百串。均系按月一分生息，该同知具有保结。奴才委派协领安楚拉查明铺商，饬该同知另觅殷实铺商加结互保，按月行息，并无拖欠。所剩小木变价撙节钱八百八十七串，现在实存库内。至三屯义仓现存谷石并屯丁分牧孳生大小牛条，委员前往查报，均与富俊所奏之数无殊，取具结呈备案。惟查有嘉庆二十五年奏请动用参余项下银二万两发交铺商生息，于奉到谕旨发给铺商四十四家呈领，每月一分生息。旋于道光元年经领参票揽头王焕然等呈恳，发交伊等生息，六月二十日由铺商各家提回，当堂发给该揽头呈领，每月一分生息，俱有铺商连名互结。奴才到任后，查该揽头所交息银虽系按月无误，惟闻所具互结之商并非殷实铺户，恐日久库项难以归款，当即札委协领穆隆阿、理事同知锦珠勒会同户司协领倭楞泰传集各揽头，提缴此银去后。兹据该委员等禀称，该揽头王焕然等呈称，现在雇觅刨夫入山，措办口粮，需用甚为竭蹶，一时难以凑交。前具互保铺商，即系该揽头名下秋冬兑给刨夫参枝银两字号，并非街市卖货铺户，恳将该揽头每人历年应领买补未能进山票参各十余张官票例给银两内按限扣留，以清前款。至按月息银，断不敢稍有亏欠等语。据情具结，禀报前来。奴才详询委员等，金称各揽头现在殊形拮据，此项生息银二万两递难措办完交，尚属实在情形。唯有即于历年所领未能进山票应发银二万余两内，分作三年扣缴归结，不惟该揽头等筹运从容，可期无误参务，且于此项银两不至虚悬无着。俟按限扣缴时，即仍交殷实铺商生息。暨撙节项下生息钱文，均为接济双城堡屯丁添补农具等项之用。除动用交商二万两生息银照例年终报部外，至撙节之款，原非正项，毋庸造册报部，于年终具奏一次，以备查核。所有奴才遵旨查明各项实存数目办理缘由，理合恭折奏闻，伏乞皇上圣鉴。谨奏。

道光三年五月十五日

　　奴才松筠跪奏为遵前奉谕旨，将奴才原议双城堡屯务章程六条另行详议，以归核实，恭折奏闻仰祈圣鉴事。窃奴才于上年五月查勘双城堡情形，酌拟章程八条具奏。奉上谕：松筠奏查勘双城堡屯田情形，酌拟调剂各款一折。双城堡开垦屯田原为移驻京旗而设，现既查明开垦地亩及屯丁耕种情形未能悉符原议，自应量加调剂，期收实效。松筠已调任吉林将军，该处屯田事宜即系伊一人专责。着于到任后，将此次陈奏八条再行体察情形，逐一详核。如有另行酌改之处，奏明办理，不可因此折具奏在前，稍涉回护，总期筹酌妥善，使开垦屯丁乐于趋事，移驻京旗踊跃争先，方为不负委任。将此谕令知之。钦此。续将所拟八条内核实征粮、停盖住房二条奏奉俞允，咨交前任将军富俊遵照在案。奴才上年在黑龙江任内，曾选派员弁前赴双城堡密查该屯情形。兹于本年四月初二日到任后，将双城堡各项卷宗详细稽核。中屯自嘉庆二十一年起至道光元年止，已开成熟地五千五百五十二垧一亩，内已满六年应纳粮者三千六百三十一垧，上年已收粮三千六百三十一仓石。上年已开成熟地一千垧，本年新开地四百五十四垧四亩。左屯自嘉庆二十五年起至道光元年止，已开成熟地二千九百三十一垧九亩，上年已开成熟地一千五百四十六垧五亩，本年新开地二千零四十垧七亩有余。右屯自嘉庆二十五年起至道光元年止，已开成熟地三千七百九十六垧五亩，上年已开成熟地一千二百三十一垧五亩，本年新开地一千一百二十二垧。核计左、右两屯所开地亩多于中屯，缘中屯屯丁一千名较左、右两屯更为拮据。屯田以多开荒地为首务，闲荒必丁力有余，方能踊跃。前任将军富俊派委原任知府王履泰在屯梭织往来，教耕劝稼，并恭宣圣谕广训，时为诚勉。各屯丁咸知耕作，竭力开荒，秋成甚为丰稔，至今得有盖藏，不至纷纷逃避。比较前三年开垦新荒，洵为加倍，屯务殊有起色。所有奴才前议章程六条，按切时宜，悉心确核，敬列各款，恭呈御览：

　　一、前奏种地必需帮工，开种在八垧以上者，每年酌给帮工制钱三千文，自道光三年为始，以两年为止，借资调剂，俾得多开新地一条。查三屯新开地已添有七千三百六十九垧一亩，以每垧十亩核计，共添新地七万三千六百九十余亩，并经委员王履泰教以耘锄，非比前此苗莠互栽，不得种田利息。至本年青黄不接之时，似属稍舒艰窘，间有自蓄余资，不致无力耕作。是以奴才不敢因前奏徒资糜费，本年竟可毋庸发给帮工之费。惟是

61

新地正需添开，天时旸雨，有难预定。设遇上年歉收，至次年兴耕之始，该屯丁力量支绌，有待省耕补助，仍拟于生息撙节项下酌给调剂钱费，不动正款。所有明岁应否调剂或再节省之处，总以本年秋收为准。此一条应请毋庸预定，容俟奴才于秋成后核实，随时奏报办理。

二、前奏中屯屯丁住房应酌加修整，陆续赏给存剩木植，每丁一名房一间酌给修费银三两一条。奴才查左、右两屯自嘉庆二十三年修盖屯丁住房，议给每房一间修费银四两。又拨兵赴山代为砍木，发膳盐菜银二两，是以木植较好。至嘉庆十九年议立中屯时，发给该丁修费银四两，其木植系令该丁自行入山砍伐，至今八年之久，房屋已形歪闪。奴才前奏停止修盖京旗闲散住房木料内，有不合式之木植并无别项可用，日久易致糟朽，拟发给该屯屯丁作为修理之用。惟是应修房屋一千间，而所余不合式木植为数无几。兹委员详查，据禀该屯丁所住房屋又经一年，多有坍塌，必须议给费用，以资修整。此一条仍照奴才前议给银三两，请由撙节生息项下支给，不动正款。

三、前奏移驻京旗闲散宜分屯安置，请中、左、右一百二十屯每屯移驻京旗，惟道光四年第一次移来京旗先尽中屯安置一条。奴才查道光元年京旗具报愿来者二十八户，除有事故三户外，实有二十五户。道光二年具报愿移驻者六户。新旧共三十一户。现在中屯八旗盖有房屋四十所，足敷三十一户居住。道光三年如有愿移驻之户，即照原议，由本年冬底户部咨明户数前来，再为按户盖房，以备移驻。至奴才前议移驻京旗人数尚少，无须京旗官兵在此居住弹压，送到后即交该屯协领、佐领等官管辖，其京旗官兵即令回京。此后凡有移驻京旗前来护送之官兵，均请于送到后随令回京，以免该员在此浮费，而于该屯员管辖亦归划一。

四、前奏建盖京旗闲散房屋，将屯基酌量展宽一条。查原议各屯每户房基东西宽二十丈，南北长二十丈，屯丁宽用九丈，留十一丈以备京旗盖房之用。上年奴才查勘各屯所有新建京旗住房，与屯丁房屋毗连切近，移驻日久，人丁繁衍，添盖房间，堆积柴薪，竟无隙地。且屯丁与京旗一处杂居，不免彼此易生嫌隙。奴才前饬协领等查明每屯附近均有闲荒，可以就近建房居住。除已报名京旗三十一户现有盖成住房四十所足敷居住外，其嗣后愿移驻京旗仍照原议，由户部咨明户数，奴才拟于附近闲荒内按户建房备住。至于附近闲荒相距屯中究非甚远，仍可朝夕彼此学习耕作。如此，则京旗与屯丁分屯另住，即可各不相扰，而该管官亦易于防闲。再每屯本有两井，仅敷现在屯丁汲用及饮牧牛条。加添一倍京旗，本须再添两井，添挖之井即在闲荒新建京旗住房处所，仍照奏定原价开挖，在备用项下动支。

五、前奏义仓贮谷兼贮黑豆，于丰收之年在应收谷石外，每义仓各贮市斛谷一千石，以备支借，并各贮市斛豆五百石，以济牛力一条。奴才上年奉命查屯时，中、左、右三屯共有义仓一所，仅贮谷七百五十余石不敷支放，且左右两屯赴中屯公所领谷还谷，往返百数十里，殊碍屯丁农务。经委员王履泰、窦心传禀请，于左、右二屯各建义仓一所。兹奴才四月初二日到任，准前任将军富俊已买足市石义谷三千五百石，移交前来，足敷支借。至屯丁专恃牛力耕犁，丁粮既经买足，牛食不能偏废，所有应贮三仓市斛黑豆一千五百石，俟秋收后在撙节生息项下动支采买，明年春耕出借，秋后还仓，以资接济耕牛之用，毋庸再动正款。

六、前奏逃丁一名，选丁顶补需费约银十余两，请由本旗赔补迁费银四两，其余置备农器银两官为补给一条。奴才到任后，查历年原有逃丁随补随逃，该旗颇形赔累。自上年委员王履泰按屯教稼，迄今均有盖藏，食足心安，现在各屯并无逃逸。嗣后如间有一二名潜逃，请由撙节生息项下支给买补农器。至于该佐领，只赔迁费银四两，以免苦累。惟查屯丁内有身故之户，家口每形孤苦，缘该丁始赴屯时，即将其旧居产业变价，到屯专恃田亩养家，一经身故，另补屯丁，所有地亩均归新丁耕种，已故屯丁之妻子困苦无依，实堪怜悯。兹查前任将军富俊曾奏明小封堆以内不容留民人栖住，大封堆以内不能无民人留住租种随缺地亩，等因在案。此项户口查明，倘有兄弟叔侄可依，给资令其回旗另行筹给养赡外，实无可归者，拟于大封堆以内酌拨闲荒八垧，租与民人耕种，令该户按年取租，以资留养。

以上六条，奴才系就现在情形覆加详核，务期于中、左、右三屯屯务实有裨益，永垂久远，理合缮折奏闻，伏祈皇上圣鉴训示遵行。谨奏。

道光三年六月初五日

再查原任知府王履泰前因恭进畿辅安澜志书籍，蒙仁宗睿皇帝赏给通判，北河效用，历升大名府知府。道光元年违制听曲，加重发往黑龙江。是年，经前任将军富俊奏调屯田效力。该员于道光元年十月到屯，至今督率屯丁共开新地七千三百六十余垧，各屯丁一律安居，并无逃逸，卓有成效。查原任知县窦心传经富俊于嘉庆二十四年九月奏调到屯，道光元年正月，因窦心传在屯出力，奏蒙恩准，赏给原衔顶戴。现在三年期满，照例送部引见。该委员王履泰到屯年月较多，而办理屯务尤为出力，可否照窦心传赏给原衔之例，恩准赏给顶戴，出自圣主鸿慈。奴才为屯务得人起见，理合附片奏闻。谨奏。

卷 三

咨 会

为遵行事。查得本衙门前经奏准，遵旨拟议试垦章程，以备京旗闲散移驻垦荒一案，抄录原折并谕旨一切垦荒计亩章程，已咨各该处遵照办理在案。今本衙门遵照原奏，拟议屯丁垦荒，预备试垦事宜各款，抄单咨行伯都讷、阿勒楚喀副都统衙门，将该处应选耕作旗丁，必须年力精壮之人，各给印照，令其垦种，毋致中途误农等因咨行外，札饬吉林十旗协领、打牲乌拉协领等一体遵照办理。其移驻屯丁，应用一切农具什物按款开列清单，严饬吉林同知，务须遵照原奏价值置买，以备使用可也。计粘单一件。

嘉庆二十年二月十六日

试垦事宜：

一、原奏挑选吉林旗丁一千名试垦，已据八旗协领、佐领挑选七百二十名，尚有二百八十名，系咨外城挑送。此项旗丁必须年力精壮、诚实安分之人，四人互保一具，始可令其垦地，庶有成效。诚恐无业游手，希冀现得官银，暂为花用，大有妨碍。并恐以年力就衰者充数，其实不能耕作，中途误农，致众效尤，辗转增累，亟应慎之于始。现已分别札饬各旗协领、佐领等官，嗣后如有前项情弊，唯原送官是问。并先出示通谕。

二、原奏每丁分荒较多，原以备移驻京旗苏拉之预计，其间有因垦地较多，带领该丁子弟亲族相帮，自属情事之常，并不干禁。诚恐旗丁内有不遵禁例，私与民人说通租典，旗丁希图稍济燃眉，民人恃有资财，借之谋为己有，将来京旗移驻之时，分地窒碍，咎将谁归。此等情弊，该总理等官不时督率纠察，一经查出，将旗丁照例治罪，偷典偷种之民除私自所给银钱追出入官外，仍治以应得之罪，该管官并干吏议。现已通饬各官，并一体出示通知，俾众共戒。

三、原奏设官拨兵如数筹拨之外，仍须添派协领等官总核督理。现在作事伊始，所有一切应用农器，即令该总理官会同额设各官，并责成吉林同知传同行匠，照原奏价值分别定式尺寸分两，每件先令造具一分较准作为式样，书以年月、行铺、姓名贮库，分给试垦旗丁。即照此一例造成，庶无轻重长短、偷工减料之弊，以期器具坚固，经久适用。将来京旗苏拉移驻，特应给农器，一律造给，得有遵循。

交同知置买移驻屯丁应用农具列后：

截半大铧子二百五十条、大犗牛铧子二百五十条，每条合钱六百文，计用钱三百吊。

辽阳犁碗子二百五十个，每个合钱一吊，计用钱二百五十吊。

千斤二百五十副，每副合钱八百文，计用钱二百吊。

怀扒信子二百五十个，每个合钱五百文，计用钱一百二十五吊。

大锄头一千把（把俱全），每把合钱八百文，计用钱八百吊。

镰刀一千把，每把合钱二百四十文，计用钱二百四十吊。

大镢头二百五十把，每把合钱八百文，计用钱二百吊。

大斧子二百五十把（把俱全），每把合钱八百文，计用钱二百吊。

广铁锹二百五十把，每把合钱四百文，计用钱一百吊。

牛车五百辆(鞍样绳套俱全)，每辆合钱六吊四百八十文，计用钱三千二百四十吊。

八斤重铡刀二百五十把（床俱全），每把合钱三吊六百文，计用钱九百吊。

大广条锯二百五十把，每把合钱五百四十文，计用钱一百三十五吊。

锛子二百五十把，每把合钱六百文，计用钱一百五十吊。

五分凿子二百五十把，每把合钱三百八十文，计用钱九十五吊。

大磨石二百五十块，每块合钱一吊，计用钱二百五十吊。

搁线大口袋一千条，每条合钱八百文，计用钱八百吊。

铁锅二百五十口（口面二尺五寸大），每口合钱三吊，计用钱七百五十吊。

大缸二百五十口，每口合钱八百文，计用钱二百吊。

瓷盆二百五十套，每套合钱五百文，计用钱一百二十五吊。

沙宫碗一千个，每个合钱四十文，计用钱四十吊。

粗瓷盘子五百个，每个合钱六十文，计用钱三十吊。

丈二席子二百五十领，每领合钱六百文，计用钱一百五十吊。

寨子大白布一千匹，每匹合钱三吊，计用钱三千吊。

缝成靰鞡一千双，每双合钱四百文，计用钱四百吊。

以上共计用钱一万二千六百八十吊。

不在原奏章程添买家具列后：

水桶二百五十副，每副合钱六百文，计用钱一百五十吊。

水瓢二百五十个，每个合钱四十文，计用钱十吊。

木勺二百五十把，每把合钱二十文，计用钱五吊。

小铁勺二百五十把，每把合钱一百文，计用钱二十五吊。

木锹五百把，每把合钱八十文，计用钱四十吊。

共用钱二百三十吊。

为发给印照事。照得拨给　　旗　　佐领屯丁　　试垦地三十大垧，自种地二十垧，留荒十垧。三年后，每垧交谷一仓石，共交二十石。将来移驻京旗到时，交京旗熟地十五垧、荒五垧，其余熟地、荒各五垧即给自种，作为恒产，并免交粮。但不可租典与人。如有违例私行租典售卖者，查出治罪，撤地追价入官，决不姑宽。恐久无凭，各发给印照，以便永远执业存照。

　　旗　　　　佐领下

　　旗　　　　佐领下

　　旗　　　　佐领下

　　旗　　　　佐领下

为请颁关防印信事，户司案呈。嘉庆十九年十一月十四日本衙门恭折具奏遵旨预议试垦章程，以备京旗闲散移驻种地一折。于嘉庆十九年十一月二十六日钦奉谕旨，准行在案。理合咨报礼部，请铸给委协领关防一颗、左右翼佐领钤记二颗。预为铸成，咨复到日，再派委员赴部领取，发给该员。并应铸关防钤记字样，造册咨报大部，请烦查照办理可也。

　　计开：督理双城堡屯田委协领关防、管理双城堡屯田左翼委佐领钤记、管理双城堡屯田右翼委佐领钤记。右咨礼部。

嘉庆二十年四月二十九日

为咨报事。嘉庆二十年四月二十九日本衙门恭折具奏请勘分荒试垦事竣回城一折。于嘉庆二十年五月十四日钦奉谕旨，允行在案。相应抄录原奏并谕旨一道，及绘画分拨屯丁试垦地图二纸，并抄录拟议屯丁垦荒预行备办各款事宜，一并咨送大部查核外，仍咨行阿勒楚喀副都统衙门转饬双城堡委协领等一体遵照办理，并移付兵、工二司理事同知衙门可也。右咨户部，并咨札阿勒楚喀副都统等衙门。

嘉庆二十年六月初一日

试垦事宜：

一、原奏试垦千名屯丁所有一切应用农器、出派协领等官会同额设各官，并责成吉林同知传同行匠照原价值，分别定式尺寸分两，每件先令造具一分较准作为式样贮库，分给试垦旗丁农器即照此一例造成，较比庶无轻重长短、偷工减料之弊，以期器具坚固，经久适用。将来移驻京旗苏拉满洲时，应给农器即照此样一律造给，得有遵循。现将吉林千名屯丁农器二百五十分，均照原奏价值，饬令吉林同知置买齐全，呈送本衙门收存，以备运往双城堡，屯丁到彼，一律发给，以资开地之用。

二、原奏拟合四丁四牛需用牛千条，夏令派委妥员照原奏价值发给，赴蒙古产牛处所置买，分起赶赴试垦地方。维时青草正茂，借以牧养，俾收割盖房草束、采运木植得用。今将需用牛千条内在吉林先买牛一百六十条，其余八百四十条牛现今本衙门委派妥员即照原奏发给价银，饬交该员等赴蒙古产牛处所置买，分起赶赴试垦地方，饬交委协领等官分给屯丁牧养，以备拉运草木搭盖窝棚，明年一律开垦之用。

三、原奏应建盖办事公所草正房三间、草厢房三间、大门一座、土院围墙一道，共估需银二百二十两。并委协领住房十间，佐领各住房八间，骁骑校各住房六间，领催六名各住房四间，披甲五十名各住房三间，共房二百一十二间，每间原合银十两，需用银二千一百二十两。此二项共银二千三百四十两，即在吉林库贮备用银内动支，发交委协领等带往该处。住房自行建盖外，其办事公所派委协领明保监修，遵照奏定价值间数购料，坚固妥实兴修，不得草率，仍取保固结呈备查。

四、原奏每丁分荒较多，原以备移驻京旗苏拉之预计，其间有因垦地较多，带同各丁子弟亲族相帮，自属情事之常，并不干禁。诚恐旗丁内有不遵禁例，私与民人说通私典，旗人希图稍济燃眉，民人恃有资财，借之谋为己有，将来京旗移驻之时，分荒窒碍，咎将谁归。此等情弊，该委协领等官不时督率纠察，一经查出，将旗丁照例治罪，偷典偷种之民除私自所给典价银钱追出入官外，仍治以应得之罪，官员议处。

为呈请惩办警众事。嘉庆二十一年六月十二日，户司、刑司案呈会审张茂、凌德等无故约众阻挠垦务一案。缘正红旗二屯十家长张茂，于嘉庆二十一年正月初八日，同本屯闲散那尔胡善往双城堡取锄头农器，路遇头屯闲散西楞保同行，说及试垦之事。以现垦至第四年不能垦完二垧，恐难如定数交粮，欲往省恳求减免。遂同至总理五屯总达凌德处商议，凌德应允。即写约会左、右两翼四十屯知帖，约至是月十八日在正红旗三屯会齐，令张茂、那尔胡善、西楞保往送，并令田发备饭，事后给还。至期，左翼二十屯俱不肯来，照常垦种，惟右翼屯达齐集。告以赴省祈恩之故，先在协领前禀明再去，旋即食讫而散。二十日回禀该委协领明保，以奏定章程与众闲散有益，正值农忙，并无交粮急务，何以无故生波，阻饬不允，并以果有必须调剂之处，俟秋后将军按临查阅时代为请示之语。吩咐凌德等出告众丁仍旧垦种，垫办猪酒饭食共用钱九千零四十文，各旗摊给。众屯达答以上省恳恩，大家愿出酒食之费，倘不准去，俱不出钱。凌德虑及赔累，复以约期潜往，每棚只去二人，缮帖知会，于是月二十八日金钱屯会齐。适有六十一讹言左翼闲散已经起身，各丁闻之即纷纷前去。经该管委协领闻信派令该管章京富征额等带兵在大岭截回正红旗五屯丁二十四名、镶红旗二屯丁二名、正黄旗五屯丁三十九名，将凌德、张茂、那尔胡善、西楞保、六十一、田发、那尔善看押公所，禀请惩办，讯悉前情。查双城堡试垦事宜奏明通示章程，洵与闲丁有益，各丁挑选时亦俱愿移驻谋食，一切牛具、器用、窝棚、口粮、衣履纤悉俱备，毫无欠短。现在垦种之年并不征粮，至第四年始交薄课官粮，将来移驻京旗苏拉并可分得官熟、荒十垧，永为己产免粮。天恩浩荡，正应感激力田，何以众俱安业已届一年，独有凌德、张茂首先起意，纠众祈恩，殊出情理之外。如果与众无裨，窒碍难行，当凌德写约知会，左翼何无一丁赴约，即右翼镶蓝旗亦未前去，是属明证。诚恐凌德等另有起事别情，再四究结，坚执前供。加以刑吓，矢口不移，似无遁饰。凌德身充五屯总达，不先督办，辄听十家长张茂之言，无故擅写约会纠众。迨经该管委协领面饬其非，仍敢约同潜往，祈恩减粮。是其意在垦种自肥，罔顾课粮经费，几致惑众罢垦，情节较重。凌德一犯，应请与首先起意之张茂俱比照用强占种屯田五十亩以上发近边充军例，改发乌鲁木齐当差。六十一讹言惑众，厥罪惟均，实发黑龙江当差。为从附和之那尔胡善、西楞保、田发、那尔善四犯，应于凌德等遣罪上减一等，杖一百，徒三年，照例各折枷号鞭责发落。其余截回擅往之各丁，交该管之委协领照不应重律折鞭责完结，仍令各该丁照旧垦耕安业。嗣后有出头生事扰乱屯务者，即照此办理示众。该管各官自行截回请办失察之处，应请免议等因。本将军、副都统复查无异，相应抄录原奏试垦章程，一并咨达。为此咨达，烦请大部查照复议施行，须至咨者。右咨刑部。

嘉庆二十一年六月二十三日

为咨报事。户司案呈。嘉庆二十一年九月初六日，本衙门恭折具奏查勘双城堡开垦地亩被霜致灾情形，据实奏恳圣恩一折。嘉庆二十一年九月二十日恭奉恩旨：恤缓。钦此。钦遵在案。相应抄录原奏并谕旨一道咨报大部外，咨行伯都讷、阿勒楚喀各副都统衙门，并饬打牲乌拉协领一体遵照办理，仍札知双城堡委协领等，令其传谕各屯旗丁，使知皇恩浩荡，天良感激，设法竭力耕作，以报圣恩，藉得收获立业外，此项银两如何发给盖房雇人多开地亩之处，详细妥为筹议，禀报办理可也。右咨户部，并咨行伯都讷、阿勒楚喀副都统等衙门。

嘉庆二十一年十月初十日

为咨报事。嘉庆二十一年十一月二十六日，本衙门恭折具奏双城堡新垦屯田实在情形，恭折复奏一折。于嘉庆二十一年十一月二十六日奉到朱批：知道了。钦此。相应抄录原奏咨报户部可也。右咨户部。

嘉庆二十一年十一月二十八日

为咨会各城传知闲散旗丁，愿往双城堡左、右地方垦种屯田迅速开报事。案照本将军前任吉林副都统时，会同前任将军富俊具奏双城堡试垦章程案内，每移驻闲散旗丁一名给银二十五两，官为置买牛具，自行搭盖窝棚，赏给籽种谷二石。共移驻一千名，每名拨给荒地三十垧，垦种二十垧，留荒十垧，试垦三年，自第四年起每垧交官谷一仓石，以备移驻京旗苏拉到时，即将每名熟地分给京旗十五垧、荒地五垧，尚余熟地五垧，仍给原种屯丁作为恒产，免其交粮等因，奏奉谕旨，允准在案。嗣于嘉庆二十一年，因双城堡被霜较早，收成歉薄，复经奏明，蒙恩赏借给籽种、口粮谷二千石，添盖窝棚银三千两，并将应交官粮递缓一年各在案。益仰圣主爱育旗人至意。上年双城堡收成甚好，各屯丁眷口亦经陆续搬往同居，颇有起色。屯田一事，有益旗人生计甚多。今查双城堡左、右闲荒，除拨给屯丁一千户外，尚余闲荒可安二千户旗丁开垦交粮，自应查照双城堡原案奏定章程及时筹办，不特为将来移驻京旗计，亦为本省闲散旗人生齿日繁计也。昨本将军年班回任，晤盛京富将军，言及沈阳现有二千余户年壮旗丁情愿自赴吉省双城堡左、右地方垦种闲荒，可见利之所在，趋之若鹜。因思本省满洲、蒙古、汉军各旗闲散较从前生齿多至数倍，内中无业壮丁每致为人佣趁，而游手好闲不知自爱者比比皆是。盖缘罔知稼穑，积习相沿，以致旗人生计益形竭蹶，本将军前后莅吉六七年所深悉者。今既有此闲荒，自应先尽本省旗丁开垦，况牛具、籽种、窝棚等项均邀恩赏，官为经理，试思不费工本而有地可耕，有室可迁，积久家成业就，故人人视为乐土，所以盛京旗人不远千里情愿前来开垦，其明验也。如果本省旗人凑集二千名前往开垦，不数年间将见一带闲荒尽成熟地，前此之无业者倏易而为有业，前此之佣趁于人者今且人为其佣，是其功效不速而成，人苦不自为久远计耳。倘再迁延观望，不以耕种为事，则是自外生成亦竟不必强之使往，致有脱逃等弊。总之本省闲荒本省不能垦种，设邻省奏准拨丁前来，卓有成效，彼时追悔何及。凡事易于乐成，难于图始，故不惮谆切指示，理合先期咨会。为此合咨宁古塔、伯都讷、三姓、阿勒楚喀副都统等衙门转饬珲春、拉林，即传知各旗，如该处有愿往双城堡左、右地方垦种闲荒者，共有若干名，开列旗分，造具清册，务于四月初十日以前速行咨报核办，切勿迟延。除行文咨会外，并札十旗、乌拉协领、伊通、额木赫索罗佐领等一体遵照办理可也。

嘉庆二十三年二月二十四日

为咨报事。嘉庆二十三年二月二十八日，准户部咨开山东司案呈，先准吉林将军将嘉庆二十年盛京银库奏销案内行查各款查明咨覆等因，随将节妇建坊、阵亡官兵全葬银两、驿丁恤赏、驿站廪给等项移查礼、兵二等部，查明是否与准销案相符，查覆核办去后。今于嘉庆二十二年十月二十五等日，准各处陆续查复，均与议给银数相符前来。查吉林等处挑取种地屯丁一千名，每名拟给买牛并农具等银二十五两，共银二万五千两，添设弹压官兵建盖居住房屋并办事公所，共银二千三百四十两，通共银二万七千三百四十两。查与该将军抄录原奏相符。惟建盖官兵房屋并办事公所用过银两是否造报工部核销，未据声明，应令该将军查明报部核办，等因前来。查此案本衙门于嘉庆十九年十一月内因移驻阿勒楚喀所属双城堡地方垦地闲散一千名，添设官兵弹压，核计建盖委协领住房十间，委佐领二员，每员住房八间，委骁骑校二员，每员住房六间，领催六名，每名住房四间，披甲五十名，每名住房三间，共应建盖住房二百十二间。每间合银十两，计需银二千一百二十两。办事公所正房三间，东厢房三间，大门一间，土院围墙一道，计需银二百二十两。共需银二千三百四十两。听其自行建盖居住，等因具奏。于嘉庆十九年十二月十四日，准军机大臣字寄嘉庆十九年十二月二十六日奉上谕：据富俊等奏预拟试垦章程，请先于吉林等处闲散旗人内拣送屯丁一千名，每丁给银二十五两，籽种谷二石，于拉林东南夹信沟地方，每名拨给荒地三十垧，垦种二十垧，留荒十垧，试种三年后，自第四年起征粮贮仓。十余年后移驻京旗苏拉时，将熟地分给京旗人十五垧、荒五垧，所余熟地五垧、荒五垧即给原种屯丁，免其交粮，作为恒产。并将屯田出入各款、屯丁用款及设官管理章程开单呈览。此项试垦地亩需帑无多，将来开垦成熟后移驻京旗闲散，与本处旗屯众丁错处，易于学耕伙种，不致雇觅流民代耕，启田为民占之弊。所议似属可行。其单内合计十年用银四万零五百两，其试垦之第一年只须银二万八千余两，即可与办。着即照富俊等所议，挑选屯丁一千名，由该处备用银两内拨给牛价等项，公仓内拨给谷种，如法试垦。富俊现准来京陛见。着松宁先行经理，俟富俊回任，一切会同妥办。此事札行伊始，伊等务计划周详，督率各屯丁勤习耕作，并随时认真查察。如一年办有成效，则积至十余年后所得租谷粜价，大可裕旗人生计。若仍令雇民代垦，或将地亩私行租佃，久之悉为流民占据，将来移驻旗人时无地可耕，则该将军等办理不善，咎有攸归，断不宽恕。其所议按年征租及派拨官兵约束一切章程，均着照所议办理。将此谕令知之。钦此。遵旨寄信前来。当经钦遵谕旨，吉林库存备用银内，照数动用支给该官兵等自行建盖房屋以及公所，复查此项工程银两缘由，将来各屯丁交纳粮石出粜，将价银仍归补原动之项，是以未经造报工部核销缘由一并声明外，应将原奏并款单抄录粘单，咨报大部查核可也。右咨户部。

嘉庆二十三年四月二十六日

为咨行事。查双城堡开垦屯田，原为豢养旗人，俾立产业，所给地亩、口粮、籽种、牛条、农具以及居家日用一切器具，无所不备，试问各丁父母能如此给其子一分产业乎，是皆出自圣恩。该丁等不思报效，竭尽力田，成就家业，仍复脱逃，丧心昧良，莫此为甚，可恨之至。细思情由，生齿日繁，各旗不免有不肖败类。该旗协领、佐领、骁骑校漫不经心，不以公事为重，任听领催举保。领催无知，瞻徇情面，至将败类、残废之人充数拨往，以致至今三年之久，仍有残废、逃脱之人，殊不成事。以前姑免深究，以后拨补之人如再有逃脱，必将该佐领、骁骑校记过，领催重处。一旗如逃至十名以外者，将该协领记过一年。佐领逃至五名以外者，将该佐领、骁骑校参处，领催责革示惩，而双城堡协、佐领等亦不能无过。皆缘平素不善开导教诲，严为管束，以致脱逃。嗣后每翼如再逃至十名以外，将该佐领、骁骑校记过，领催、屯达等严行责处。两翼逃脱至二十名以外，将该协领记过。所有前报脱逃、残废本城屯丁共五十名，着各旗留心挑选年壮诚实力田之人，限于二月十三日呈送衙门，当堂验补拨往外，其在逃之三十名屯丁，前于正月初八日曾给限一月勒拿务获，亦令于验补之日将拿获者送衙门，令新补之人眼看重处。不获者将该领催传到比责。将此传示各旗并札谕双城堡外，咨行各副都统衙门一体照办见复可也。右咨各副都统。

嘉庆二十四年正月二十日

　　为咨行事。嘉庆二十四年二月十六日准户部咨开为遵旨事。山东司案呈，本部议复吉林将军奏筹议双城堡屯田拨丁垦种一折。嘉庆二十三年十二月二十七日奏，本日奉旨：依议。钦此。相应抄录原奏行文，吉林将军遵照可也，等因前来。计粘单内开，户部谨奏，为遵旨议奏事。内阁抄出吉林将军富俊奏筹议双城堡屯田拨丁开垦，酌给经费银两一折。嘉庆二十三年十二月十八日奉朱批：户部议奏。钦此。钦遵。于本月二十二日抄出到部。据该将军奏称，前于盛京围场，接奉军机大臣字寄嘉庆二十三年十一月初六奉上谕：前据富俊奏筹议开垦屯田并请查明伯都讷围场荒地备垦，自降旨交松宁详查妥议定拟后，再行会同富俊办理。兹据松宁将议开双城堡屯田章程开单具奏，并以试垦伯都讷围场地亩经费不敷，请俟双城堡屯地陆续升科后接办。富俊现已调任吉林将军，着将松宁所议章程再交富俊复核，议松宁所定银数是否丰俭合宜，屯丁得此是否即可养赡家口，尽力开垦。务期国帑可以按限归补不致多靡，而于旗民生计亦实有裨益，方为经久良策。其伯都讷地亩应否酌分缓急，次第办理，该将军议定，即行复奏，候旨饬遵。松宁折并清单俱着发给阅看。将此谕令知之。钦此。奴才跪读之下，仰见我皇上轸念旗丁，体恤周备之至意。复查松宁原奏内开，嘉庆十九年富俊在吉林将军任时奏请开垦屯地，每丁给荒地三十垧，另垦地二十垧，三年后升科，每垧纳谷一石外，存荒地十垧。至拨用时拨出熟地十五垧、荒地五垧，仍留熟地五垧、荒地五垧给原垦之丁作为己产，免其纳粮。其移驻该屯丁时，每丁给牛具、窝棚等银二十五两。其时，奴才松宁在吉林副都统任内，曾一同与议。嗣于二十一年勘得双城堡一带地土沃衍，定议拨丁一千名前往开垦，迄今已阅三年，考其成效，尚不能悉符原议。如前议给三万垧，三年之内本应垦地二万垧，今仅垦地九千三百四十八垧五亩。其垦地二万垧，本应于二十四年升科，嗣因霜灾展缓一年，应于二十五年升科。现据富俊以地未垦全，请于二十五年先征十垧粮石，其余十垧展至二十七年升科。其现在办理情形查与原议不符者，实因前议章程尚有未协，悉心推求，总缘彼时于一切用项节省，其移驻屯丁每名议给窝棚、牛具等项银止二十五两，实有不敷。该丁等到屯后，屡有报逃，经该旗赔补器具，挑选足额之后，其余所给之地开垦未经交半，不能照限升科，皆由于此。今富俊以双城堡尚有左、右二分余荒，请于盛京、吉林八旗内挑丁二千名前往试垦，每丁议给窝棚、牛具等项银三十五两。查双城堡于前项拨垦一分荒地外，现实有余地可垦，盛京、吉林余丁内亦不患无情愿挑选前往之人，唯每丁给以窝棚、牛具等银三十五两，虽较前稍有加增，仍属不敷。以每垧十亩计之，二十垧为地二百亩，断非一丁之力所能胜。查例载京旗下屯种地，每人给银一百两，给房四间，例价银十两，官为建盖等语。又查乾隆五十二年吉林拨丁移驻三姓地方种地，以备挑甲当差，亦系每丁给银一百两，例案可查。今双城堡垦地处所相距盛京及吉林各城近自二三百里，远即千余里。奴才松宁酌议拟分立旗屯，应建窝棚二千间，并拨兵赴山砍木，多给费用，每间需银二两，俟木植建齐，官为搭盖完竣，一到即可居住，仍照前每间给工费银四两。挑丁之初，即令携眷同住，每丁酌给迁费银八两。应给牛只、籽种、器具、衣具等项，需银三十四两七钱零。计第一年每丁需银四十八两七钱零，其第二、三、四等年酌拟接济种熟地，开新荒，雇觅人工，添给衣履、器具等项，需银二十一两二钱零。统计四年每丁需银七十两，共计银十四万两。连按年支给倒毙牛价，计九年需银二万四千零四十八两。通共需银十六万四千零四十八两。所需银两，应请先在吉林库贮备用及税银项下陆续动拨。查吉林抽收参余项下尚有归补赔参变价银一万三千余两，为数无多。二十三年课项应有余剩，应请即从本年扣起。现开二分荒地，并前开一分荒地用项，共银二十万六千四百一十二两，不过十二三年尽可全数归补完结，似毋庸再扣奉省参余银两。其现开二分荒地应交租粮，仍照初办奏定，每垧交租粮一仓石。该处平土厚，原系旱地，应请照旱地六年升科之例，仰恳圣恩，将先后应开荒地均按六年升科，以纾丁力。所有前后三分荒地，每分每年应交租谷二万石，每石照原奏减价一钱出粜，以四钱为准，积至十年，计三分即可得谷价银二十四万两，另行贮库备用。至伯都讷围场地亩，奴才松宁亦曾知悉该处可以开垦，但同时办理，恐筹垫经费银两不敷借拨，应请双城堡屯地陆续升科后，再行接办等语。奴才细心详核松宁所奏砍木、添给衣履并迁费银两，奴才前未筹及，似应增添。但奉天、金州、复州等处至吉林双城堡将及二千里，穷丁自力前往，诚有不逮。每丁拟给迁费银八两，在所必需。至吉林各处至双城堡不过二三百里，亦拟给银八两，未免远近漫无区别，吉林屯丁每丁应请给迁费银四两。又请添给每丁车一辆。查庄农人家多系一车二牛架拉一具，四牛前给车二辆，已足敷用，似可毋庸再行添给。至升科，既请照旱地第六年征租，该屯丁等已有花息，况此次系办理开屯田，非京旗下屯种地可比，不必再按年给予种熟地、开新荒接济银两，以重帑项而昭核实。以上每丁合计需银四十七两零七分五厘。奉省拨派官四员，携眷远赴双城堡，每员请给迁费银十二两。领催、兵四十名，每名给迁费银八两。吉林派官四员，領催、兵四十名，应请照奉省减半给予。以上官兵迁费共合银五百五十二两。前设中屯屯丁现多未携眷，每丁请给迁费四两，其余一概毋庸增添。建盖新开二分屯田官兵住房及办事公所共房三百二十间，应需银一万一千二百两。买补屯田二分倒毙牛价，查预买之牛二千头内即间有倒毙，请于开垦之年支给，以十年合计，需银二万六千七百二十两。前开中屯一分连给迁费，以十年合计，共需银四万六千三百六十四两。除现开二分并前开一分荒地，通共以十年合计，共用银十七万八千九百二十六两。所开三分荒地自升科征租年起计算，每年得谷六万石，照原奏定每石减价银一钱出粜，以四钱为准核算，积至十年，可得谷价银二十四万两。较前动支数目有盈无绌。至现动用银两，帑项攸关，不可久悬，应请于吉林参余银两项下先行归补，计十年以内，即可清结所得谷价，另存备用。除移驻京旗各款伏候谕旨另行遵办外，所有开垦升科征租年分，委协领、佐领等改补实缺，裁拨两省官兵增给盐菜、心红、荒地、砍木盖房，铸给图记等事，均请照松宁所拟及奴才前议章程办理。至伯都讷现报堪可耕种地八万坰，奴才明春再行详查明确，挖立封堆存记。请俟双城堡中屯征租以后，再为筹划开垦办理等语。臣查嘉庆十九年该将军富俊奏明，吉林双城堡开垦屯田移驻屯丁一千名。嗣据该将军松宁查勘，双城堡尚有左、右二分余荒，奏请于盛京、吉林八旗内挑丁二千名前往试垦，连前开一分荒地，共需经费钱二十万六千四百一十二两。今据富俊奏称，松宁所议添给砍木衣履并迁费银两，因穷丁自力前往，诚有不逮，似应增添。唯奉天等处屯丁至双城堡地方远者千余里，拟给迁费银八两，吉林屯丁至双城堡不过二三百里，拟给迁费银四两，以示区别。所请每丁一名，添车一辆，并每年接济银两均可毋庸添给。通共现开二分并前开一分荒地经费，开具清单，共银十七万八千九百二十六两。臣等核计，富俊所议银数比较松宁所议银数即节省银二万七千四百八十六两，实属有减无增。其银两请库贮备用及税银内陆续动用，所动银两即于吉林抽收参余银两项下递年归补还款。俟屯丁垦种六年升科后，核计十年谷价，可得银二十四万两，另行贮库备用。该将军系属核实办理，于前动帑项既有着落，而于旗人生计亦有裨益，应如所奏办理。至富俊所议垦地征租年分并官兵费用、铸给图记等项，均请照松宁所拟，亦应如所拟办理。其伯都讷应垦地亩，应令该将军俟双城堡办理完竣后，再行筹划开垦。所有臣等核议缘由，是否有当，伏乞皇上睿鉴，谨奏请旨等语。准此。相应抄录部复，并开垦屯田用款及粜卖谷价数目清单，咨行盛京将军衙门，应将贵衙门派拨双城堡左、右二屯苏拉千名，并弹压官兵均照奏准拟定章程，酌定每具先派二人，佐领、骁骑校四员、领催、甲兵四十名内酌派佐领一员、骁骑校一员、领催二名、甲兵十五名，带领本年拨往苏拉五百名，于四月内在盛京起程，五月初一日以内至双城堡。饬令该员等带领苏拉等搭盖窝棚，安置栖址，以备明年春正拨往苏拉等垦种。再由盛京拨派佐领、骁骑校，每员应得迁费银十二两，领催、甲兵、苏拉每名应得迁费银八两，本衙门咨行盛京户部，就近在该处发给。本年拨往佐领、骁骑校，每员减半迁费银六两，领催、甲兵、苏拉等减半迁费银四两之处，另出咨文照数发给外，仍将应派拨佐领、骁骑校、领催、甲兵照依前次奏准章程，由义州派拨佐领二员，复州、熊岳派拨骁骑校二员，熊岳派拨领催二名，金州派拨领催三名，金州、复州派拨甲兵三十五名，苏拉亦照前次各处呈报情愿携眷来吉垦种之丁酌定派往，造具旗佐花名细册，速即咨复本衙门，以备查办。其只身之丁，断不必派来，以免脱逃该旗佐赔累外，其吉林应派拨双城堡左、右二屯苏拉千名，按照各处呈报户口册载二十岁以上至五十岁以下闲散内，按照闲散多寡，均匀酌派闲散数目。拟单粘连文尾，咨行宁古塔、伯都讷、阿勒楚喀各副都统衙门，查照本衙门粘单拟派闲散数目，应按户口册，先派领催之弟男子侄，酌定俱派有眷属闲散应得迁费银两，只身之丁断不可派来，但只身之丁不应得迁费银两之处，一并咨知外，将酌定闲散旗佐花名造具细册，速即咨报本衙门查核，并将每具先来二人，于五月初旬由各该处径行送至双城堡，有官砍木植自行搭盖窝棚，以备明春携眷前来垦种。并札饬吉林十旗、乌拉协领一体遵办，仍知照双城堡协领外，并移付兵、工二部官参局查照可也。

嘉庆二十四年二月十九日

计粘奏准清单一纸

谨将开垦三分屯田十年用款及征租粜卖十年谷价数目，敬缮清单，恭呈御览：

现开二分，屯丁二千名，每丁合银四十七两零四分五厘，共需银九万四千零九十两。两省官兵迁费，共需银五百五十二两。买补倒毙牛价，以十年合计，共需银二万六千七百二十两。建盖办事公所、官兵住房三百二十间，共需银一万一千二百两。前设中屯一分，连现议给迁费，以十年合计，统共需银四万六千三百六十四两。以上统计，十年共需银十七万八千九百二十六两。三分屯田，以升科之年起，计十年征谷六十万石。每石合银四钱，共合银二十四万两。除归还前用数目外，仍余银六万余两。合并声明。

谨拟新开二分屯田每丁应给口粮牛条器具清单。计开：

屯丁四名，合牛一具，用牛四条。每条价银八两，共合银三十二两。

喂牛黑豆每牛每日二升，三月起至八月止共六个月，喂黑豆十四石四斗。

每石价银一两，共合银十四两四钱。

喂牛草每牛每日四束，六个月共合草二千八百八十束。每束合银三厘，共合银八两六钱四分。

窝棚四间，合银十六两。

井一眼，合银二两四钱。三十人共一眼。

犁杖四付，合银一两五钱。

铧子四条，合银一两二钱。

犁碗子二个，合银一两。

千斤二副，合银八钱。

怀爬信子二个，合银五钱。

锄头四把，合银一两六钱。

镰刀四把，合银四钱八分。

镢头四把，合银一两六钱。

大斧子四把，合银一两六钱。

铁锹四把，合银八钱。

石磙子二个，合银三两四钱。

磨一盘，合银二两。

车二辆，每辆合银三两二钱，共合银六两四钱八分（绳套全）。

铡刀二把，合银三两六钱。

大锯一把，合银二钱七分。

锛子二把，合银六钱。

凿子一把，合银一钱九分。

大磨石一块，合银五钱。

口袋四条，合银一两六钱。

铁锅四口，合银六两。

大缸四口，合银一两六钱八分。

盆子四套，合银一两。

碗十六个，合银三钱二分。

盘子八个，合银二钱四分。

席子四领，合银一两二钱。

白布四匹，每匹一两五钱，共合银六两。

靰鞡四双，合银八钱。

口粮四石，每石合银二两五钱，共合银十两。

水桶四副，合银三两二钱（扁担全）。

木锨四把，合银六钱。铁勺四把，合银六钱。

木勺四把，合银二钱。

水瓢四个，合银二钱。

竹箸四把，合银二钱四分。

油灯四盏,合银五钱六分。以上共用银一百四十两,每丁合银三十五两（系奴才前奏款单）。

籽种二石，合银一两四钱（因仓贮陈粮不能播种）。

窝棚四间砍木盘费，合银八两。

棉衣棉裤各四件，合银十两。

靰鞡四双，合银八钱。

菜刀四把，合银九钱六分。

大筐箩四个，合银二两六钱二分（喂牛用）。

大簸箕四个，合银四钱。

携眷迁费，奉天、吉林两省合算，四丁合银二十四两。

以上共合银四十八两一钱八分（系松宁所奏核拟应增款单）。连前单共合银一百八十八两一钱八分。每丁合银四十七两零四分五厘，共需银九万四千零九十两。现今拨往双城堡左、右二屯二千苏拉内，除盛京一千苏拉外，吉林乌拉、宁古塔、伯都讷、阿勒楚喀、拉林等处应出苏拉一千名，均分十五名内应出苏拉一名，拟定数目清单。计开：镶黄旗现有苏拉一千零六十名，应出苏拉六十九名。正黄旗现有苏拉三百七十二名，应出苏拉二十三名。正白旗现有苏拉九百四十三名，应出苏拉六十一名。正红旗现有苏拉五百四十名，应出苏拉三十五名。镶白旗现有苏拉五百三十五名，应出苏拉三十四名。镶红旗现有苏拉三百一十名，应出苏拉十九名。正蓝旗现有苏拉七百零三名，应出苏拉四十五名。镶蓝旗现有苏拉四百七十六名，应出苏拉三十名。蒙古旗现有苏拉一百四十一名，应出苏拉八名。鸟枪营现有苏拉二千七百三十八名，应出苏拉一百八十二名。吉林现有苏拉七千八百一十八名，应出苏拉五百零六名。乌拉现有苏拉一千五百三十四名，应出苏拉一百零二名。宁古塔现有苏拉三千八百零一名，应出苏拉二百五十三名。伯都讷现有苏拉九百二十八名，应出苏拉六十一名。阿勒楚喀现有苏拉六百七十一名，应出苏拉四十四名。拉林现有苏拉五百一十名，应出苏拉三十四名。以上吉林所属各处共现有苏拉一万五千二百六十二名，应出苏拉一千名。

为照数发给事。嘉庆二十四年二月十六日准户部议复内开遵旨议奏事。内阁抄出吉林将军富俊奏称筹议双城堡屯田拨丁开垦，酌给经费银两一折。嘉庆二十三年十二月十八日奉朱批：户部议奏。钦此。钦遵。于本月二十二日抄出到部。查该将军奏称内开，以双城堡左、右二分余荒，请于盛京、吉林八旗闲散内挑丁二千名前往试垦，每丁议给窝棚、牛具等项银四十七两零七分五厘内，拟给盛京拨派佐领、骁骑校四员，携眷远赴双城堡，每员请给迁费银十二两。领催、甲兵四十名，闲散千名，每名给迁费银八两。吉林佐领、骁骑校四员，领催、甲兵四十名，闲散千名，应请照奉省减半给予迁费银两各等语。查该将军俊奏称，添给砍木衣履并迁费银两，因穷丁自力前往，诚有不逮，似应增添。惟奉天等处屯丁并官兵至双城堡地方远者千余里，拟给官员迁费银各十二两，领催、甲兵并屯丁等给迁费银各八两。吉林屯丁、官兵至双城堡不过二三百余里，拟给官员迁费银各八两，领催、甲兵、屯丁等给迁费银各四两，以示区别。再所请每丁一名添给车一辆，并每年接济银两均可毋庸添给。通共现开二分，并前开一分荒地经费开具清单，共银十七万八千九百二十六两。臣等核计，该将军富俊所议银数，比较将军松宁所议银数计节省银二万七千四百八十六两，实属有减无增。其银两请于库贮备用及税银内陆续动用，所动银两即于吉林抽收参余银两项下递年归补还款。俟屯丁等垦种六年升科后，核计十年谷价可得银二十四万两，另行贮库备用，系属核实。再前动帑项既有着落，而于旗人生计亦有裨益，应如所奏办理等因，于嘉庆二十三年十二月二十七日奏，本日奉旨：依议。钦此，谨遵前来。相应抄录部复，咨行盛京将军衙门，应将拨派双城堡左、右二屯闲散千名并弹压官兵，均照奏准拟定章程，酌定每具先派二人，佐领、骁骑校四员，领催、甲兵四十名内，先派佐领一员、骁骑校一员、领催二名、甲兵十五名，带领本年拨往闲散五百名，于四月内在盛京起程，五月初一日以内至双城堡。饬令该员等带领闲散等搭盖窝棚，安置栖止，以备明年春正拨往闲散等垦种。再查本年由盛京先来佐领、骁骑校、领催、甲兵、闲散等，每员名应得迁费银内给予减半银两，以备在途盘费，是以本衙门咨知盛京将军衙门，此项银两就近在盛京户部支领发给先来官兵并闲散等，以备在途盘费等因，于本月二十日咨行在案。据此。本衙门备文咨行贵部，应将本年由奉省派拨先来佐领一员、骁骑校一员，每员各应得减半迁费银六两，领催二员、甲兵十五名、闲散五百名，每名应得减半迁费银各四两，共计银二千零八十两，请烦贵部查核，照数发给。俟本衙门年终请领屯田需用银两之时，照数扣除归款可也。右咨盛京户部。

嘉庆二十四年二月二十二日

为请领关防印信事。嘉庆二十四年二月十六日准户部咨开，为遵旨事。山东司案呈，本部议复吉林将军奏筹议双城堡屯田，拨丁垦种一折。嘉庆二十三年十二月二十七日奏，本日奉旨：依议。钦此。相应抄录原奏，行文吉林将军遵照可也。等因前来。计粘单内开铸给关防、钤印等项，均请照前任将军松宁所拟，亦应如所拟办理等因，理合抄录本衙门原奏，并户部议奏，咨报礼部，请改铸给。前设双城堡中屯委协领，今改为实缺总理三屯事务协领关防一颗，左、右两翼实缺佐领钤记二颗，理应改铸。再新设左屯佐领钤记二颗，右屯佐领钤记二颗，预为铸成。咨复到日，再派委员赴部领取。并将应铸关防钤记字样造册咨送大部，请烦查照铸给可也。

嘉庆二十四年二月二十七日

请铸关防、钤记册
总理双城堡三屯事务协领关防
管理双城堡中屯左翼佐领钤记
管理双城堡中屯右翼佐领钤记
管理双城堡左屯左翼佐领钤记
管理双城堡左屯右翼佐领钤记
管理双城堡右屯左翼佐领钤记
管理双城堡右屯右翼佐领钤记

嘉庆二十四年二月二十七日

为咨行事。查得奏定双城堡中屯增添领催二名、甲兵十名应修住房三十八间，并左、右翼开垦屯田二分，应修建公所、官员、兵等住房。二分核计，每翼各修建公所正房三间，每间进深二丈二尺，中间面宽一丈二尺，梢间面宽一丈一尺，柱高一丈五寸，五檩五楹。前廊深三尺五寸，柱高八尺五寸，台阶高一尺，坎墙高三尺。每层三顺一丁，砌砖十五层，坎墙以上里生外熟成造。厢房三间，进深二丈，面宽一丈，柱高九尺一寸，五檩五楹，台阶高八寸，坎墙高二尺六寸，砌砖十三层，坎墙以上里生外熟成造。大门一间，进深一丈六尺，面宽一丈，柱高九尺，三檩三楹，地脚刨挖深宽各五尺，用石碾筑打。正房前檐下月台一座，东西长三丈二尺，南北宽五尺，甬路一道，周围垛草泥院墙，共凑长四十丈，高六尺。佐领住房各二所，每所八间。计正房三间，进深二丈，中间面宽一丈一尺，梢间一丈，柱高八尺五寸，五檩五楹，台阶高一尺。坎墙高二尺六寸，砌砖十三层，坎墙以上里生外熟成造。东西厢房各二间，进深二丈，面宽一丈，柱高八尺一寸，台阶高六寸。坎墙高二尺四寸，砌砖十二层，坎墙以上里生外熟成造。大门一间，进深一丈六尺，面宽一丈，柱高八尺六寸，三檩三樑成造。地脚刨挖深宽四尺，周围垛草泥院墙，共凑长四十丈，高六尺。骁骑校住房各二所，每所正房三间，进深二丈，面宽一丈，柱高八尺五寸，三檩三樑，台阶高八寸。坎墙高二尺六寸，砌砖十三层，坎墙以上里生外熟成造。厢房二间，进深二丈，面宽一丈，柱高八尺一寸，三檩三樑，台阶高五寸。坎墙高二尺六寸，砌砖十三层，坎墙以上里生外熟成造。大门一间，进深一丈六尺，面宽一丈，柱高八尺六寸，三檩三樑成造。地脚刨挖深宽四尺。周围垛草泥院墙，共凑长四十丈，高六尺。领催住房各四所，每所四间，进深二丈，面宽一丈，柱高八尺一寸，三檩三樑。台阶高五寸。坎墙高二尺六寸，砌砖十三层，坎墙以上里生外熟成造。甲兵住房各三十所，每所三间，进深二丈，面宽一丈，柱向八尺一寸，三檩三樑，台阶高五寸。坎墙高二尺六寸，砌砖十三层，坎墙以上里生外熟成造。双城堡中屯领催住房二所，每所四间，进深二丈，面宽一丈，柱高八尺一寸，三檩三樑，台阶高五寸。坎墙高二尺六寸，砌砖十三层，坎墙以上里生外熟成造。甲兵住房十所，每所三间，进深二丈，面宽一丈，柱高八尺一寸，三檩三樑，台阶高五寸。坎墙高二尺六寸，砌砖十三层，坎墙以上里生外熟成造。今查双城堡中屯添建领催、甲兵住房三十八间，着派协领明保、佐领阿尔喀善、骁骑校舒义承修。左翼新建公所官兵住房一百四十一间，着派吉林佐领和常、骁骑校依常阿承修。右翼公所官兵住房一百四十一间，着派吉林佐领色布清额、骁骑校富明阿承修。适闻盛京应行移来官兵已有自彼起程之信，相应备文咨行贵衙门，希为转饬各该承修官等，速即购办物料，查照所拟丈尺做法，赶紧妥协修理，以备该官兵到时栖止，勿任迟延草率可也。右咨阿勒楚喀副都统。

嘉庆二十四年闰四月十七日

为札交事。本年闰四月二十五日，蒙宪批：交户司办札，给同知钱五千吊，令办好布厚棉袄、裤各一千件，限八月内交衙门，不可迟误，等因饬交到司。相应札饬理事同知衙门查照遵办，置买好布厚棉袄、裤各一千件，务于八月内交齐，以备赏给双城堡中屯苏拉。其需用钱文备付过司，以便照数发给可也。

嘉庆二十四年闰四月二十五日

为咨报事。于本年五月初十日，据拨往双城堡管理屯丁之佐领图敏、骁骑校五十八等呈称，据金州汉军正黄旗韩龄佐领下领催王成祯、汉军镶黄旗车述佐领下甲兵裴彦儒、汉军正白旗崔瑚佐领下甲兵于永和、熊岳蒙古正黄旗崇贵佐领下领催佛庆等禀称：佛庆系熊岳蒙古领催，每月食饷银二两。王成祯系金州汉军领催，每月食饷银一两五钱。裴彦儒、于永和等系汉军甲兵，每月每名亦均食饷一两五钱，并无饷米。今经奉派拨往双城堡当差，系属吉林管辖，可否照依吉林省领催每月食饷银三两、甲兵每月食饷银二两之例关领，抑或仍食原饷之处，为此声明呈请。等情据此。佐领图敏等详查该城册载相符，理合将领催王成祯等呈请缘由声明，呈请将军衙门核夺，等因呈递前来。查伊等既经拨双城堡当差，与吉林甲兵无异，未便仍照每月食饷银二两、一两五钱之例支给。将领催佛庆、王成祯即照吉林领催，每月食饷银三两。甲兵裴彦儒、于永和等亦照吉林甲兵，每月食饷银二两之例，以归划一。至伊等应得本年秋季饷银，暂由本衙门库贮备用项下动用支给，俟年底由盛京户部照数领回补还原款。又查得盛京甲兵遇有白事，照例请领赏银十二两，红事请领赏银六两。兹据佐领图敏呈称，复州正红旗常山佐领下拨往双城堡当差来之披甲占住那于五月初三日病故，正黄旗乌宁阿佐领下披甲布业春之祖母于五月初五日病故，均照例请领赏银，等因呈递前来。本衙门查披甲占住那病故、披甲布业春之祖母病故是实，是以本衙门即照吉林之例每名各赏给恩赏银八两，亦不便照盛京之例赏给之处咨报户部查核外，仍知照盛京户部暨将军衙门可也。

嘉庆二十四年五月十八日

为咨查事。本年闰四月二十三日，准盛京将军衙门咨开左户司案呈。卷查本衙门前准吉林将军咨称，双城堡拟拨苏拉一千名并弹压官兵，均照奏准章程，先派佐领一员、骁骑校一员、领催二名、甲兵十五名。由盛京派出佐领、骁骑校每员应得迁费银十二两，领催、甲兵、苏拉每员应得迁费银八两，咨行盛京户部就近发给。本年拨往佐领、骁骑校每员减半迁费银六两，领催、甲兵、苏拉等减半迁费银四两，另出咨文，照数发给等因，当经札饬各城城守尉、协领等遵照。每具先派丁二名，专差押带到省，以便关领迁费。其派拨官兵，移付右兵司查照办理去后。嗣准兵司复称，本年头起派拨佐领、骁骑校各一员，领催二名、甲兵十五名。等因付知在案。兹据熊岳、金州、复州、岫岩等城册报，骁骑校一员、领催二名、甲兵十五名、苏拉共四百九十七名，惟开原一城尚未造报，若俟到齐再行发给迁费银两，未免耽延拖累人众。除另文饬催开原，速将派拨苏拉专差押送立待拨往外，但查前准吉林将军衙门咨称，本年派拨官兵苏拉等系只身赴双城堡，搭盖窝棚，安置栖止，以备明年拨往苏拉等垦种等语。兹据熊岳等四城派拨兵丁，自应照依原拟，每户发给一半迁费银两。今查本年派拨佐领、骁骑校各一员，应领迁费银六两。领催、甲兵、苏拉等五百一十四名，每名应领迁费银四两，共计应领银二千零六十八两。本衙门出具印领，派委拨往双城堡之骁骑校五十八赴部关领之处，相应咨行盛京户部，查照本衙门印领，照数发给该员关领以便散放外，并咨行吉林将军衙门查照可也。同日又准来咨内开，据镶白旗协领呈称，据协领兼佐领扎伦太报称，甲兵付成情愿退甲携眷赴双城堡垦地，造具男妇户口花名细册，加具不致诓领农器物价印结呈报前来。除照前拟发给减半迁费银四两，并饬令造册一本，先行咨吉林将军衙门查核办理。等因前来。当经本衙门即将盛京、金州、复州、岫岩、熊岳等处拨往双城堡垦地屯丁等户口册内查得，盛京头起派往正丁一名、金州正丁三百四十一名、复州正丁七十四名、岫岩正丁七十五名、熊岳正丁七名、开原正丁二名，共正丁五百名。内有金州年已逾岁不能耕作、着伊子顶补正丁七名、复州十名、岫岩十二名。其金州正丁郭复义、蒋礼、常亮、常宁、开原康天会等五名，亦均系年已逾岁不堪耕作，伊等户口册内虽有子侄，尚在年幼，难以充丁，系只身前来，应行驳回。但郭复义等呈称，郭复义有子郭永丰年三十三岁，蒋礼有子蒋世敏年三十五岁，康天会有子海宽年二十三岁，呈恳补为正丁。又据复州正蓝旗阿勒必思泰佐领下甲兵多隆阿呈恳，伊原籍有兄东阳阿年四十四岁，请增为正丁各等语。唯查伊等之子兄虽能充丁，而郭永丰、蒋世敏、东阳阿、海宽均未到吉，又兼原册并无其名，碍难充补，理合咨行贵将军衙门，转饬该处详细查明，如果呈报属实，即可充为正丁之数。至常亮、常宁等年已逾岁，实无顶补之人，应行驳回。常亮等所领迁费银两，就近由该丁名下追出，另给新增充丁之人。再查屯丁户口册内正丁一名，眷属四五口至二十余口之多者，查原奏每丁搭盖窝棚一间，不能容十数口人居住，一分地、一条牛岂能养赡十数口，势必至于冻馁脱逃。是以本衙门将现到头起正丁户口多者，即由伊户余丁内选其年力精壮二十岁以上者增为正丁，俾资养赡耕作，共增正丁一百三十四名。此内已到余丁二十五名增为正丁，已经发给搭盖窝棚银两领讫外，又据金州、复州、岫岩等处跟随伊等亲族前来原册无名外带余丁范贞义等二十名呈恳，情愿前往双城堡垦地充丁等语。当经询据佐领图敏等，呈称范贞义等二十名虽原册无名，伊等亲族均为承认，俱系旗人，并无假冒等语。佐领图敏等查伊等眷属已经到吉，现在年力精壮，堪可充丁开垦地亩，不致脱逃诓领搭盖窝棚迁费等项银两。如有诓领脱逃等情，佐领图敏等情甘认罪赔补，等因具保呈递前来。据此。本衙门即将金州等处屯丁外带余丁范贞义等二十名均行增为正丁，亦发给搭盖窝棚银两领讫外，又二起先到岫岩正丁关音保等十三名内，无眷应行驳回丁八名外，年已逾岁着伊子顶补正丁一名，其余有眷正丁四名，共五名，亦将搭盖窝棚银两如数发给领讫。以上共增丁一百五十九名，俟明春即入于应拨二起屯丁数内。又据金州屯丁外带余丁苏广仁、唐永凯、刘朝吉等三名呈称，伊等情愿前往双城堡开垦地亩，叩祈增丁等情。复询据佐领图敏等，声称苏广仁等三名系只身前来，并无亲族承保，佐领图敏等亦不敢出具保结等语，理合咨行贵将军衙门，转饬该处详查苏广仁等三名是否旗人，有无眷属、假冒情弊。如系旗人，并有眷属，亦可充为正丁之数。除将已到官二员、兵十七名、原派正丁并续增丁共五百四十五名拨往双城堡去讫，并将年已逾岁着伊子侄顶补，并由余丁内新增正丁已到未到，及年已逾岁并无子侄顶补应行驳回，再年已逾岁有子而户口册内无名者，逐一分析造具清册一本。至册无名、随伊亲族外带余丁增为正丁，及为增丁应询情形，另行造具清册一本，一并咨送贵将军衙门请烦查照外，仍照本衙门增丁数目入于明春应派二起屯丁数内，共总合足一千丁之数，并照数补发减半迁费银四两。不能多来一人，以免临期参差舛错。仍祈见复施行可也。

右咨盛京将军衙门

嘉庆二十四年五月十八日

为咨复事。本年七月十九日，准盛京将军衙门咨开，左户司案呈。嘉庆二十四年五月二十七日准吉林将军衙门咨开，为咨查事。案呈本年闰四月二十三日准盛京将军衙门咨开左户司案呈，卷查本衙门前准吉林将军衙门咨称，双城堡开垦屯田，拟拨苏拉一千名并弹压官兵，均照奏准拟定章程，酌定每具先派二人，佐领、骁骑校四员，领催、甲兵四十名内，酌派佐领一员、骁骑校一员、领催二名、甲兵十五名。由盛京派出佐领、骁骑校每员应得迁费银十二两，领催、甲兵、苏拉每员应得迁费银八两，咨行盛京户部，就近在该处发给。本年拨往佐领、骁骑校，每员减半迁费银六两，领催、甲兵、苏拉等减半迁费银四两，另出咨文，照数发给等因。当经札饬各城城守尉、协领等转饬各所属，即将前报愿往垦地携眷之户造册具结，每具先派丁二名，专差押带到省，以便关领迁费银两。其派拨官兵，移付右兵司查照办理去后。嗣准兵司复称，本年头起派拨佐领、骁骑校各一员，领催二名、甲兵十五名，等因付知在案。兹据熊岳、金州、复州、岫岩等册报，骁骑校一员、领催二名、兵十五名、苏拉共四百九十七名，唯开原一城尚未造报，若俟到齐再行发给迁费银两，未免耽延拖累人众。除另文饬催开原速将派拨苏拉专差押送立待拨往外，但查前准吉林将军衙门咨称，本年派拨官兵苏拉等系只身赴双城堡，搭盖窝棚，安置栖止，以备明年拨往苏拉等垦种等语。兹据熊岳等四城派拨兵丁，自应照依原拟，每户发给一半迁费银两。今查本年派拨佐领、骁骑校各一员，每员应领迁费银六两，领催、甲兵、苏拉等五百一十四名，每名应领迁费银四两，共计应领银二千零六十八两。本衙门出具印领，派委拨往双城堡之骁骑校五十八赴部关领之处，相应咨行盛京户部，查照本衙门印领，照数发给该员关领以便散放外，并咨行吉林将军衙门查照可也。同日又准来咨内开，据镶白旗协领呈称，据协领兼佐领扎伦泰报呈，甲兵付成情愿退甲携眷赴双城堡垦地，造具男妇户口花名细册，加具不致诓领农器物价，印结呈报前来。除照前拟发给减半迁费银四两，并饬令造册一本，先行咨送吉林将军衙门查核办理。等因前来。当经本衙门即将盛京、金州、复州、岫岩、熊岳等处拨往双城堡垦地屯丁等户口册内查得，盛京头起派往正丁一名、金州正丁三百四十一名、复州正丁七十四名、岫岩正丁七十五名、熊岳正丁七名、开原正丁二名，共正丁五百名，内有金州年已逾岁不能耕作，着伊子顶补正丁七名、复州十名、岫岩十二名。其金州正丁郭复义、蒋礼、常亮、常宁、开原康天付等五名，亦均系年已逾岁不堪耕作，伊等户口册内虽有子侄，尚在年幼，难以充丁，系只身前来，应行驳回。但郭复义等呈称，郭复义有子郭永丰年三十三岁，蒋礼有子蒋士敏年三十五岁，康天付有子海宽年二十五岁，呈恳补为正丁。又据复州正蓝旗阿勒必思泰佐领下甲兵多隆阿呈恳，伊原籍有兄东阳阿年四十四岁，请增为正丁各等语。唯伊等之子兄虽能充丁，而郭永丰、蒋士敏、东阳阿、海宽均未到吉，又兼原册并无其名，碍难充补，理合咨行贵将军衙门转饬该处详细查明，如果呈报属实，即可充为正丁之数。至常亮、常宁等年已逾岁，实无顶补之人，应行驳回。常亮等所领迁费银两就近由该丁名下追出，另给新丁。再查屯丁户口册内，正丁一名眷属四五口至二十余口之多者，查原奏每丁搭盖窝棚一间，不能容十数口人居住，一分地、一条牛岂能养赡十数口，势必至冻馁脱逃。是以本衙门将现到头起正丁户口多者，即由伊户余丁内，选其年力精壮二十岁以上者增为正丁，俾资养赡耕作，共增正丁一百三十四名。此内已到余丁二十五名增为正丁，已经发给搭盖窝棚银两领讫外，又据金州、复州、岫岩等处跟随伊等亲族前来，原册无名外带余丁范贞义等二十名呈恳，情愿前往双城堡垦地充丁等语。当经询据佐领图敏等，呈称范贞义等二十名虽系原册无名，伊亲族均为承认俱系旗人，并无假冒等语。佐领图敏等查得伊等眷属已经到吉，现在年力精壮，堪可充丁开垦地亩，不致脱逃诓领搭盖窝棚迁费等项银两，如有诓领脱逃等情，佐领图敏等情甘认罪赔补等因具保呈递前来。据此。本衙门即将金州等处屯丁外带余丁范贞义等二十名均行增为正丁，发给搭盖窝棚银两领讫外，又二起先到岫岩正丁关音保等十三名内无眷应行驳回丁八名外，年已逾岁着伊子顶补正丁一名，其余有眷正丁四名，共五名，亦将搭盖窝棚银两如数发给领讫。以上共增丁一百五十九名，俟明春即入于应拨二起屯丁数内。又据金州屯丁外带余丁苏广仁、唐永凯、刘朝吉三名呈称，伊等情愿前往双城堡开垦地亩，叩祈增丁等情。复询据佐领图敏等，身称苏广仁等三名系只身前来，并无亲族承保，佐领等亦不敢出具保结等语，理合咨行贵将军衙门，转饬该处详查苏广仁等三名是否旗人，有无眷属、假冒情弊，如系旗人并有眷属，亦可充为正丁之数。除将已到官二员、兵十七名、原派正丁并续增丁共五百四十五名拨往双城堡去讫，并将年已逾岁着伊子侄顶补，并由余丁内新添正丁已到未到及年已逾岁并无子侄顶补应行驳回，再年已逾岁有子而户口册内无名者，逐一分析造具清册一本。至原册无名随伊亲族外带余丁增为正丁，及未增丁应询情形，另行造具清册一本，一并咨送贵将军衙门请烦查照外，仍照本衙门增丁数目入于明春应派二起屯丁数内，共总合足一千丁之数，并照数补发减半迁费银四两。不能多来一人，以免临期参差舛错。仍祈见复施行可也，须至咨者等因。查此拨派旗丁一千名，前经本衙门拟定金州应拨六百八十二名，复州应拨一百四十八名，岫岩应拨一百五十名，开原应拨四名，本城应拨一名，熊岳应拨十五名，分为二起拨往各城，已经减半拨派妥协，押带起程去讫。但各该城理宜将应拨各旗丁照册按名查点确实，交派押带之领催、甲兵等眼同起程前往，方属为是。乃以原拨之数，竟任各旗丁私行先往，致令浮多，显系各该管官并未认真实力查点，殊非慎重公务之道。今既准吉林将军衙门来咨内称，将年已逾岁之丁驳回更换，并将余丁改充正丁，及有册外余丁增为正丁，并二起先往之丁统共增丁一百五十九名入于二起拨往数内，等因咨行前来。自应饬令各该城核计现拟之数，分别裁拨，另造妥册，以免临期舛错之处，相应将咨来册二本照抄粘单，分饬金州、复州、岫岩、开原城守尉、熊岳协领、镶白旗协领等，照依单开驳回增补裁拨已到各数目，各宜详细核明，照依原拟人数，在于二起数内裁除。事关奏准人数，勿得含混不符。仍发去册式，将头起、二起分析造具户口三辈各册六本，合具册三本，务于明春二起各丁起程时连造册专差一并呈送。并令该管各官将二起应拨之旗丁，务须实力先将人名、年岁查点明确，以免人数繁多，致滋混淆不清。倘再仍前漫不经心，以致各旗丁至彼不能垦地，徒劳往返跋涉之累，定必指名严办，决不宽宥。再查复州原拟拨派旗丁一百四十八名，本城镶白旗原拟拨派旗丁一名，今准来咨内将镶白旗余丁三名增为正丁，是与原定数内浮多，应由复州原定之数在于二起裁除三名，以符原额。至查金州拨派正丁郭复义、蒋礼，开原拨派正丁康天付等三名虽称有子顶补，复州甲兵多隆阿呈恳伊兄东阳阿充补正丁，其伊等究竟有无子嗣弟兄，应令各该管官详细查报。再金州苏广仁、唐永凯、刘朝吉等三名，该旗有无具保之人，应否归入拨派数内之处，该管官一并查明。如果实系务农，该管官遵照前札，加具不致诓领农器银两，情愿赔补，切实印结，先行呈报。至年已逾岁应行驳回之丁，于何月日起程回旗之处，应咨行吉林将军衙门，希为见复。补发迁费银两一节，应俟明春拨往二起时再行关领，交令拨派之官带往，按名补放。原册二本，附卷存查可也。等因前来。相应札饬双城堡协领转饬佐领图敏等，将奉省所属拨往双城堡垦地屯丁头起五百名内，因年已逾岁不堪耕种，又兼实无顶补之丁金州正丁常亮、常宁，岫岩应拨二起屯丁内先到正丁得琳太、青山、色钦、吾琳、拉住、哈琳、元宝、色克通阿等十名，于何月日该佐领图敏催促起程回奉之处，查明呈报，等因去后。兹据双城堡协领明保呈称，据该佐领图敏等详称，遵饬查得由金州拨往双城堡垦地头起正丁得琳太、青山、色钦、吾琳、拉住、哈琳、元宝、色克通阿等十名，因年已逾岁，不堪垦种，又兼实无顶补之人，是以于五月十二日已经催促起程回奉之处，备文详报前来。据此。本衙门将年已逾岁之苏拉常亮等十名，该佐领图敏等于本年五月十二日催促起程回奉缘由，咨复贵将军衙门知照可也。

右咨盛京将军衙门

嘉庆二十四年九月十五日

为札饬遵行事。查前交中、左、右三屯应分给屯丁地亩，每三十垧一块，纵横各留荒隔宽五六尺，庶眉目清楚，免启日后争端，务于九月内分清，饬遵在案。兹来查阅，间见小土堆数个，询之承办协领各员等，称均已分清，专俟指交等语。至中屯已开种数年，昨由镶蓝旗二屯、四屯行走各屯丁家，虽堆有庄稼柴草，而屯外并未见有开垦之地。着户司严札承办分地协领等，刻下将伊等所称分清之地，按块插签，二十四户屯者着插签二十四根，每签写某旗第几屯，由第一起按数写至第二十四止。二十八户屯者加签四根，亦照数写。但此地必随地势，有横长宽窄不一，必按各旗各屯照昨发给式样各绘屯地数目图一张，以便照名册按屯分给，庶该屯丁等不能选择争论。统限于十一月内详报呈交，断不可迟误。准此。札饬双城堡协领及承办分地协领等一体遵照办理，仍知会阿勒楚喀副都统衙门知照可也。

嘉庆二十四年九月二十三日

为咨行事。查此次遵旨前往双城堡右屯垦地之吉林、宁古塔、伯都讷、阿勒楚喀等处派出屯丁千名内，明年移驻屯丁五百名，本年已经移驻屯丁五百名，应令四人合为一具，或系同居父子叔侄兄弟，或系一族同宗之处，应于册内注明，于十二月初一日以内呈报本衙门，以便按名分给伊等地亩。至明年二月内应移驻屯丁五百名，核计远近，均限于二月十五日以内，将屯丁连眷一并送至双城堡之处咨行外，札饬八旗满洲、蒙古协领并乌拉协领、鸟枪营参领等，一体遵照办理可也。

嘉庆二十四年十月初九日

为咨报事。嘉庆二十四年九月初三日，准工部咨开准户部咨前事一案，相应抄单移咨吉林将军查照可也。计粘单内开，准户部咨称，据吉林将军咨，支给双城堡垦地闲散办买倒毙牛只银两、添建窝棚等项银四万三百三十六两，含糊开写，并未将置买倒毙牛只价银若干，添建窝铺银若干声明，无凭查核，相应咨行吉林将军分析查明报部等因。查前项银四千三百三十六两内，双城堡开垦地亩闲散置买倒毙牛只银一千三百三十六两，双城堡添建窝铺七百五十间，每间四两，计银三千两，分析声叙，报部查核，等因前来。查双城堡添建窝铺工程所需银两，未据吉林将军报部有案，相应移咨吉林将军，转饬查明前项窝铺，系何年添建，及应建数目、丈尺做法、需用工料银两，即行造具细册送部核办。再查文内声称，支给双城堡垦地闲散办买倒毙牛只银两、添建窝铺等项银四万三百三十六两。又称前项银四千三百三十六两，前后银数不符，应咨户部，查明咨复备案可也等语。查得双城堡地方添建窝铺七百五十间，于嘉庆二十一年九月初六日奏请，奉旨俞允前来。本衙门即由库存备用项下动支银三千两发给屯丁等，于嘉庆二十二年添盖窝铺七百五十间居住。查此项银两俟十年巢谷价银内归补原款。再奏准每间给银四两，该丁等自行搭盖，毋庸估料尺丈作法缘由，声明咨报大部查核外，仍将添建七百五十间窝棚原奏并谕旨抄录粘连文尾，咨送可也。

右咨工部

嘉庆二十四年十月初十日

为咨行事。卷查前准盛京将军衙门咨文内开，由盛京、熊岳、金州、复州、岫岩、开原等城拟拨双城堡开垦屯田弹压官兵内先派佐领一员、骁骑校一员、领催二名、甲兵十五名、苏拉千名，四名合一具，每具先派丁二名，共派丁五百名赴双城堡搭盖窝棚，安置栖止，以备明年拨往苏拉等垦种，并造具各城户口册及合具之册，陆续咨送前来。当经本衙门检查，头起现到屯丁五百名内，除因年已逾岁、实无子侄顶补应行驳回等缘由，分析咨明在案。今查各该城虽有四名合具之册，但有驳回新增不一，碍难照依合具之册办理。相应仍咨贵将军衙门，希将明年应来弹压官二员领催、甲兵二十三名，及拟拨二起屯丁四百五十五名应领半分迁费银两，就近在本处如数发给移往外，仍将本年已经移驻双城堡屯丁五百四十五名、明年应来二起屯丁四百五十五名共合为千名屯丁另行造具四人合为一具清册，或系同居父子兄弟，抑或一族同宗之处，应于册内注明，务于封印以前咨复本衙门，以便按段分给伊等地亩垦种。其明年应来屯丁四百五十五名，均限于二月初五日以前，连伊等眷属一并到吉，转送双城堡垦地。再查本衙门今年由跟随贵省各城拨往屯丁来之现到余丁内，已经增丁拨往双城堡搭盖窝棚去之屯丁五十名，该丁等在贵衙门应领半分迁费银两并未领来，将此项新增屯丁五十名应领半分迁费银两，仍咨行贵将军衙门发给明年应来弹压官员带来，以便发给该丁等收领可也。

右咨盛京将军衙门

嘉庆二十四年十月初十日

为咨行事。卷查前准盛京将军衙门咨文内开，由盛京、熊岳、金州、复州、岫岩、开原等城拟拨双城堡开垦屯田苏拉千名，四丁合一具，每具先派丁二名，共派丁五百名赴双城堡搭盖窝棚，安置栖止，以备明年拨往苏拉等垦种，并造具各城户口册及合具册，陆续咨送前来。今本衙门按照各该城所造四名合具之册内查得，次年应来二起屯丁内，有青山等三十五名均系年已逾岁，难资力作，诚恐将来废弛垦种，且兼与原定章程不符，应咨行贵将军衙门转咨各该城，将次年应来二起屯丁内年已逾岁之青山等，如有子侄余丁可补者，即令伊等之子侄顶补正丁，如无子侄顶补者，将青山等即行在次年应来之正丁数内裁汰，另选年力精壮二十岁以上者充补正丁派往，以免临期驳回，徒劳往返。是以本衙门将年已逾岁之青山等旗佐花名开单粘连文尾，咨行贵将军衙门查照办理可也。

右咨盛京将军衙门

嘉庆二十四年十月十六日

今将盛京次年应来起屯丁内年已逾岁之屯丁花名旗佐列后，计开：
岫岩镶黄旗恩特佐领下二起屯丁青山年五十五岁。
金州镶黄旗双顶佐领下西力布年五十四岁。
正黄旗色冷敦住佐领下依拉住年五十六岁。

镶白旗付连佐领下双顶年六十四岁、达伶阿年五十一岁。

镶红旗衣兴阿佐领下喜各年五十六岁。

镶白旗景昌佐领下夏廷全年五十一岁。

正蓝旗付钱佐领下六十八年五十三岁。

镶黄旗车述佐领下金秉达年五十一岁、韩国忠年五十四岁、周得敏年五十二岁、战邦增年五十三岁、金魁年五十一岁、金文智年六十六岁、陈文详年五十五岁。

正黄旗韩龄佐领下韩邦田年五十四岁、王安辉年五十六岁、阎福年五十二岁、王正年五十四岁、刘朝玉年五十六岁、王士明年五十八岁、王志业年六十一岁、王安禄年五十三岁、赵启明年五十四岁、刘世庆年五十一岁。

复州镶黄旗色各图佐领下嘎力太年五十三岁、巴林年五十二岁、得禄年六十六岁，穆泰佐领下达雅图年五十二岁，郭礼佐领下七十二年五十五岁。

正黄旗乌宁阿佐领下阿禄年五十二岁。

正红旗付永佐领下那三太年五十六岁。

正蓝旗依常阿佐领下巴延额年五十四岁。

熊岳镶红旗乌吉佐领下喜常阿年五十三岁，镶蓝旗保奇佐领下色克图年六十一岁。以上年已逾岁屯丁共三十五名。

为飞咨事。户司案呈。现今遵旨将双城堡左右二屯派拨垦地屯丁二千名应搭盖窝棚二千间需用木植，出派阿勒楚喀、拉林官兵砍伐，每间给费银二两，将木植运完时官为搭盖等情具奏，奉部议复前来，据此，将双城堡左右二屯移驻开地屯丁等搭盖窝棚应用木数，分析开写汉字粘单，咨行阿勒楚喀副都统衙门，将此项二千名屯丁等应得搭盖窝棚木植，差派阿勒楚喀佐领双喜、兵一百名，拉林佐领青山、兵一百名入山砍伐，应得银四千两，即在副都统衙门库存银内暂行动支，俟有差便备文，由将军衙门领回，以补原款外，并令该员乘河水开泮之先，带同兵丁赴山，将此项二千间房木，查照咨文，如数砍伐。河开即行顺流运放，运至双城堡左右二屯盖房处所，以备搭盖窝棚可也。

嘉庆二十四年十月二十一日

计粘单一纸

盖造双城堡左右二屯屯丁住房二千间，各面宽一丈二尺，进深一丈八尺，檐柱高七尺。系通柱三檩，土法砌墙埋柱，苫草成造。每间计用通柱二根、檐柱四根、檩三根、椽木并插梁三十二根。以上共用通柱四千根，各连埋头长一丈六尺，径七寸。檐柱八千根，各连埋头长一丈，径七寸。檩木六千根，连挑山各长一丈五尺，梢径五寸。椽木并插梁六万四千根，各长一丈五尺，梢径三寸。

为屯丁告假事。嘉庆二十四年十一月初十日，据总理双城堡三屯事务协领明保详呈，十月二十二日据管理左屯佐领图敏等呈称，据本管屯丁张茂永等一百五十三名呈恳，讨限两个月，前往本省折变家产，搬取眷属，于十月二十七日起给假两个月，就近发给伊等执照，务于限内到齐，等因具呈前来。明保随查此等屯丁等并未前来见职，该章京等即行发给屯丁等执照，就近由长春厅进法库边门去讫。但此道系经蒙古之路，倘然滋生事端，职实不敢当。理应发给伊等经过威远堡边门执照，由驿大道行走之处，该佐领等并未预先呈报于职，已经给假起程之后，始行呈报到案。据此。将屯丁张茂永等一百五十三名省城旗佐花名，造具清册一本，一并呈报将军衙门，等因前来。查双城堡左屯屯丁张茂永等一百五十三名在该佐领处告假回归奉省，折变家产，搬取眷属，当此农隙之时，给假两月，尚属权宜之道。若待呈报总管协领，由总管协领请示将军衙门，再行发给伊等执照，令其前往，必至辗转需时，有误春耕。但设官分职，各有统属。该佐领图敏等所管屯丁张茂永等一百五十三名告假搬取眷属，自应先事筹划核计文书往来日限，不致有误行期，先行具报转详，方合体制。若事事如此专擅，则又何必设立协领管辖。除此次姑免申饬外，以后务须循分守职，遇事呈报该协领转详候批办理。如果事属可行，不妨该协领一面批准，一面转报。至发给张茂永等执照，由长春厅进法库边门回归奉省，长春厅尚在吉林所管界内，应毋庸议。除札饬该协领转行该佐领遵照外，仍照册开旗佐花名，另造清册咨行盛京将军衙门，转饬旗佐，催令张茂永一百五十三名按限回屯，毋任逗留逾限干咎可也。

右咨盛京将军衙门

嘉庆二十四年十一月十四日

为咨取银两事。户司案呈。查得嘉庆二十三年十二月内，本衙门恭折具奏，为遵旨筹议开垦屯田、移驻京旗苏拉案内，预先由盛京、吉林两省拣派屯丁二千名，拨往双城堡左右二屯开垦地亩。每丁拟给窝棚、牛具、衣履、迁费等项银四十七两四分五厘，计需银九万四千九十两。拟给派拨弹压屯丁去之官兵办事公所以及官兵住房，共估需银一万一千二百两，官为建盖。由盛京派拨佐领二员、骁骑校二员，每员拟给迁费银十二两。领催五名、披甲三十五名，每名拟给迁费银八两。吉林派拨佐领二员、骁骑校二员、领催五名、披甲三十五名，应照奉省减半给予。以上官兵迁费共合银五百五十二两。拟给耕牛二千条，以十年合计，买补倒毙牛价银二万六千七百二十两。再前开中屯一分，连现拟给迁费银，以十年合计，共需银四万六千三百六十四两。以上现开二分，并前开一分荒地，通共以十年合计，共用银十七万八千九百二十六两，在于吉林库存备用税银项下动支等因，将应用各款所需银两细数，按款分别敬缮清单具奏。奉朱批：户部议奏。经户部核议，于嘉庆二十三年十二月二十七日复奏。奉旨：依议。钦此。钦遵。等因前来，准此。本衙门查前开中屯一分，经费银三万零三百四十两，已经领回归款。再前设中屯，拟给九年买补倒毙牛价银一万二千零二十四两。现办左、右二屯，拟给十年买补倒毙牛价银二万六千七百二十两，系按每年应用数目另行出咨领取归补外，现今应给左、右二屯屯丁等置买牛具等项九万四千九十两内，除盛京派拨屯丁一千名，于本处给发半分迁费银四千两外，吉林发银九万九十两，又发给建办事公所以及官兵住房估需银一万一千二百两，应给派拨弹压屯丁去之官兵迁费银五百五十二两，内除盛京官兵于本处给发半分迁费银一百八十四两外，吉林发给银三百六十八两，连前设中屯屯丁千名迁费银四千两，以上共银十万五千六百五十八两，即在于吉林库存备用税银项下动支发给。此项银两理应如数领取归款。惟查前设双城堡开垦屯田经费银两，于吉林抽收参余银两项下陆续归补，等因奏准在案。今本衙门即将嘉庆二十三年抽收参余银内余剩银六千九百五十九两一钱九分六厘三毫，归于置办双城堡经费银两外，仍应领取银九万八千六百九十八两八钱三厘七毫。差派协领富通阿、佐领图勒彬等前往领取，仍将接准户部议复原案抄录粘连文尾，咨行贵部，烦为查照。希将前项应领银两饬发该员等领回可也。

右咨盛京户部衙门

嘉庆二十四年十一月十六日

为咨请添派屯丁事。户司案呈。查本衙门具奏双城堡需垦左、右二屯屯田，需用屯丁二千名，由吉林各城派拨八旗苏拉一千名，由盛京派拨八旗苏拉一千名。吉林各丁给迁费银四两，盛京每丁给迁费银八两。除本年先来五百名搭盖窝棚外，其余五百名俟明春正月望后携眷前来，无误春耕，业经咨行贵将军衙门在案。本年十一月二十一日，准宁古塔副都统衙门咨称，该城明春应行派往双城堡屯丁二百二十二名。现查宁古塔城北相距一百余里付达密、乌赫林二处地方，土沃水甘，现有闲荒约可垦地三四万垧，移驻京旗苏拉一二千名。可否本城苏拉留垦本处荒地，明春应派双城堡屯丁二百二十二名酌量另派别城之处，咨询前来。

本将军查双城堡开垦屯田，原为移驻京旗苏拉起见，宁古塔既有闲荒可垦，可容京旗苏拉一二千名之多，则该城应拨苏拉留垦该处屯田，就近可期得力，自应停拨。除咨复宁古塔副都统，俟详查绘图贴说，到日敬谨入告外，唯宁古塔停拨苏拉二百二十二名，则双城堡屯丁缺额应行改派。查本年由盛京拨来双城堡搭盖窝棚苏拉五百名，往往有携带余丁，在本将军前诉称，情愿前来双城堡垦荒，恳请留作屯丁，咨报盛京札饬该旗佐注册等语。本将军因盛京咨来花名册内无名，俱经斥驳不准，且本将军前任盛京将军任内，已据各城呈报愿赴双城堡垦地苏拉一千七百余名，嗣因奏定数目，俱行裁撤。窃思盛京地方人广地少，该苏拉等愿往双城堡垦地，借以糊口养家，均系实情。现在缺额二百二十二名，应请贵将军酌量于熊岳、金州、复州、岫岩、凤凰城各等处惯习耕种之苏拉内，均匀派拨二百二十二名，同明春应来之五百名搭帮携眷前来。唯此次拨补屯丁二百二十二名，系顶补宁古塔屯丁缺额，每丁止给迁费银四两，并希札行该旗佐宣谕明白，并将拨补屯丁家属造具花名册，一并咨送查核。仍请将如何派定各城之处，先行咨复本衙门，以便随折具奏可也。

右咨盛京将军衙门

嘉庆二十四年十一月二十四日

为咨复事。户司案呈。嘉庆二十四年十一月二十一日，准贵副都统咨开，据署理左翼协领事务佐领乌尔衮太、右翼协领扎隆额等呈称，为声明事。据十二佐领等呈称，职等遵饬带领兵丁，分路各处严密访拿由宁古塔拨往双城堡开垦潜逃之苏拉前来。共逃一百九十七名等，至今并未拿获。除上紧勒缉拿获另行呈送外，伏查宁古塔旗人素好行猎捕牲，不谙耕种，间有能知农务，情愿在本地开荒，缘有付达密、乌赫林地方均与宁古塔东北相距百有余里，实系土沃水甘，且距参山甚远，堪可开垦。核计可垦地三四万垧，足敷移驻一二千户京旗，等因具京。本副都统复查无异。既宁古塔附近之付达密、乌赫林地方土沃水甘，现有闲荒约可垦地三四万垧，移驻京旗苏拉一二千名，可否本城苏拉留垦本处荒地，明春应派双城堡屯丁二百二十二名酌量另派别城之处，理应咨请将军核示。等情准此。既据查明，该城东北百余里外付达密、乌赫林两处地方土沃水甘，足可垦地三四万垧，足敷移驻京旗一二千户，并无关碍参山之处，自应各循地利，俯顺人情。所有下短屯丁二百二十二名，本将军咨行盛京将军衙门酌派，随折片奏，应请贵副都统衙门停止拨派，将其逃带器具钱即行追送本衙门外，并将停止拨派缘由札行各旗佐，明白晓谕，务使大小兵弁、苏拉等均各知晓，并非朝令夕更。他事不援以为例，即各城亦不得借口更张。至付达密、乌赫林二处闲荒究竟长宽若干里，可耕地有若干垧亩，山林、河道相去远近，四面各距参山若干里，若行开垦如何不至关碍参山之处，仍请贵副都统札饬原委员前往详细查勘，绘图贴说，开列衔名，咨行本将军查核入告。如蒙恩准，倘有滞碍难行之处，此系贵副都统专责，该委员等亦不能辞其咎也。须至咨者。

右咨宁古塔副都统

嘉庆二十四年十一月二十五日

为屯丁不安本分解交原旗管束事。嘉庆二十五年四月十二日据双城堡左屯正蓝旗四屯屯达依崇额呈称，为蒙哄抓阄叩恳究讯事。情因小的于正月间在将军大人台下呈控图佐领一案，有案可稽，毋庸再诉。蒙明大老爷讯明呈报，于三月中旬批回，言小的有越诉之罪，例杖八十。明大老爷遵奉札文，将小的打八十皮鞭，交图佐领案下等候抓阄。至三月二十五日，将小的传到正白旗四屯，同丰大老爷面前抓阄。彼时图佐领吩咐叫小的一人抓阄，若抓在头屯、着小的一人搬上头屯，其余之人仍住四屯。小的遵奉明文，不敢抗违，随将小的撵出外间，背后写阄，放在桌面，叫小的就抓。小的要将两阄看明再抓，未曾伸手，被兵装颜玉抢去一个，声言小的抓在头屯，不容理辩，情弊显然。又至四月初一日，有兵哈付那到在四屯看前后二次人等俱搬上头屯，如有不遵，解回原籍。为此有扎坤、朱波吉讷二人到图佐领案下请示。图佐领言说，着依崇额一人抓在头屯，使伊一人搬上头屯，依崇额致死不肯，叫众人俱随伊方肯应允，随从其言。依崇额果抓在头屯，你等只得搬在头屯，与本佐领无干。图佐领假捏虚言，二次人等意欲呈控图佐领，明显与小的结冤，欲害小的一家之命。蝼蚁尚且贪生，似此冤枉，无处可伸，祈救小的一家之命，合家顶恩万代等情。又据依青额亦以前事且诉前来，据此。查依崇额前以不干己事控告官长，审明责惩，派协、佐领等公所当面抓阄，应在头屯居住。又复呈控该管佐领与伊结冤，依青额系伊胞弟，随同附和，狼狈为奸，均属不法。又据该管骁骑校禀称，前在复州任内，素悉依崇额兄弟不安本分。二十三年间，依崇额因事犯案，枷号未及一月，依崇额脱枷逃赴盛京将军衙门上控，伊弟依青额亦越盛京刑部上控，经委员讯明究处，因此拨发双城堡垦地等语。查双城堡开垦屯田，以备京旗移驻苏拉。盛京拨发屯丁，原应拣择务农习耕之人，方可得力。若以滋事讼棍滥行充数，将来京旗到日，不唯不能教耕，且恐相率效尤，无所不至，所关匪细。合亟将依崇额兄弟锁押递籍管束，所遗丁缺另在帮丁内拣补外。随札饬该管佐领将依崇额兄弟所领器具追出，并将该犯亲丁眷口造册，派兵由驿拨车解省，咨送盛京将军衙门查收。饬交该原旗严加管束，并追赔迁费，咨送本衙门以便归款可也。须至咨者。

右咨盛京将军衙门

嘉庆二十五年四月初八日

为咨报事。嘉庆二十五年六月十三日，本衙门附片具奏。再奴才更有请者，昨查双城堡新设左、右二屯，每丁合银四十七两、一切农具。均称该屯丁等欢欣踊跃，视为乐土。中屯屯丁颇形拮据，缘嘉庆十九年初奏设立双城堡诸多从简，每丁合银二十五两，四丁窝棚一间。后蒙恩准，每丁赏给窝棚一间、迁费银四两，而器具内如水缸、饭锅、席片、锹镢等项，均系四人一件，势不敷用。连年收成丰稔，粜卖谷贱，无力添补。查现有归补屯田项下参余银二万四千余两，应请以二万两分交殷实铺商，每月一分生息，所得利银酌量添补中屯屯丁器具，五年掣回，归还原款。每年用项，取具双城堡协、佐领册结印领送部核销，以归核实。是否有当，恭候命下遵行。谨附片具奏。奉朱批：依议办理。钦此。钦遵前来。查二十三年余剩抽收参余银六千九百五十九两一钱九分六厘三毫，二十四年余剩抽收参余银一万七千五百九十五两九钱七分五厘，二项共银二万四千五百五十五两一钱七分一厘三毫。但二十三年余剩抽收参余银六千九百五十九两一钱九分六厘三毫，于二十四年年底已经遵照奏定章程，陆续归补置办双城堡动用银两项下。开除剩存，二十四年抽收参余银一万七千五百九十五两九钱七分五厘内，又除奏准支给双城堡三屯添挖井一百二十眼，每眼按十五两，合给价银一千八百两。又给添设总屯达二十四名，以二十五年七月起至次年正月底止七个月，每名每月给公费银一两，合银一百六十八两，仅剩银一万五千六百二十七两九钱七分五厘，即不足分发殷实铺商生息银二万两之数。是以本衙门于嘉庆二十五年八月二十日，只分交殷实铺商银一万五千两，一分生息，下剩银六百二十七两九钱七分五厘存库，以备双城堡明春给发屯达公费等项之用，仍俟年终将动存数目报部核销。其未发生息银五千两，俟二十五年抽收参余项下再行分交殷实铺商之处，相应咨报大部查核可也。

右咨户部

嘉庆二十五年八月二十二日

为咨报事。卷查嘉庆二十五年六月内，本衙门附片具奏。双城堡新设左、右二屯，每丁合银四十七两，一切农具均备。惟中屯屯丁于嘉庆十九年初奏设立双城堡时，诸多从简，势不敷用，请于归补屯田项下参余银二万四千余两内以二万两分交殷实铺商，每月一分生息，所得利银酌量添补中屯屯丁器具，五年掣回，归还原款。奏奉朱批：依议办理。钦此。钦遵在案。当经本衙门于嘉庆二十五年八月二十日，先在于余剩参余项下分交殷实铺商银一万五千两，其未发生息银五千两，俟二十五年抽收参余项下，再行分交殷实铺商等因，于二十五年八月二十日咨报大部，查核在案。兹查嘉庆二十五年余剩抽收参余银二万八千六百三十八两，是以本衙门于道光元年二月二十日又行分交殷实铺商银五千两，照前交商生息银一万五千两之例，每月一分生息，下剩银二万三千六百三十八两储库之处，相应咨报大部查核可也。

　　右咨户部

道光元年二月二十日

双城堡屯田纪略

　　道光元年十二月二十七日，户部为遵旨事，山东司案呈本部，具奏八旗满洲、蒙古移驻双城堡屯田户口一折。道光元年十二月二十七日奏，本日奉旨：知道了。钦此。相应抄录原奏清单，移咨八旗满洲、蒙古各都统并吉林将军，一体遵照可也。须至咨者。

　　原奏清单开后。

　　户部谨奏为遵旨具奏事。道光元年正月初六日，奉上谕：富俊奏吉林屯田移驻京旗闲散章程一折。八旗生齿日繁，而甲饷设有定额，屡经筹议加增，于旗人生计仍未能大有裨补。惟因此地利以裕民食，乃万年之长策。富俊筹办开垦阿勒楚喀、双城堡三屯地亩九万数千垧，现已渐有成效。兹据奏，其地可移驻在京旗人三千户，酌议自道光四年为始，每年移驻二百户，分为四起送屯。该处预于道光二年伐木筑室，按户给予房间、地亩、牛具、盘费等项，逮及纤悉，并移驻后添设官兵盖房、给地及该官兵升调挑补各事宜，其计划甚为周备，均照所议办理。其折单着发交八旗满洲、蒙古都统、副都统等各晓谕所属旗人，使知迁移之乐。愿移驻者各报明本旗，届期咨送，授产力田，以厚生理，不得以桀骜不驯之人充数，致扰淳风。各该旗仍将报名之户咨报户部，每届年终先后具奏一次。钦此。钦遵。当经臣部行文八旗满洲、蒙古各都统遵照，并迭次行催，今据各该旗陆续咨报到部。查八旗满洲、蒙古各都统咨报情愿移驻双城堡屯田兵丁闲散人等，通计二十八户，理合遵旨于年终先行具奏。除正蓝旗满洲、正黄旗蒙古等七旗并无情愿移居户口毋庸开列外，仅将镶黄旗满洲等九旗造报人户，敬缮清单，恭呈御览。仍一面行文各该旗都统，转饬参、佐领等时加晓谕，如有续愿移驻者，随时造册咨部，俟道光二年年终再行汇奏。伏乞皇上圣鉴。谨奏。

道光元年十二月二十七日奉旨：钦此。

各旗咨报情愿移驻双城堡屯田户口清单：

镶黄旗满洲六户：马甲萨炳阿，家属一名。马兵那丹珠，家属三名。马甲堆奇，家属二名。养育兵德中，家属一名。闲散英科，家属一名。马甲雅钦，家属二名。

正黄旗满洲十二户：马甲胡通阿，家属一名。马甲阿兰太，家属二名。马甲德印，家属一名。马甲德三太，家属四名。门甲奇山，家属四名。闲散明庆，家属二名。领催伊凌阿，家属二名。养育兵塔冲阿，家属一名。马甲英善，家属一名。马甲无量保，家属二名。养育兵花沙布，家属七名。马兵六十五，家属二名。

正白旗满洲二户：闲散成连，家属一名。养育兵长寿保，家属三名。

镶白旗满洲二户：护军多尔吉善，家属三名。护军常明，家属四名。

正红旗满洲一户：马兵德清安，家属三名。

镶红旗满洲一户：闲散六十一，家属二名。

镶黄旗蒙古一户：闲散吉勒通阿，家属二名。

正蓝旗蒙古一户：步甲关禄，家属一名。

镶蓝旗蒙古二户：马甲盛阿，家属二名。马甲依青额，家属三名。

以上共二十八户。

为声明咨覆事。道光元年十二月二十九日准工部咨文内开，营缮司案呈。准吉林将军咨称，查双城堡移驻京旗三千户，自道光四年起每年移驻二百户。每户给房四间，泥垛院墙宽十一丈、长二十丈。除派官兵砍伐木植外，每间连墙合计银三十两。又建盖公所、官兵房屋、采买木植在内，每间连墙合银三十五两，以备用银内动支，仍于参余项下归款，俟奏销时在备用参余各项下照例报销，均经奏准在案。兹准来咨，按年修建房间数目、需用工料银两、丈尺做法，造册题估，工竣题销等因。查此项房间动用银两既经奏明于先，迨奏销备用银两、参余银两之时，犹需具奏于后，若再两次具题，似涉繁渎。且此项银两，本衙门撙节筹划于再三，较之例价减至大半，仍令承修工员照例保固，且系奏准银数，工员等亦无从浮冒。相应将毋庸造册估销具题缘由，咨部查照等因前来。查吉林将军具奏筹议开垦屯田移驻京旗闲散一折，前经本部移咨该将军，每年应行修建房间数目、需用工料银两、丈尺作法，按年造册题估，工竣照例造册题销在案。今据吉林将军咨称，双城堡移驻京旗三千户，自道光四年起每年移驻二百户，每户给房四间，泥垛院墙宽十一丈，长二十丈。除派官兵砍伐木植外，每间连墙合银三十两。又建盖公所官兵房屋、采买木植在内，每间连墙合银三十五两，以备用银内动支，仍于参余项下归款，俟奏销时备用参余项下照例报销，均经奏准在案。若再两次具题，似涉繁琐，应请毋庸造册估销等语。本部查定例，各省修建一项工程动用钱粮数在千两以上，部中并无例案可循、册档可核者。各该督抚等先行专折奏准后，再将应需工料银两造册题估，工完核实造册题销等因。是前项应行修建房间，虽据该将军奏准有案，自应遵例造册题估题销，未便因繁琐而违定例。应仍咨该将军，查照本部前咨，按例将每年修建房间数目、需用工料银两、丈尺做法，先行造册题估，工竣核实造册题销可也。等因前来。本衙门查例载，乾隆三十九年奉旨新疆一带修建工程，均系派拨兵丁砍伐木植，筑打土方，支给该处耕种所收米面、青稞等项，较之采买物料、雇觅匠夫者本属减省。今乌鲁木齐新建满兵住房工程，既较内地应用银数有减无浮，又何必复照内地之例核算。所有用过银两即着照数准销，毋庸再行交部查核。嗣后，新疆等处工程派拨兵丁及砍伐木植修建者，俱不必照依内地定例核销。钦此。查盛京养息牧开垦屯田、修建官兵住房，每间估销银一百八十余两。吉林向办工程，每房一间，亦估银四十九两零。本衙门为节省经费起见，所以此次奏准建盖移驻京旗闲散居住官房工程，派兵砍木修建，与新疆等处工程事同一例，较内地应用银数减至倍余。且此项动用银数，仍俟将来垦地各屯丁交纳粮石，出粜所得谷价银两，如数归补原款，非开销正项可比，自应比照新疆之例，毋庸造册题估题销，拟合再行声明缘由，咨复大部查照可也。

右咨工部

道光二年正月二十二日

为飞咨事。本年五月初六日，户司案呈。据查办双城堡事务原任知府王履泰禀称，新开地只能种六十日还原之荞麦，他谷不相宜也。种荞例在小暑前后，五月下旬，斯其时矣。本年人开新地一垧中，正黄一旗一百二十八人验讫，长凌保之一垧未开。此一旗中有二三月间曾储荞种，迨后乏食，推粃炊饭尽矣。此外买既无钱，贷又冈应，必临时束手，似此者三千丁之中实有二千。乃到屯三月来，深体而密察者也。开而不种，徒为野草，下一面稭地工夫，不如不开。且今年抛荒，明年亦难责令再开。是此时借给籽种，依候种荞，俾成熟地，为目前第一紧要关键。奉宪令添设义仓，添买谷三千石，以资接济。于请奉圣谕广训后宣此德意，穷丁莫不啧啧称感。履泰筹审屯中大局，诚能将此项谷三千石于刻下先买荞麦二千石，择中、左、右三屯之贫无籽粮者户发一石，使以五斗为籽，五斗为粮。有籽则不致抛荒新地，有粮便得接食先成之苞米。收荞每垧丰可五石，歉亦三石，适中而计，垧得四石。一堡之中，平添一万二千石粮食，殊增起色。每宣讲至圣训诫匿逃一条，群丁亦深恨逃者之不识好歹。问其毕竟何以逃，曰彼不能忍饿耳。又问目前之在屯者当皆有食，曰封堆外加五之谷近亦不肯贷给，某某啜粥几何矣，某某断炊几日矣。非本丁私言，乃环集听讲时众口指称如是，本人唯掩泪唏嘘，默无一语。或有转向众人问曰，尔皆如是，何独笑我。履泰因切赞穷丁之克遵约法，而知恩义之入人者至深且广。第守信去食，伊古难之。既有搏节之项，不过一迟早间，利益不鲜，且此项出借之荞麦即系义谷，至七月杪仓成而麦亦成，还纳储仓。明年又责每丁各开一垧，仍以出借，新地又得有籽，便可平添二万四千石。年复一年，弥望皆成熟地，比户岁岁加丰，真挞之不能去矣。不必虑多开丁不能种，多种使多收，多收便有余资雇人帮种。惟虑其只守此五六垧，则孺子长贫，救无策耳。荞价总亚于谷价，市侩牟利，往往闻官采买辄即抬价，如蒙允准，请一面给钱，告示不准抬价居奇，一面行知双城堡协领遴派妥员四出采买，并请札行拉林、阿勒楚喀垫款买运五百石，务赶五月望前买齐散放，不误种期。此实辟熟苏丁一大进退机要，惟望采纳。再此系履泰默筹管见，屯中并未宣露，合并陈明等因。蒙宪批购买荞麦一事，着即速办，双城堡协、佐领等必详查，实系穷无籽种者方准借给，不能人人一律支借也。等因饬交到司。蒙此相应咨行阿勒楚喀转饬拉林二处，先照五月分粮价，各购荞种五百石，务赶五月望前买齐运送中屯散放，不误种期，后再为派员赴省发给原价外，并札饬双城堡协领转饬各该佐领等，将各屯屯丁详查实系穷无籽种者，计数购买荞麦，统以拉林、阿勒楚喀购买之数。每丁均按一石借给，秋后照数还仓。至屯丁现有籽种者不得概行支借。仍将出借籽种屯丁花名，造册具报备查可也。特札。

道光二年五月十三日

为咨请事。道光二年六月初五日，准刑部咨开，嘉庆二十五年钦奉恩诏，据吉林将军将在配各遣罪常犯造报到部，本部逐加查核，将准免、不准免各遣犯分别开单具题并声明。前经遇赦，拟定年限减徒，无论年限曾否届满，即行释放，毋庸开单，即由部咨行遵办，等因在案。查照将军册造之庆德一名，系前经遇赦，拟定年限减徒之犯，准其援免，相应行文吉林将军可也，等因咨行前来。查庆德一犯，系嘉庆二十三年发遣吉林当差，随旗安插镶黄旗富明佐领下管束之犯。道光元年十月内，据该犯呈恳，被遣时带有妻子女，无以为生，情愿赴双城堡垦地，由该佐领具报该协领，转报前来。当查双城堡有残废告退丁缺，随将该犯拨往双城堡中屯充丁，到屯之后，得有房地，安业至今。接准部咨，准其释放，当即札行双城堡协领，饬令庆德回省，以便给文回京。兹据庆德于六月十二日到省当堂具呈内开，具呈人庆德年四十三岁，系京都镶黄旗满洲头甲喇宗室瑞彻佐领下人，于嘉庆二十三年缘事发遣吉林当差，携带妻陈氏、子勖顺并幼女三口同来，糊口无资，因知双城堡田地肥美，于道光元年十月初六日禀恳赴屯种地，当蒙准令充补屯丁。到屯后，接得熟地三垧并一切农器，本年又开生荒一垧耕种，足可安居乐业。现蒙诏释放，本应回京。惟思庆德及子勖顺今已习学耕稼，不肯轻弃斯土，并闻道光四年系移驻京旗闲散之期，可否将庆德留于双城堡，作为京旗闲散，俾得京旗闲散房地一分，实为德便。如蒙允准，户部丁册内有庆德名下由盛京带往滋育家奴黑子、玉儿、四八儿三名，并请转咨销除旗档，任谋生业，以免滋事等因。查庆德发遣时，实系携带妻子前来，先因随旗当差，拨往双城堡种地。今援恩诏，释放回京。既据呈恳情愿在此种地安业，自应作为京旗闲散，给予道光元年正月奏定京旗闲散房地、牛条、器具一分，原奏治装银三十两减半，给银十五两。俱系蒙恩释放之人，可否如此办理之处，相应咨请户部核示照办外，仍知会满洲镶黄旗都统衙门查照可也。

道光二年六月二十日

卷 四

札 檄

为通行晓谕事。照得本衙门奏准，双城堡地方移驻旗丁开垦地亩，每丁分荒较多，原以备移驻京旗苏拉之预计，其间有因垦地较多，带领该丁子弟亲族相帮，自属情事之常，并不干禁。诚恐旗丁内有不遵禁例，私与民人说通租典，旗人希图稍济燃眉，民人恃有资财，借之谋为己有。将来京旗移驻之时，分地室碍，咎将谁归。此等情弊，该总理等官不时督率纠查，一经查出，将旗丁照例治罪，偷典偷种之民除私自所给银钱追出入官外，仍治以应得之罪，该管官并干吏议。现已通饬各官，并一体出示通知，俾众共戒。毋违。特示。

嘉庆二十年二月二十四日

为札饬遵行事。查得本衙门前经奏准遵旨拟议试垦章程，以备京旗闲散移驻垦荒一案。抄录原折并谕旨一切垦荒计亩章程，已咨阿勒楚喀副都统衙门，转札该员等遵照办理在案。今按照原奏，拟议夹信沟地方移驻旗丁开垦地亩，应预备试垦各事宜，相应抄单，札饬总理、协领、督理屯田事务委协领等遵照办理可也。

嘉庆二十年二月二十四日

计粘单一件

试垦事宜：

一、原奏设官拨兵如数筹拨之外，仍须添派协领等官总核督理。现在办理伊始，所有一切应用农器，即令该总理官会同额设各官，并责成吉林同知传同行匠，照原奏价值，分别定式尺寸分两，每件先令造具一分较准作为式样，书以年月、行铺姓名贮库。分给试垦旗丁，即照此一例造成，庶无轻重长短、偷工减料之弊，以期器具坚固，经久适用。将来京旗苏拉移驻时，应给农器一律造给，得有遵循。

二、委职无须先行咨送引见。查原奏内开各员，均系给予虚衔，俟试垦有成效后始以实缺补用。现在创始开垦,应令及时次第办理。若给咨送部引见,诚恐废时妨事,且甫经谋始,均未卓有成效,未免漫无区别。拟请试垦三五年后,实在卓有成效,再行咨送引见。如未及年分,有始勤终怠及不谙事宜者,随时参革更换报部,以归核实。

三、分拨各荒须勘明地势高下,探明水源方向,饬令各丁于开荒之时将洼下处所留为沟渠,俾水得有归宿,不致泛溢伤稼。拨荒时即将此地扣除,不在原奏垧数地内。本将军亲往分拨,以杜畸重畸轻之弊。嗣后,课其勤惰,丁无借口。

四、办事公所亟应建盖。应出派监修官,遵照奏定价值间数购料坚固,妥为兴修,限于五月内竣事,毋得草率。仍取保固结呈备查。

为札饬拉林协领永海遵办迅速详报事。兹移驻委协领明保等于地方情形不能熟谙,因将奏明酌定应挖井四十眼交该协领承办,照前议定,每丈工价钱七吊,刻即雇觅人工刨挖,勒限完竣。核计丈尺,移交委协领明保,将所需工价钱文令明保就近先行支给,仍将按翼刨挖井眼深丈尺数目,一并详报,毋稍迟延可也。特札。

嘉庆二十年四月二十一日

为札饬双城堡委协领明保遵办迅速详报事。兹因移驻屯丁应需刨挖井眼,派委协领永海、佐领德春等前往,照依原定四十眼之数分雇匠工,赶紧刨挖。每丈工价钱七吊,俟永协领等工竣,该委协领即查计丈尺,将所需工价钱文即为支给,并用印文申报将军衙门,以凭查核。仍将先挖井一眼丈尺先行速报。再协领托克通阿、灵山保等所立封堆已否完竣,即传知该协领等绘图,于四月二十五日以前详报,立待具奏,毋稍迟延。特札。

嘉庆二十年四月二十一日

为饬遵事。本年四月二十日,接准阿勒楚喀副都统来信,内云亲赴双城堡,严饬协领永海、明保等另将封堆筑立齐整外,其二层封堆内纳粮丁民房地亦属不少,必须量其户数,于丁民房屋周围给予一里半里之地挖立壕沟,作为界址,令其耕种。其余地亩若尽抛弃,似有可惜。祈饬丈明,仍租与伊等耕种。酌定每垧交纳租粮六斗,每年给房主租粮三斗,交双城堡公所三斗。如此办理,似与兵民人等均有裨益。是否可行之处,指示遵办等因。查双城堡界内丁民,因刻下不能驱逐,始给予地亩耕种,挖壕为界,不但与该民等稍有裨益,且可绝侵种余地之渐。此即将伊等不撵之撵,自必迁徙他乡。如令该民户等耕种别项地亩纳租,虽似于民稍有裨益，但系已经奏明双城堡移驻二分京旗之地，尤恐均为民人侵占，临时不能挈回，必致难办。又将该民户等迁往何方，岂能不致失所乎。今此项地亩断不可令其耕种，即行严饬界官，不时严查，俟本将军五月间按临双城堡时，该民户等如仍有在界内耕种地亩者，唯该管及界官等是问，临时该管官勿致追悔无及。为此先行晓谕该管官等遵办外，并札饬双城堡委协领可也。

嘉庆二十一年四月二十二日

　　为传谕各该旗佐慎选补送双城堡垦地闲散旗人事。照得设立双城堡屯田，奏定于二十一年开垦，于二十四年每丁起征交粮二十石。适查现逃缺丁一百二十余名，今年并未种地，即明春补送开地，二年如何能交粮石，势必于二十五年方可交纳。此项缺丁之粮，即需另为筹办。明春补派之闲散，如再脱逃，成何事体，不得不严立章程。为此传谕各该旗佐，刻下必慎选勤能务农之人，以备明春补送，倘到后仍有脱逃，除将该逃丁枷号二个月、鞭一百外，将出派之领催责革，佐领、骁骑校记大过二年，协领记过一年，以为玩误公事、漫不经心者戒。合行预为传谕各旗佐及打牲乌拉协领知之，并行文伯都讷、阿勒楚喀副都统衙门一体照办可也。

嘉庆二十一年九月初六日

　　为札饬遵照事。查近来双城堡屡报倒毙牛只，固系病灾，然亦系不善喂养所致。且各屯旗丁所养之牛，毫无责成，倒毙呈报自有官补，因不留心调养，更恐有不肖之徒利其倒毙食肉，均未可定。合亟札饬委协领等出示晓谕，各屯旗丁留心妥为喂养，以资耕作。嗣后如有病倒牛只，即以车载拉赴双城堡，官为验明印记，取皮收存。该屯旗丁喂使经年，深得牛力，一旦病毙，自不忍食其肉，亦不便给领，仍责十鞭薄罚示惩，以为不善调养者戒。其肉即分给领催兵役五十六名分食。如此立定章程，各旗丁恐致受罚，留心喂养，或报倒毙较少，以利耕作可也。

嘉庆二十一年九月二十六日

　　为札饬遵照办理事。照得双城堡于嘉庆二十一年六月内，由阿勒楚喀、拉林采买市石谷一千五百石内，除接济顶补脱逃新屯丁口粮谷四百零一石一斗四升，姑念伊等俱是今年挑补新丁，初到该处，所得粮石仅敷本年糊口，若再催追，未免益形拮据，着从宽暂行免追外，其各屯丁借去市石谷九百二十五石二斗，本年该处收成丰稔，自应上紧催追，同剩存谷一百七十三石六斗六升一并存储公所。又前经奏准，在阿勒楚喀仓内借给屯丁籽种谷二千石，内由阿勒楚喀拉运籽种谷一千一百三十二石，全数借给该屯丁等，以资接济。原系奏明借给应还之项，更应乘此谷石充盈之际，按数催交还款。以上两项共应追谷二千二百三十石零八斗六升，以备来年青黄不接之需，毋得任其拖延，致干未便。再本将军前莅双城堡，据该委协领明保面禀，尚有余剩黑豆三百余石，俱应盖仓妥为存贮，方免折耗霉烂。本将军拟即照吉林八旗义仓之式建盖义仓三所，每所三间，应在何处建盖，即责成该委协领相度地势，须与官所附近，以便看守稽查，免致偷盗滋弊。尤须与公仓地基无碍，方为妥善。其盖仓做法，另行开单，饬交该委协领，即酌量派令屯丁入山砍木，俟来春冰泮，顺水运至该处，以备应用。至修仓工费一切拟于来年倒毙牛价项下撙节动用，更属以公济公，务须遵照妥办，切勿草率贻误，有负委任。此札。双城堡应建盖仓三所，计九间。每间面宽一丈一尺，进深一丈八尺，檐柱高九尺，及左右各挑山一尺五寸，系三檩三椽，拉哈墙，埋柱头停满望，板铺地用草加席。

嘉庆二十二年十一月十二日

谕双城堡屯种各官知悉。照得各屯丁试垦荒地，以裕生计而重国课，所关甚巨。本将军奉命重来，首以此事为要。昨询协领明保垦种情形，知该屯丁等并不实力开垦，即该管之佐领、骁骑校以及领催、屯达人等，亦不实心草率，认真经理稽查，以致该屯丁等不知重农务本，乘间脱逃，有负圣主爱育旗人教养厚意。查原奏章程，屯种八旗按左、右翼分方立屯。镶黄、正黄每旗屯丁各一百二十八人，其余六旗每旗屯丁各一百二十四人。每旗设立五屯，每屯设十家长二名、屯达一名，五屯设总屯达一名、副屯达一名。所设之协领、佐领、骁骑校、领催，分别总理经管，各有专责。自试垦以来，各官果能督率领催、屯达各按应管旗分丁数往来梭织，课其勤惰，严加管束，何至有脱逃之事。皆由漫不经心所致，殊属貌玩。除剀切晓谕屯丁外，合亟谕饬，谕到各该官即遵照悉心妥为经理。查有屯丁怠惰偷安，不事耕耘，随时训导，交相劝勉，使之各尽其力，庶几一片闲荒不数年间尽为熟地，方不负谆谆委任。倘该屯丁等终始不悛，势必将所领器具钱文荡费一空，以致畏罪逃避。该十家长、屯达等岂竟毫无闻见。尤应责令就近严查，于其未逃之先即先禀报拿究，以示惩儆。本将军于秋收后查勘收成以及耕种情形，总以各丁垦种之多寡定各官办理之能否，必将不善约束之员立予参革，以为玩误者戒，决不宽贷。毋忽。此谕。

嘉庆二十三年七月二十九日

为札饬事。前据阿勒楚喀副都统衙门咨开，据双城堡委协领呈报，所管开地苏拉等耕牛倒毙十八条，咨报将军衙门买补，以足原额，等因咨报前来。查得吉林市集所卖牛只甚是稀少，是以札饬伯都讷理事同知，将此项倒毙牛十八条，就近在于伯都讷所属地方采买，每条价值不过六七两，俱要肥大无残疾、口齿轻、能耕种地亩之牛，务须三月以内径行解送双城堡委协领处验收外，仍将所买牛价银两差派妥役，出具印领，领到之日，本衙门照数发给可也。

嘉庆二十四年正月初十日

为札交事。户司案呈。本年闰四月二十五日，蒙宪批：交户司办。札给同知钱五千吊，令办好布厚棉袄、裤各一千件，限于八月内交衙门，不可迟误，等因饬交到司，相应具稿呈堂。请札饬理事同知衙门查照遵办，置买好布厚棉袄、裤各一千件，务于八月内交齐，以备赏给双城堡中屯苏拉。其需用钱文，备付过司，以便照数发给可也。

嘉庆二十四年闰四月二十五日

为札知事。本年五月十三日，据长春厅理事通判详称，嘉庆二十四年三月初三日，蒙将军衙门札开，户司案呈。现今本衙门遵奉谕旨，由奉省、吉林各项旗丁内挑选屯丁二千名，拨往双城堡左右二屯垦种，理应将屯丁等所用耕牛预先采买，以备明春开垦荒地。查得吉林市集所卖牛只甚是稀少，而价值昂贵，是以札饬长春厅理事通判，将此项屯丁等所用开荒二千余条牛内，就近在蒙古地方采买，每条价值不过六七两，俱要肥大无残疾、口轻能耕种地亩之牛。再二千余条牛内，该厅能买得若干之处，务须四月内详报，五月初间赶到，以便本衙门核夺办理可也。须至札者，等因到厅。蒙此。卑厅当即遵札，在于境内采买犍牛一百条，每条牛价银七两，共计价银七百两。所有牛只毛色口齿另造清册呈送，并备具印领，签派妥役，随文赍送外，拟合详请宪台查核验收，为此备文具详，伏乞照详施行，等因呈报前来。据此，本衙门将该厅送到犍牛一百条内，选得犍牛九十条，其余口老残病牛十条不堪耕用，即交原役带回。至应领九十条牛价银六百三十两，照市平平准，饬交原役如数领去，俟到之日，仍将照数接收之处详报可也。

嘉庆二十四年五月十四日

为札饬遵行事。查前交中左右三屯应分给屯丁地亩，每三十垧一块，纵横各留荒隔宽五六尺，庶眉目清楚，免启日后争端，务于九月内分清，饬遵在案。兹来查阅，间见小土堆数个，询之承办协领各员等，称均已分清，专俟指交等语。至中屯已开垦数年，昨由镶蓝旗二屯、四屯行走，各屯丁家虽堆有庄稼柴草，而屯外并未见有开垦之地，着户司严札承办分地协领等，刻下将伊等所称分清之地按地插签，二十四户屯者着插签二十四根，每签写某旗第几屯，由第一起按数写至第二十四止。二十八户屯者加签四根，亦照数写。但此地必随地势，有横长宽窄不一，必按各旗各屯照昨发给式样，各绘屯地数目图一张，以便照名册按屯分给，庶该屯丁等不能选择争论。统限于十一日内详报呈交，断不可迟误。准此。札饬双城堡协领及承办分地协领等一体遵照办理外，仍知会阿勒楚喀副都统衙门知照可也。

嘉庆二十四年九月二十六日

为取具切实甘结咨送事。据双城堡协领明保详称，现今中屯镶黄旗三屯、正红旗头屯、二屯，此三屯井眼俱已损坏，不能修补，均行重挖修理。正黄旗头屯、三屯、四屯，镶红旗二屯，此二旗四屯井眼补修。此重挖井三眼、补修井四眼之丈尺、水深丈尺并需用板片、挖井匠人工价需用钱文，粘单呈报将军衙门，等因前来。查双城堡中屯左、右翼原设四十屯，所挖之井系嘉庆二十年派员承办，未及五年，即致损坏，究系承办井眼官员等原办未能坚固之故。将此项重挖补修井眼需费钱文，本衙门此次姑准另行查办外，至本年双城堡左、右二屯并两处公所共挖井八十三眼，俱系阿勒楚喀、拉林出派官员觅雇匠人挖修，相应咨行副都统衙门，转饬承挖井眼官等，取具挖井匠人五年以内不致损坏，如有损坏，情愿赔补挖井原价，保固甘结。该承挖井眼官员等仍加关防钤记甘结，咨送本衙门备案可也。

嘉庆二十四年十月初十日

为札饬申报事。卷查本年四月内，由盛京所属金州、岫岩、熊岳等处拨往双城堡垦地之屯丁户口册内查得，金州镶黄旗车述佐领下屯丁刘明义、镶红旗关山佐领下屯丁全得，复州正黄旗乌宁阿佐领下屯丁依拉住、镶白旗佛喜佐领下屯丁额林布、镶红旗吉郎阿佐领下屯丁依兰泰、岫岩镶黄旗乌林泰佐领下屯丁德增额、镶蓝旗马禄佐领下屯丁高亮保等八名，均已逾岁，不堪耕种，又与原定章程不符，应行撤回。前次伊等恐不能充补，捏称年未逾岁，是以本衙门将搭盖窝棚及迁费银两如数发给，领讫在案。兹查屯丁刘明义等实系年已逾岁，未便准充正丁，相应札饬总理双城堡屯田事务协领转饬佐领图敏等，讯明该屯丁刘明义等究竟年岁若干之处逐一查明呈报，如刘明义果系年已逾岁，伊等若有子侄余丁可充者，即令顶补正丁，如无子侄顶补，即将伊等所领迁费银两追出驳回，或充余丁，毋致办理两岐，其缺另行拣补可也。

嘉庆二十四年十月初十日

为札饬接收事。户司案呈。查移驻双城堡左、右二屯闲散二千名，次年应置买垦地犁杖钱每丁按九百文合计，共钱一千八百吊。现今本衙门由吉林永庆店汇至双城堡所属金钱屯永成号就近支领，此项汇票即交协领处出派解送宁古塔脱逃屯丁之领催穆克登额带去外，至双城堡中屯损坏井眼内重新挖井三眼、补修井四眼共井七眼用过板片、匠役工价钱一百八十八吊一百六十文，均已如数交与骁骑校舒义。俟该员及领催等到日，将带去汇票并挖井需费钱文如数接收之处，呈报本衙门备案可也。

嘉庆二十四年十月十三日

为札饬领取事。户司案呈。查双城堡左右二屯闲散等应用农器等物未经运至该处，今乘闲暇之际，理应运至双城堡，左右二屯各分一半，以便发给该屯丁等使用。据此。理合札饬总理双城堡屯田事物协领刻即出派左、右二屯骁骑校二员，带领闲散等赶牛千条赴省，以便发给车五百辆，将未运去之农器等物饬交该骁骑校等运至该处，左、右二屯各分一半以备使用，毋得迟延可也。

嘉庆二十四年十月十四日

为设立双城堡左、右二屯，查丈闲荒，分定界址，出派协领和福等遵办事。现奉谕旨，由盛京、吉林每处各拣派闲散丁一千名。本年开垦地亩应用一切器具等物，本衙门备办妥切，以备次年移驻屯丁等开垦地亩外，双城堡左、右两翼设立八十屯，屯丁等开垦地亩荒场、建盖办事公所、官兵、闲散等住房、窝铺，查丈荒场、分定界址，着协领和福督理，仍派协领德春、明保、永海等前往，会同查丈，秉公分析办理。所有一切应办章程，均抄汉字粘单粘连文尾，札饬署理阿勒楚喀副都统事务协领和福遵办外，暨札吉林协领德春、拉林协领永海、双城堡协领明保一体遵照办理可也。特札。

嘉庆二十四年十月

每旗设立五屯。镶黄旗、正黄旗二旗各住屯丁一百二十八户，计住二十四户者三屯、住二十八户者二屯。其余六旗住二十四户者四屯、住二十八户者一屯。即住中屯每户房东西面宽二十丈，南北长二十丈。屯丁应住用面宽九丈，留十一丈以备将来移驻京旗盖房之用。房分三层，两层正房，一层倒坐。住二十八户屯，前层倒坐，均十户，后一层八户。前层东西宽计用二百丈。住二十四户屯每层均八户，东西宽计用一百六十丈。南北均用六十丈。胡同一道，计三丈宽。街一道，计五丈宽。南北共占用六十八丈。除此占用房基外，每人核给地三十大垧。

　　双城堡分中南至大封堆十七里，北至小封堆十八里。小封堆至大封堆二十里、三十里、四十里不等。东至小封堆十八里，小封堆至大封堆五十里。西至小封堆十八里，小封堆至大封堆四十里。每旗分地长八里半，宽十二里。每人应分地三十垧，计一段长二百四十步、宽三百步，核计三百亩。此一旗地自东至西十二段，核计宽十里，余二里。南至北计十四段，核计长九里三分，缺八分，以宽补长，足敷应用。再现今奏定设立中屯，委协领改为实缺，总理三屯事务。前计荒地四十垧，再拟给荒地四十垧。共给荒地八十垧。

　　前设中屯委佐领二员，改为实缺。前给地三十垧，再拟给荒地二十垧，各给地五十垧。共地一百垧。

　　前设中屯委骁骑校二员，改为实缺。前给地二十垧，再拟给荒地十垧，各给地三十垧。共地六十垧。

　　前设中屯领催六名，兹又奏添二名。前给地各十垧，再拟各给荒地十垧，每名二十垧。共地一百六十垧。

　　前设中屯甲兵五十名，兹又奏添十名。前各给地八垧，再拟各给地八垧，每名十六垧。共地九百六十垧。

　　新设佐领四员，每员各给荒地五十垧，共地二百垧。

　　新设骁骑校四员，每员各给荒地三十垧，共地一百二十垧。

　　新设领催八名，每名各给荒地二十垧，共地一百六十垧。

　　新设甲兵六十名，每名各给荒地十六垧，共地九百六十垧。

　　拨给左、右二屯屯丁二千名，每名各给荒地三十大垧，共地六万垧。

　　共地六万二千八百垧。

　　新设佐领四员，每员给房各八间。

　　新设骁骑校四员，每员给房各六间。

　　新设领催十名，每名给房各四间。

　　新设甲兵七十名，每名给房各三间。

　　办事公所二处，每处给房各七间。

　　共建盖房三百二十间，内有中屯添盖领催二名、甲兵十名住房三十八间。

以上每间合银三十五两，共银一万一千二百两。

　　办事公所二分十四间（各七间）。

佐领四员，三十二间。

骁骑校四员，二十四间。

领催八名，三十二间。协领处添领催二名。

甲兵六十名，一百八十间。协领处添甲兵十名。

共三百二十间。

奉省义州佐领十七员，内裁拨佐领二员。复州、熊岳骁骑校各九员，内裁拨骁骑校各一员。

熊岳领催七十八名，内裁拨领催二名。金州领催八十名，内裁拨领催三名。

金州、复州裁拨兵三十五名。吉林满洲正白、正红二旗裁防御二缺，改为佐领。乌拉布特哈裁拨骁骑校一员。

三姓裁拨骁骑校一员。

吉林满洲八旗，每旗内兵三百三十名以外之旗裁拨领催五名、甲兵三十五名。

协领随缺地八十坰，前四十坰，后加四十坰。

佐领随缺地五十坰，前三十坰，后加二十坰。

骁骑校随缺地三十坰，前二十坰，后加十坰。

领催随缺地二十坰，前十坰，后加十坰。

甲兵随缺地十六坰，前八坰，后加八坰。

每屯应得随缺地七百二十坰，中屯应得随缺地一千三百六十坰。

三旗每屯应照此数留出随缺荒地各一分，以备移驻京旗官兵来时付给。

为札饬事。本衙门遵奉谕旨，由盛京、吉林、宁古塔、伯都讷、阿勒楚喀、拉林、乌拉旗丁等内拣选丁二千名，移驻双城堡左右二屯，开垦地亩等因，奉部议覆。此项屯丁等应用置买器具等物银两，由库领出，饬交同知，每两按市钱二吊计，换钱四万五千八百吊，以便给双城堡屯丁备买器具外，仍照奏定屯丁等应用器具数目，照汉字清单按项分析，均照库存前设中屯屯丁等置买器具等物式样，按项备买。至置买器具等物，务于本年五月内交足一半，其余一半俟年底全行交足。仍将置买器具等物所需钱文，移付户司照数关领可也。特札。

嘉庆二十四年十月

交同知置买移驻屯丁应用农具列后，计开：

截半大铧子一千条，每条合银三钱，用银三百两。

大犇牛铧子一千条，每条合银三钱，用银三百两。

辽阳犁碗子一千个，每个合银五钱，用银五百两。

千斤一千副，每副合银四钱，用银四百两。

怀爬信子一千个，每个合银二钱五分，用银二百五十两。

大锄头二千把，每把合银四钱，用银八百两。

镢头二千把，每把合银四钱，用银八百两。

铁锹二千把，每把合银二钱，用银四百两。

车一千两（绳套俱全），每辆合银三两二钱四分，用银三千二百四十两。

八斤重铡刀一把（床俱全），每把合银一两八钱，用银一千八百两。

大广条锯五百把，每把合银二钱七分，用银一百三十五两。

锛子一千把，每把合银三钱，用银三百两。

五分凿子五百把，每把合银一钱九分，用银九十五两。

大磨石五百块，每块合银五钱，用银二百五十两。

搁线大口袋二千条，每条合银四钱，用银八百两。

铁锅二千口（口面二尺五寸），每口合银一两五钱，用银三千两。

大缸二千口，每口合银四钱二分，用银八百四十两。

瓷盆二千套，每套合银二钱五分，用银五百两。

砂碗八千个，每个合银二分，用银一百六十两。

粗瓷盘子四千个，每个合银三分，用银一百二十两。

丈二席子二千领，每领合银三钱，用银六百两。

缝成靰鞡四千双，每双合银二钱，用银八百两。

棉衣棉裤各二千件，每二件合银二两五钱，用银五千两。

大笸箩二千个，每个合银六钱五分五厘，用银一千三百十两。

大簸箕二千个，每个合银银一钱，用银二百两。

以上共用银二万二千九百两，每两按二吊市钱合，计钱四万五千八百吊。

为札饬事。本衙门为奉旨奏请由盛京、吉林选派闲散二千名，拨往双城堡左右二屯开垦地亩。由盛京、吉林每处各派佐领二员、骁骑校二员、领催五名、甲兵三十五名，以备弹压管束。再双城堡左右二屯应建办事公所房十四间。佐领四员，每员房八间，计应建房三十二间。骁骑校四员，每员房六间，计应建房二十四间。领催十名，每名房四间，计应建房四十间。兵七十名，每名房三间，计应建房二百十间。共应建房三百二十间。所有需用木植、石灰、洋草、运价并周围土墙等项，每间计给银三十五两，共计银一万一千二百两。札饬出派佐领和昌、色布青额、骁骑校富明阿、依常阿等前往该处承修此项工程，务照奏定章程，一年之内建盖完竣，以备次年移驻官兵居住，不可迟误。仍将应建双城堡左、右二屯办事公所、官兵住房数目汉字抄单粘连文尾，札饬佐领和昌等一并办可也。

嘉庆二十四年十月

奏定建盖双城堡左、右二屯官兵住房列后：

每屯盖公所草正、厢房各三间，大门一间，周围土院墙一道。

佐领住房二所，每所八间，计正房三间，东、西厢房各二间，大门一间，土院墙一道。

骁骑校住房二所，每所住房三间，厢房二间，大门一间，土院墙一道。

领催房四所，每所四间。

甲兵住房三十所，每所三间。

左、右二屯照此一样。每间房进深二丈，面宽一丈，仍有隔断灶铺，每间合银三十五两外，中屯内盖领催房二所，计八间。

甲兵房十所计，三十间。

以上共三百二十间，合价银一万一千二百两。

为札饬事。双城堡中、右两屯补派携眷屯丁，明春到屯之日应得一切农具、家什，应饬该协领预备齐全，以备到日即行发给。其中屯屯丁等间有添盖房间，务令其在于应得地基丈尺之内建盖，勿碍将来京旗盖房丈尺，免得临期拆挪可也。

嘉庆二十四年十月二十六日

为严饬由双城堡逃回宁古塔旗丁不准挑差，并剀切晓谕该城续拨屯丁开垦耕耘力勤恒产，仰副天恩事。本将军莅任斯土，抚驭一省，视阖省旗丁皆如子弟，深以尔等生计为怀。因念尔等非借耕种不能为生，有许多无地、为人佣趁借咨糊口养家者。前经履勘，双城堡地土肥沃，实勘开垦，是以仰恳开立三屯，分给官荒开垦耕种。按人赏给房间、牛具、籽种，一切农器及家用各项器具、衣服，无一不备，并给携眷迁费银两。如此是无业穷丁顿成有业之人，虽尔父母为尔等生计筹度，亦未必能如此周全分给也。尔等当如何顶感皇恩，激发天良，踊跃争先，殷勤耕作。数年勤苦，累世丰盈，俾尔等各得家成业就，其乐宁有穷期。乃不料该城新拨屯丁内，胆敢携带器具、钱文，伙同私逃多名，是将圣恩赏给现成恒产，不肯安心力作，反至弃失潜逃，甘心卑贱，受雇与人为奴。此等败类，是何居心，殊不可解，可恶之极。除饬该旗佐严拿务获重责示惩外，所有携去器具、钱文即刻追出，永远不准挑差。

合行剀切晓谕宁古塔续拨屯丁等知悉。尔等到彼，务各竭力开垦，东作西成，不数年间，比户相庆，家给人足，其成乐土，本将军实厚望焉。自示之后，倘有不肖之徒仍前暗自逃匿，务将该旗佐照签差不慎律严参，逃丁拿获从重治罪，决不姑宽。尔等幸勿视为具文。懔之，慎之，毋违。特示。

嘉庆二十四年十月二十八日

为严饬申报事。本年十一月初四日，据双城堡左屯佐领图敏等禀称，职等所属左屯界内正红旗三屯、镶蓝旗三屯应盖房间虽已苫起，并未砌墙，于九月十四等日将军查验。彼时因此二屯丁等怠惰不力，未行赏给棉袄、棉裤，俟丁等盖成时再行发给，以示警诫。嗣经敏等严催，尚剩房十四间未及砌墙。缘天寒泥水不和，容俟春融务催修理齐全。请将此二屯丁等应领棉袄、裤先行发给，以备入山砍伐木植之处，呈报协领衙门在案。敏等亲赴协领处关领二次，未蒙发给。时至天寒，丁等无衣，不能入山伐木，恳祈前来。敏等势出无奈，是以不揣冒昧，据实禀闻，等因前来。查左屯正红旗三屯、镶蓝旗三屯丁等应领棉衣、棉裤，因伊等应盖房间虽已苫起，并未砌墙，怠惰不力，未行赏给，俟盖成时再行发给，面饬在案。今该佐领图敏等声明该丁等房间未修墙垣仅止十四间，现今天寒，泥水不和，容俟春融，务催修理齐全。请将未领袄、裤发给，以备入山砍伐木植，关领二次。该协领因何不即发给，着一面如数发给，一面将并详报，勿得饰词隐瞒可也。

嘉庆二十四年十一月初五日

为严饬申报事。本年十一月初四日，据双城堡左屯佐领图敏等禀称，职等蒙饬将左屯封堆以内所有民人等耕种熟地逐一清查，按地取租，均匀散给丁等，以资食用，等因奉此。遵即查至双城堡左屯封堆以内民人有按地给租者八九名，惟公所以东九里余民人周金耕种熟地一百九十余垧，协领明保将敏叫至中屯伊家，叠面吩咐，周金承种之地，系本协领置买，已经回明将军，准其作为官店，不可取租等语。敏等初至左屯，封堆以内有无协领置买地亩之处，未得底细。若左屯之地准其协领置买，则左屯之田恐无遗矣。设使周金承种之地不容取租，诚恐民人等接踵效尤，连翩而至，碍难查办，有负将军轸恤旗丁之至意。是以不揣冒昧，实禀闻，等因具禀前来。查前设双城堡分拨界地，将界内承种地亩流民概行驱逐，伊等承种熟地俱行抛弃，奏准在案。惟界内有丁民人等本年承种熟地稍与流民有间，是以不饬令民人等本年暂行承种，秋收后每垧按五斗取租，散给该处当差兵丁等用。今民人周金所种纳租熟地一百九十余垧，该协领何得声称系伊置买官店。相应饬该协领明白禀复，如敢饰词蒙混，定即严参惩办。其中屯、左屯、右屯界内如有此等地亩，概行查清垧数若干，本年取租若干，并如何散给兵丁之处，造册详报到日再行核办，毋得互相祖护，致干参咎可也。

嘉庆二十四年十一月初七日

为札饬事。本衙门遵旨，由盛京、吉林移驻双城堡左、右二屯二千名屯丁等次年垦地需用籽种，理应预为采买备用，是以本衙门行知阿勒楚喀副都统衙门，将此项籽种粮石按照市价采买，运送双城堡，连车脚一并核算，每石需用若干价值之处，咨复本衙门核计采买，等因咨行在案。兹据阿勒楚喀色大人来省面称，此项籽种粮石若在阿勒楚喀采买送双城堡，花费车脚，不如在左、右二屯附近采买备用，免费车脚等语。相应札饬双城堡协领，转饬左、右二屯官员等，将此项应买籽种粮一千石按照市价采买，谷各二百五十石，豆各一百二十五石，高粮各一百二十五石，分储左、右二屯公所兵丁等空房内，以备次年苏拉等垦地耕种之时，每名分给谷三斗、豆一斗、高粮一斗外，仍将采买此项谷、豆、高粮每石价值若干，共需用银若干，备文咨取到日即行发给外，咨知阿勒楚喀副都统衙门可也。

嘉庆二十四年十一月二十日

为札饬事。嘉庆二十四年十二月初二日，准盛京将军衙门咨开，左户司案呈。嘉庆二十四年十月二十五日，准右兵司移开为移送事。查前准吉林将军衙门咨准户部核议，将军富俊奏筹议双城堡左、右二屯尚有可垦余荒二分，请由盛京拨派旗丁一千名前往试垦，并由义州裁拨佐领二员，复州、熊岳骁骑校二员，熊岳领催二名，金州领催三名，金州、复州甲兵三十五名，前往弹压屯田事务之处具奏，奉旨：依议。钦此。钦遵。转咨前来。当经本衙门照依奏准章程，裁拨义州镶黄旗满州佐领图敏、正黄旗包衣佐领哲克东额、熊岳正黄旗满洲骁骑校五十八、复州镶红旗满洲骁骑校胡保、熊岳领催二名、金州领催三名、兵十九名、复州十六名，并酌拟义州佐领图敏、熊岳骁骑校五十八，金州先派领催一名、兵八名，熊岳先派领催一名，复州先派兵七名，作为头起，押带头起苏拉五百名前往该处搭盖窝棚。其义州佐领哲克东额、复州骁骑校胡保、熊岳领催一名、金州领催二名、兵十一名、复州兵九名，着在各该城听候。将头起官员衔名，领催、兵等旗佐、花名造册呈送等因，札据各处将头起官员、领催、兵等派员弹压到省，当将该官兵起程日期并伊等旗佐、衔名、数目汇造总册，咨送户、兵二部在案。兹据各该处将头起官员、领催、兵等男妇大小户口造具清册，陆续呈送前来。相应将送到户口清册各六本移送左户司，希为查照办理可也。须至移者。等因移付前来。

相应将付来册各六本内，以各四本分咨户、兵二部、吉林将军衙门、盛京户部查照外，并各一本付送恩赏银库查核，其余册各一本附案存查可也。等因前来。除将送到官兵户口原册四本，饬交双城堡协领转饬左屯佐领图敏等查收备案外，嗣后将官兵户口数目按年造册，于开印后送将军衙门备案。须至札者。

嘉庆二十四年十二月初八日

为札饬事。本年十二月初二日，准盛京将军衙门咨开，左户司案呈。嘉庆二十四年十月二十五日准右兵司移开为移行事。据金州城守尉详，据正白旗防御呢克通阿、骁骑校舒成阿等呈，据该旗杨春保佐领下兵富著礼哀恳呈称，为恳准留养，免移户口事。窃身父义州镶黄旗佐领图敏已奉文拨往双城堡去讫，今复奉文饬取身父户口，理宜遵照，但身祖父现年七十有八，祖母年已八旬，血气既衰，举止维艰，道阻且长。不惟身父不能迎养到任，且身祖母兼有废疾，动履扶掖，在在需人。身父仅有身子一人，现今充当兵差，居家时少，出外日多。幸赖身母朝夕奉养，稍免内顾。今蒙饬取身父户口，实不得不哀哀陈情，唯恳转为详情，免造送户口，准留身母子奉侍终养，俾得垂老之年补尽哺之私，则身一门父子实顶恩于生生世世，等情据此。随查旗贮户口册载，佐领图敏之父，现年七十八岁，母年八十岁属实，今兵富著礼因伊祖父母年老笃疾，奉养无人，恳请免移户口准留母子奉侍终养。等情据此。应否准其免移，未便擅专，相应咨行吉林将军衙门查照办理，见复到日，以便饬遵可也。等因前来。除准情咨复外，相应札饬双城堡协领转饬左屯佐领图敏知之。须至札者。

嘉庆二十四年十二月初十日

为札饬速行遵办事。查今年节气较早，分给屯丁荒地若待屯丁名册造齐，按名分驻后再由该协领等按名指分，计八十屯，势必误耕，为此按屯照具，分清六具、七具。应分屯丁荒地，去岁该协领等既已按块插签，今本衙门将分定具图按屯用夹纸照画一张，分析左、右八十屯清册二本，即速发给分地。左屯凤协领、右屯德协领等带同原丈地员弁到屯，每屯每具俱有屯丁按具照图指交，自一至六、七各具地原有离屯远近不同，恐屯丁不无拣择，可令其共同阄掣，具数既定，而同具四人或非一族，亦不免有争，可再令同具四人共同阄掣，某得地一段、二段、三段、四段。近屯者为第一段，挨次下数分清后，即将此图交该屯屯达贴示。后到屯丁，该协领等仍照图画一分，每块不必写一至六、七，只注屯丁名字外，仍将该屯丁旗佐姓名另造细册一本送阅。并将某日分交几屯，三日一报，某日分交完竣，趁有月色夜间均可指分。统限于二月二十三日清明以前，务必指分清楚，方不误耕，断不可误。须至札者。

嘉庆二十五年正月二十九日

　　为咨复事。本年二月十九日，准盛京将军衙门咨开，左户司案呈。嘉庆二十五年二月初九日，据金州城守尉呈称为呈报事。遵将军衙门札饬内开，查各该城拨往双城堡之正丁理宜照册按名查点确实，交派押带之领催、兵等跟同起程前往方是。乃以原拨之数，竟任各旗丁私行前往，致令浮多，显系各该管官并未认真实力查点，殊非慎重公务之道等因，相应严饬各该旗遵照。立即传谕二起正丁各户，务须安分守候，以备明春按册查点明确，再行派员押送拨往。倘各户内如有现时已私行潜往者，该管官据实报明，以备裁除而昭慎重等因，当即札饬各该旗遵照去后。兹据镶黄旗汉军佐领车述呈称，职遵即谕令各族长等遵照。今起程届期，随即差传拨往双城堡二起正丁及新增各丁去后。除各项屯丁俱已到齐外，唯查顶补刘之魁正丁刘大小子，新增正丁刘二小子、金广义、刘振荣、周永富等五名未到，即将族长刘长杰、金顺、刘振邦、周永禄等传讯。据伊等结称，新增正丁刘大小子等因度日艰难，于正月初三、初六等日携眷已往双城堡去讫等情。查该族长等并未将伊等先往情由呈报，实属疏忽。随将该族长等严加责惩。但伊等虽结称各丁先自赴吉，职旗究未奉有札文，碍难指实。若备文呈查，相距两省，一时难以见复。除将未到之新增丁刘二小子、金广义、刘振荣、周永富等四名开除另文呈报迁移外，理合另行保送务农之阎士有、苏直义、曹广茂、曹广荣等四名造入垦荒册内，顶补前往，以充原额。又据族长刘长杰保结呈称，身所管族中壮丁刘大小子，于正月初六日已往双城堡，寻伊父刘之魁同垦地去讫。今奉传唤，缘伊未到，本旗欲将伊更换他人顶补。刘大小子实因贫苦，难以存活，不能久待，是以先往。且刘之魁应得迁费银两业经如数承领，既有顶补之人，亦应追找刘之魁，此项银两伊等苦累已极，必无项着追。刘大小子实系到吉，委无别故。如未曾到吉，身情甘领罪，只求仍将刘大小子顶补伊父刘之魁入于头起正丁，戴德实无涯矣。等情据此。查该族长呈恳缘由，虽系实在情形，亦无查考，自应一体更换。但刘之魁系头起正丁，既将迁费各项银两如数领去，若以他人顶补，迁费银两无项可出，应请将刘大小子顶补伊父刘之魁入于头起正丁，实为恩便。并将现在更补阎士有、苏直义、曹广茂、曹广荣等四名呈送等情。又据正黄旗汉军佐领韩龄、骁骑校李万亨等呈称，职等遵即谕令该族长等遵照。今起程临期，随将职旗原报拨往双城堡二起屯丁及新增余丁差兵前往，逐名传唤，以备押送起程。旋据族长王安垫等禀称，身等所管族内奉文余丁增作正丁未到双城堡之王加玉，二起正丁王加贵、王加招、王安现、王安守、王安卿等六名，现已携眷赴双城堡去讫，并未在家等语，据此。查该管族长等未行预报，甚属怠玩。随将该族长等严加责惩。但伊等虽声称王加玉等六名先往双城堡去讫，究未奉有札文，似难指实。若备文呈请，相距两省，一时难见复。除将王加玉等六另文呈报迁移外，今将余丁王加玉更换洪加顺顶补，二起正丁王加贵、王加招、王安现、王安守、王安卿等更换张君辉、王廷功、王廷立、王廷英、徐成旺等顶补，理合声明，连人一并呈送。又据正黄旗防御塔斯哈、骁骑校霍兴阿等呈称，职旗奉文余丁增为正丁未到双城堡之连住，现已病故，呈请将良保顶补。再黄文富亦系余丁增为正丁，因系只身，并无眷属，碍难充丁，请将令贵顶补之处，理合声明呈请各等情，呈递前来。除将各旗保送之闫士有、洪加顺、良保等造入拨往丁册内押送，理合备文声明呈报。伏祈衙门查照施行。据此。查刘二小子、王加贵等十名已经归入二起正丁项下，该管族长既报称伊等已携眷赴双城堡去讫，自应行查确实，方可核办。相应飞咨吉林将军衙门，希即查明刘二小子等十名有无携眷到吉。如已到彼，是否收入正丁项下之处，速为咨复可也。等因前来。随查由金州未奉札文、私行携眷前赴双城堡之镶黄旗汉军车述佐领下，本年应拨双城堡顶补刘之魁正丁之刘大小子、新增正丁刘二小子、金广义、刘振荣、周永富、正黄旗汉军韩龄佐领下余丁增为正丁之王加玉、二起应来正丁王加贵、王加招、王安现、王安守、王安卿等十一名均未到吉，想系道路泥泞，不能行走，尚在中途。本衙门即刻札饬该处，查问屯丁刘大小子等已未到之处，另行咨复外，详核屯丁刘二小子等因，拟拨双城堡垦地，将本处产业折变携眷而来，今将伊等额缺另行更补，伊等到吉均无栖止，恐致失所，俟伊等到吉日，仍行拨往双城堡右屯充补原缺，其伊等之缺更补苏拉闫士有、苏直义、曹广茂、曹广荣、洪加顺、张君辉、王廷功、王廷立、王廷英、徐成旺等十名。该城守尉业经挑选送省，如若停其前来，亦致失所。双城堡右屯现有逃故屯丁之缺，尚未补四十余名。希即转饬该城守尉，即刻将更换等连家属一并拨来，毋误春耕。每丁只给半分迁费银四两。再查因只身无眷更换正丁黄文富即黄富，系去岁本衙门查照贵省咨送该丁等户口册载实有妻金氏，年二十二岁，始行增为正丁，咨覆贵衙门在案，今该城守尉将黄文富即黄富更换，另挑苏拉令贵顶补缘由，请烦贵将军衙门转饬该城守尉，查明屯丁黄文富即黄富究系有无家属，如有家属，仍将黄文富即黄富拨往充补原缺。其挑选更换屯丁令贵，亦令前来，充补右屯屯丁，亦给迁费银四两。相应飞咨贵将军衙门查照办理外，仍飞饬双城堡协领转饬左屯佐领等，将本年由金州未奉札文私行携眷来之屯丁刘大小子、刘二小子、金广茂、刘振荣、周永富、王加玉、王加贵、王加招、王安现、王安守、王安卿等十一名已到未到之处，速即查明详报可也。

嘉庆二十五年二月十八日

　　为札饬双城堡协领遵照办理事。查得双城堡中屯系嘉庆十九年奏准设立，于吉林各省拣拨屯丁千名，移驻该屯。应开之地自二十一年起至二十四年止，仍未能照原奏开齐二万垧之数，该屯丁等陆续潜逃，今即将中、右二屯潜逃各缺再行拣补送往，仍不免再有逃逸。本衙门现定章程，将已逃各缺停其拣送，其遗缺由奉省随来有眷余丁内拣补，令其开垦足二万垧之数。再查中、右二屯虽均系吉省之人，去岁本衙门将右屯潜逃宁古塔之二百二十二名丁缺酌拟均由奉省拨补之处，咨行盛京将军在案。续据盛京将军咨称，如数派拨丁二百二十二名。等因前来。是以右屯亦有奉省之人。今逃缺仍以奉省各丁指补，令其同省同具，彼此相安，以资开垦，最为妥善。相应札饬双城堡协领知照，将中屯逃丁缺山右屯有眷屯丁内拣补，其所遗右屯之缺，亦由奉省随来有眷余丁内补足可也。

嘉庆二十五年二月十八日

　　谕双城堡中屯协领、佐领、骁骑校等知悉。查中屯原派屯丁，系各旗出保、年力精壮、并无残疾、愿往之人。迨后屡报脱逃，并查有老幼残废，自系该协领、佐领等不以公事为重。初到之时未经详细查验，到屯后，又不善抚驭所致，未免有负职守。今已五年之久，仍有脱逃，大不成事。推原其故，总系该协领、佐领等漫不经心。补到之人，不将伊等应得地亩、牛只、车辆、布匹、农具、家什一一指交明白。屯丁初到，一切未谙，又少器具，不知地在何处，任听在彼同具之人指使，是以到彼复逃，未必不由于此。现在中屯所缺丁额原系某旗，今既以右屯该旗之丁迁补，到时必将伊等应得地亩、牛只、车辆、一切农具、家什，该佐领、骁骑校率领屯达一一按名指交。其逃丁携去各物，该处俱已照数赔补，无虞短少。倘有年久损坏之物，亦应据实呈报，官为补给。此次补额之后，该协、佐领等务须善为开导教谕，严行约束。如再有脱逃，按翼逃至三名，即将该佐领、骁骑校记过一次，过至三次，将该协领记过，将该佐领、骁骑校重办示惩，决不姑宽。将此并谕知右屯佐领、骁骑校一体照办。再查屯丁每人地三十垧一块，去岁曾同左、右二屯一律札交，按块分界，绘图呈报。左、右二屯已如期报到，而中屯至今未见报来，该协、佐领等所司何事？况初立之时，已曾札交每丁三十垧一块，图已恭呈御览在案。而今五年之久，岂有仍未分清地界，将来移驻京旗，何以按块指交。此即该协、佐领等不以公事为重，漫不经心，办理不善之明验也。尔等细思，可乎？否乎？谕到再给限一月，务将四十屯地亩，随其地势，照左、右二屯，按三十垧一块分清绘图呈报。如再迟延，定行参办不贷等语。准此。相应札饬双城堡协、佐领等遵办。须至札者。

嘉庆二十五年二月十九日

为札饬事。查双城堡左右二屯移驻屯丁二千名，每名应领地三十垧。现今即系开垦之年，如不酌定章程，该丁等冀图多得地亩，不留横直荒隔，渐至开垦成段，日后难免无互相争竞。是以本衙门将该丁等应开垦荒地三十垧，酌拟章程，计二段横直俱留六尺宽荒隔一条，即父子兄弟亦按段留荒隔三尺，毋得任其连段开垦。如违，必加责惩等因。饬交该司将开荒地段章程图印一千五百张，转发双城堡协领，到日即行转饬三屯佐领等，各该管屯丁按照每幛分给二张，照此图段荒隔开垦毋违，须至札者。

嘉庆二十五年二月二十八日

为飞札双城堡协领遵照事。本年五月十一日，据德协领等来禀称，新补右屯左翼已到屯丁十一名，右翼已到屯丁四十三名，并未将到者系左屯帮丁，抑系右屯帮丁，是何旗佐、名姓，某城之人，现安置某屯，均未开载。又云左屯帮丁愿随父兄耕种，不愿赴右补丁。又云册虽有名，并无其人。又云册内无名有眷，请补屯丁者等语。均无名姓旗佐，无凭考查，殊属含混。再前此德协领等未经按屯亲勘，面加开导，率听该章京约略之词俱禀，殊非实心任事之者。着申饬外，相应札饬双城堡协领详查各帮丁内，不愿补丁者究系何人，应各取具不愿充丁结呈字据。若任听领催等高下其手，概云不愿往补，殊不成事。如此办后，实不愿补者若干名，再无可补之人缺额几名，据实详报，以便本处随宜签补，断不可迟。速速。特札。

嘉庆二十五年五月十二日

为咨行事。查得前为双城堡屯丁屡逃，曾经严谕各旗，务择安分务农之人送往。乃各该旗不思屯田大事，认真办理，率以老幼不堪耕作之人充数补丁，几致屯务废坏，是何居心？抑不以公事为重耶！本应将协、参领记过示惩，姑俟此次挑补之人到屯，若仍有脱逃，定行记过办理。其各佐领、章京、骁骑校等各记大过一次，以观后效。各领催等先责二十七鞭，罚赔该屯丁领过迁费钱文、衣裤、器具，如不速为赔出，即行斥革，领催仍再鞭责发落，其钱文等令该旗佐分赔。再伯都讷、阿勒楚喀副都统衙门及打牲乌拉协领处拨往双城堡中屯垦地之苏拉内，亦有老幼不堪耕作之屯丁，是以将花名抄单粘连文尾，咨行各副都统衙门，并札饬打牲乌拉一体遵照办理，仍将应行记过佐领、骁骑校等咨报本衙门存案备查外，至吉林各旗应行记过佐领、骁骑校等一并开单札付兵司查照可也。

嘉庆二十五年五月十二日

计粘单一纸

今将承保拨往双城堡老幼屯丁应行记过之佐领、骁骑校等花名列后。计开：

镶黄旗苏勒芳阿佐领下屯丁多隆阿年六十三岁、屯丁三保年六十三岁，此二丁系佐领苏勒芳阿承保。

灵山保佐领下屯丁托凌阿年七十岁，此丁系参领兼佐领灵山保承保。

正黄旗色布青额佐领下屯丁窝合太年六十七岁，此丁系署理佐领事务佐领德山承保。

正红旗富勒胡那佐领下屯丁图桑阿年十七岁，此丁系署理佐领事务防御荣明、骁骑校常安等承保。

镶白旗额勒洪额佐领下屯丁唐保年六十四岁，此丁系骁骑校今升授佐领德楞额承保。

镶红旗依克精额佐领下屯丁海青年六十四岁，此丁系佐领依克精额、骁骑校富勒栋阿等承保。

正蓝旗明泰佐领下屯丁德保柱年六十四岁、银柱年五十六岁，此二丁系署理佐领事务骁骑校巴钦保承保。

德楞额佐领下屯丁六金保年十六岁，此丁系骁骑校西蒙额承保。

色克金保佐领下屯丁六十一年六十七岁，此丁系佐领色克金保承保。

扎隆额佐领下屯丁班思那年七十一岁，此丁系由佐领今升授协领扎隆额，骁骑校齐布僧额等承保。

镶蓝旗丰盛额佐领下屯丁依克精额年六十四岁，英保年六十二岁，此二丁系佐领丰盛额承保。

蒙古正黄旗巴图鲁佐领下屯丁佛保年十六岁，此丁系佐领、巴图鲁、骁骑校富忠阿等承保。

鸟枪营镶红旗屯丁贾万刚年十五岁、刘成忠年十六岁、徐宗才年十七岁，此三丁系署理佐领事务佐领依凌额、骁骑校葛兴辅等承保。

正蓝旗徐恒佐领下屯丁刘付年六十四岁，此丁系骁骑校郭美承保。

乌拉：正丁丁柱年六十五岁，正丁付常阿年六十四岁，正丁付升年六十九岁。

伯都讷：正丁良德年十六岁，正丁阿克敦阿年十四岁，正丁窝奇里年十四岁，正丁六十二年十六岁，正丁百岁年十七岁。

阿勒楚喀：正丁付禄年六十五岁，正丁永德年十五岁，正丁德克金保年六十一岁。

拉林：正丁付隆额年六十岁，正丁官寿年六十一岁，正丁双有年十六岁。

为再行札饬十旗、乌拉协、参领明白晓谕拣补之屯丁补给器具，并咨行各城事。查此次双城堡中屯查出病故残废脱逃并逾岁未及岁屯丁九十七名，行令各该处立即拣选不致潜逃族大丁多殷实旗丁补送，将所补之缺以三年为限，令其于嘉庆二十八年交租，其嘉庆二十七年应纳租粮夺将军设法代为筹补，以符原差，现在牛只俱全，其窝棚损坏之处，已饬中屯协、佐领俱限五月内全行修整。其应得农器、家具，若系年老年幼逃亡之缺，系该佐领拣送失宜，即由该佐领赔给。若系病废身故之缺，本将军筹划补给。各该佐领务必按档挑拣殷实务农、族大丁多、年力精壮之苏拉，明白宣示，令其携带妻子兄弟前来，出具不致逃亡图结。该协领按档复查，加具印结，令其领取牛只、车辆、器具，携眷速赴双城堡屯所。如再逃亡或身故并无帮丁承业者，应纳租粮即着落该协、佐四六分赔外，仍行参处，一并写入结内，申送存案，并将应赔迁费、器具等项开写粘单，于五月初三日札饬十旗乌拉协、参领遵办外，并咨行伯都讷、阿勒楚喀副都统衙门在案。但查前设中屯，每四丁只给一分器具，现今亦有损坏，各旗苏拉等莫不共闻。此次挑补缺丁，多有不愿前往，恐难以拣补。是以复行筹划，将现补之丁，每丁各给器具一分，内有并非应期当用之件亦只二丁公共一件。该苏拉等到彼，现有已开熟地，器具又复齐全，应交粮石令其于二十八年始行交纳，该丁等自必踊跃争先愿往。兹将拟给各项器具等物开单，再行札饬吉林十旗协、参领等转饬该佐领等，迅即照单明白晓谕各该旗苏拉，统限五月二十日拣齐。仍查照前札造册加结，连人呈送备验外，并咨行伯都讷、阿勒楚喀副都统衙门转饬各该协领及札饬乌拉协领一体办理，将所补之丁派兵径送双城堡查收，并饬知双城堡协领可也。

嘉庆二十五年五月十三日

拟给新补中屯屯丁器具列后：

每二丁车一辆　　　　　　每二丁铡刀一把（床全）

铧子一条（二人一个）　　犁碗子二人一个

锄一把　　　　　　　　　镰刀一把

大斧一把　　　　　　　　铁锹一把

镢头一把　　　　　　　　水桶一副（扁担全）

缸一口　　　　　　　　　盆一套

席一领　　　　　　　　　木瓢一个

铁勺一把　　　　　　　　碗二个

口袋一条　　　　　　　　靰鞡一双

迁费钱十吊（搬眷赴屯方给）

棉衣棉裤各一件（九月方给）

中屯原有牛一条，地三十大垧

铁锅一口　　　　　碾子四人一盘

口粮（自到屯之日每月一斗五升，支给一年）

喂牛豆（每月五斗，支给六个月）

磨四人一盘

　　为札饬妥协遵照理事。本衙门于六月二日，着原任知县窦令前往双城堡，与该协领筹商，务将三屯屯丁善为调剂足额，其各应得房间、器具，必按名指交，安置得所。秋后有未给棉袄、棉裤之屯丁，核明发给。新添井眼，必讲大做，九月内开工，十月内告竣。前给各丁地三十大垧，有呈诉不足数者，曾各发给步弓，每丁地纵横均三百步一块，即足三十垧，秋后令各丁丈量足数，四面钉桩，仍各留荒隔三尺。二块合并即得六尺，庶眉目清楚，并可作车路，永免侵占争端。此外一切如有未周妥者，并宜熟商设法办理周妥，立定章程，以期一劳永逸。并善加开导劝课，使各知利益，安居乐业，渐臻富庶，是所厚望。官兵内如有不尽心公事者，据实揭报严办外，并札双城堡协领一体遵照办理。切切。特札。

　　　　　　　　　　　　　　　　　　　　嘉庆二十五年七月初一日

　　为札饬作速招商认领事。嘉庆二十五年六月十三日，本衙门附片具奏。双城堡中屯屯丁添补器具，请动参余银二万两，分交殷实铺商，每月一分生息，五年掣回归还原款等因，奉朱批：依议办理。钦此。钦遵。相应札饬理事同知，刻即招募殷实铺商，将此贾项生息银先发一万五千两分领，必须各铺联环五保。其余五千两明年再发。每两每月取利一分，库平发，库平收，五年为满，归还原款。其息务按月底收齐备文，申送将军衙门，以备酌量添买中屯器具外，仍将招得认领铺商姓名。商铺字号造具清册，钤盖印信，呈送本衙门，以备当堂发给该商等具领，勿致延缓。特札。

嘉庆二十五年七月二十六日

为札饬遵照办理事。本年八月初一日，据查办双城堡屯田原任知县窦令禀称，总核镶黄旗五屯五年倒毙牛三十四条，孳生亦三十四条。原领乳牛十六条有全未孳生者，据云使用太重，未入群之故。有孳生一、二、三、四条不等者。据云有冻死、狼伤等故。有孳牛之乳牛又孳生者，有孳生乳牛竟不孳生者，有隐匿不报而查出者。看来隐匿而查不出者尚多，且恐不无私卖之弊。其孳生少而复死伤者，乃不肯用心喂养之故。缘人人各怀私心，群牧喂养，不无劳费，恐入官仍归乌有。心传已剀切晓谕，言尔等初领乳牛不能得力，今既生犊，断无入官之理。尔等牛只既多，正可雇人多开地亩，即无工钱，亦可招人，给以牛只，四六分种，或使给租。此后人知牛为己有，孳生或可更多。因思此项乳牛如系在官喂养，则孳生可抵倒毙，永省采买劳费，应请于倒毙节省项下动用银两，趁此秋草未枯，中、左、右三屯各买给乳牛三四十条，牛七八条，俾令牧养孳生。择近苇塘之处立圈，以资饮放。一有倒毙，即可补给，免致误耕。其有一丁种地过八垧者，如无孳生之牛，添给官牛一条，以示鼓励。是否可行，伏望核定，等因具禀前来。查来禀内称，采买乳牛、牤牛，俾令在官喂养，孳生牛只，以备抵补倒毙，以免采买等语。据此。此衙门已咨伯都讷副都统衙门，由蒙古界内采买乳牛二百条、牤牛十五条或二十条，务于八月二十日以前径行解送双城堡，俟到之日，该协领照数查收，官为经理。唯中屯原给器具较少，其有种地已过十垧又无孳生之牛者，准添给官牛一条，以示鼓励。至屯丁等孳生之牛并不入官，均为本人应得，以备多开地亩。已曾面谕几屯，但未出示遍行晓谕，以致尔屯丁等妄虑入官，不肯用心喂养。是以本衙门将孳生牛只准给尔等永为己有缘由，录写告示二十七张，钤用堂印，饬发双城堡协领，立即委员在公所及各旗明白晓谕，务使周知。特札。

嘉庆二十五年八月十四日

谕双城堡协领舒精额遵照事。适据窦知县禀册内称，双城堡新拨屯丁内有并未携带眷属只身到屯，又屯丁等应得农器尚未给领，又房屋亦有未安门窗等因。查得前经本将军札饬，今年移拨屯丁均令携眷，一并前往，如有只身赴屯，该协领即时驳回具报，因何并不驳回。屯丁等开种地亩，全赖农器，虽有人，农器不能全得，何以力田。房屋未安门窗，该丁等到屯如何栖止。

窦知县甫至该处，即能以官事为重，按临屯次，详细查报，本将军略知其概。该协领受皇上恩赐三品职衔，又系总办双城堡事务之人，各项事件理应照章程细心办理，何得草率，不以公事为重，又效明保乎。接到此谕，即将未携眷属到屯之丁等因何未能驳回，并农器亦未能全行发交屯丁收领，房屋俱未能安装门窗之处，查明禀复。以后凡事必须令该佐领、骁骑校等查照窦知县所办事件，细心核理，毋效明保怠惰败坏，致辜吾厚望也。特谕。

嘉庆二十五年八月十六日

谕双城堡中屯佐领明保知悉，尔前在双城堡，为办屯务不善，将尔从轻降撤。今窦知县赴该处帮办，尔当按屯清查，同该令认真据实查明造册，具禀前来。此册汝当照抄一分，在在留心，赴屯黾勉从事，将屯丁等视如子弟，俾其家成业就。此事期尔运以实心，加以实力，不辞劳瘁，不避怨嫌。懒惰者教诫惩警，勤勉者诱掖奖劝。尔宜追悔前非，身自加策，而用以策人，吾甚望，汝勉焉。如仍前怠惰，泄泄沓沓，断不能与尔姑容。接到此谕，宜振作自奋，毋乖职守。将此谕并令舒义知悉，尔等各宜凛之。

嘉庆二十五年八月十九日

为札饬遵照办理事。本将军于本年正月初六日奏准，头起移驻双城堡京旗官兵、闲散于道光四年正月自京携眷起身等因，折内声明于道光二年砍木备料，三年盖造。因思前于嘉庆二十四年盖造左、右二屯公所、官兵住房，至次年添移官兵时时尚未盖齐，致令该官兵一到屯竟不得栖身之所。是以本将军于续经召对奏改，自道光元年砍木备料，二年盖齐，三年修整门窗户壁，四年头起官兵、闲散一到即可居住，不致有误耕作。所有头起闲散二百户住房八百间，除另委员于二年春融兴工修理预备外，查四年先行移驻京旗佐领一员应得住房八间，骁骑校一员住房六间，领催二名住房各四间，先由奉天、吉林两省裁拨甲兵十五名住房各三间，共应先盖官兵住房六十七间，仰该协领于中屯两翼佐领、骁骑校、笔帖式内派出一二员，遵照本将军面奏章程，于本年购料并觅匠役，二年春融，照左、右二屯官兵房间尺丈，地基台阶比院高一尺，灰素土筑打结实，安柱脚石，竖立柱木，或用大方砖下墩灌浆，妥为修盖。该协领就近常川监视。二年盖齐，三年修整门窗户壁，以便四年春令该官兵携眷到彼即可居住当差。以后官兵前来之时，均预为照此建盖。该协领等务宜遵照，实力办理，毋得草率干咎也。仰该司除札饬该协领等务宜遵照实力办理外，并札知工司咨行阿勒楚喀副都统衙门备办可也。须至札者。

右札户司。准此。

道光元年二月十五日

为咨行事。案据双城堡协领舒精额禀称，移驻中屯吉林镶黄旗付官保佐领下弃眷逃丁英申保、只身逃丁莫尔根、额穆舒，同旗倭西洪额佐领下只身逃丁舒通额，同旗苏勒方阿佐领下只身逃丁萨林阿、萨林保，正红旗额通阿佐领下弃眷逃丁巴陵阿、蕫生额，同旗花陵阿佐领下弃眷逃丁色生保，镶红旗依勒东阿佐领下弃眷逃丁贵保，正蓝旗德楞额佐领下只身逃丁八十六，镶蓝旗明山佐领下弃眷逃丁德克精额，同旗和常佐领下只身逃丁巴彦保，同旗明保佐领下只身逃丁西布察拉，蒙古正红旗苏勒方阿佐领下只身逃丁克精额，伯都讷正白旗舒通阿佐领下弃眷逃丁恩特和默，同旗博逊保佐领下只身逃丁新卜，再新卜之缺充补到屯即弃眷脱逃之屯丁依屯保，又只身逃丁额禄，镶黄旗富常佐领下只身逃丁胡新保，镶白旗法凌阿佐领下弃眷逃丁色勒金保，镶红旗乌尔滚太佐领下携眷逃丁乌浑保，正红旗德凌佐领下弃眷逃丁章保，阿勒楚喀镶蓝旗扎库启佐领下只身逃丁门德，乌拉正黄旗胡新保佐领下弃眷逃丁富通阿，右屯吉林正黄旗德升佐领弃眷逃丁何绷额，镶蓝旗德庆佐领下连眷逃丁索霍雅，鸟枪营正白旗穆通阿佐领下弃眷逃丁杨永昆，镶蓝旗依凌额佐领下弃眷逃丁刘兴起，同佐领下弃眷逃丁刘君才、王则。各旗佐花名开单，具禀前来。据此。查前为双城堡屯丁屡逃，曾严谕各旗，务择安分务农之人送往，暂免将协、参领记过示惩，姑俟挑补之人到屯，仍有脱逃，定即严行记过办理。其各佐领、骁骑校等均记大过一次，以观后效。漫不经心各领催等，各责二十七鞭，罚赔该屯丁领过迁费钱文、衣裤、器具，饬遵在案。是原为因时核酌办理。兹据该堡呈报中、右二屯屯丁，一屯脱逃一名至六名不等者。唯查中屯设立已久，且明年即系征粮之期，尚复陆续脱逃，成何事体。除双城堡协、佐等官分别记过注册外，其原派之各旗佐每旗每佐领下所派之人数无几，果能认真选拨，何致屡次潜逃。乃均以老幼不堪耕作之人充数补丁，不以公事为重，殊属不合。若仍照二十四年酌定章程，分别脱逃之人数记过注册，不足示惩。所有此次逃丁所属各旗佐，无论脱逃名数，协领着记过六个月，佐领、骁骑校记过一年，原派之领催责革。如此办理，庶各旗均知儆畏。相应分晰，开写旗佐、花名，粘连文尾，咨行伯都讷、阿勒楚喀副都统衙门查明咨报外，并札饬各旗及打牲乌拉、双城堡协领一体遵办，仍将应行记过各官札付兵司查照可也。

道光元年五月初四日

为札饬遵照办理事。本将军于正月初六日恭折奏准，头起移驻京旗闲散住房于二年砍木，三年修盖二百户住房八百间，四年正月移送闲散二百户前往双城堡安业。以后每年盖房八百间，移驻八旗闲散二百户。陆续盖房十五年，移驻闲散三千户。并拟定款单内移驻头起之年，添派京旗佐领、骁骑校各一员，领催二名，由盛京、吉林裁拨甲兵十五名，均与闲散等一例携眷前往，必须预为盖房。因思前于嘉庆二十四年派委佐领和昌、色布青额各修盖官兵住房三百余间，至二十五年官兵来时尚未盖齐，以致该官兵等到彼，多有不得栖身之所。此后移驻京旗闲散住房每年八百间，较前所修之数更多一倍有余，若照折奏二年砍木，三年始行动，土势必迟误，是以本将军于名对时复行面奏，改自道光元年砍木备料，二年动工修盖，三年修齐门窗户壁，妥为预备，四年闲散一到，即分指居住，以后连年如此，预为建盖。承办各员务即遵照本将军面奏章程，自本年为始，于前三年砍木备料，前二年盖房，前一年将门窗户壁全行修整齐备，应用各项器具总期结实，视同自用，方于闲散有益。按年预为筹备置办齐全，俾将来闲散等到时各得其所，不误耕作。除官兵住房另行委员修理外，所有责成修盖左、右两翼闲散等住房，并置办一切农具、家具总办、承办员弁及应办事宜条款，开列于后：

一、委拉林协领永海、知县窦心传总司修盖两翼住房及置办一切农具、家具。

二、中屯左翼递年盖房四百间，兼置备本翼一切器具，承修承办官派佐领依凌阿、明泰。右翼盖房四百间，兼置备本翼一切器具，承修承办官派佐领和昌、色青额各司其事。预筹妥协，临期不致贻误。倘有不齐，责有攸归，恐不能当其咎也。

三、该员等预觅盖房匠役，照双城堡左、右屯官兵住房修盖于兴工之前，将做法、修造丈尺绘图呈阅。每户一所计正房三间、耳房一间（另有发给盖房垛墙式样尺丈清单）。

四、招商开设砖灰窑以备应用。合计连盖房十五年，陆续应盖房一万二千间，应用砖灰为数甚多，承修各员须速招商人于附近地方开窑烧造砖灰，便于工作。

五、闲散等递年应用车辆、木柜、条桌、机凳及水桶、木槽等项，以及零星木器，为数不少，该员等应筹议招商，开设柜箱木匠铺，以便就近购买。

六、招商开设铁器炉铺，以利耕作。屯田农具应用铁器，锄、镰、锹、镢、斧、锯等类不少，该员等应预在该处招商开铺立炉，就近交易。即偶有损坏，亦可随时修补。

七、应用农具、家具及油盐、鸡猪等项，该员等核计奏准单内详细筹度，应由何处采办置买，或在双城堡开铺备用，应向该铺商等言定，均运送至中屯公所点收，照数发价。

以上各条系专委该员等承办，务须随时妥为办理，不得稍事草率塞责。将来诸事若能悉归得当本将军、副帅必加鼓励。倘不实心任事，致有贻误，亦必严参不贷也。仰该司抄录奏定应用各项款单，并盖房式样清单，分札专派各员遵照办理外，所有闲散等应用耕牛，本衙门另咨伯都讷副都统衙门委员采买，按年送屯分交。亟应札知工司及同知，并咨行阿勒楚喀副都统衙门可也。须至札者。

修盖两翼闲散住房式样单：

盖造房间俱要五檩五楞，刨槽五尺，灰素土筑打结实，安柱脚石，坚立柱木高八尺五寸，或用大方砖下墩灌浆，方可巩固结实。地基台阶比院高一尺。正房中间开房门，门内西排插一道，东梁底南北板隔断一道，偏南开门。内间东西隔断板一槽，中间留门。北间作为倒闸，倒闸内就东山墙开门，通耳房。正房西屋南、西、北三面匸字炕三铺，倒闸内西面砌锅台，灶通北炕。南北炕宽五尺余，西炕宽三尺。东间屋内靠南窗大炕一铺，宽五尺余。正房中间夹门窗四扇，两稍间上支下摘窗四扇，中间后面上支下摘窗二扇，东屋倒闸内北面留房窗一个，亦上支下摘，以便屋亮，烧火出烟窗户塌板均厚三寸。屋内倒闸前木板棚一间，里外屋条砖墁地，台阶亦用砖砌，院墙偏正房之东栅栏院门一，合系青龙门，最吉。再，耳房前面偏东开门，门西框旁上支下摘窗一扇，靠窗五尺余南炕一铺。灶通内间屋南炕，门旁西边贴炕东排插一道。右札户司。准此。

道光元年二月十五日

为札饬遵照事。户司案呈。奉堂谕：所有现在双城堡呈报该管各官等应行分赔逃丁携带农具银钱实在不能分赔缘由，着再为详议具复等因。蒙此。职等查该堡原文内开，各该旗送到素不安分之丁，不会耕作，在原籍有父祖遗产尚不能守，到此荒郊岂有竭力农务之心？更为游手无赖之徒，在原籍将家产倾荡，不顾身体，该旗佐押派来屯，焉有恋妻子之意，以致屡送屡逃，耽误开垦。似此之丁，职等虽不时开导责惩，总不知务农安业，仍有抛弃拐物脱逃。责成协领及该翼官兵分赔，未昭平允等语。查双城堡设立协、佐领等官原为劝慰各屯屯丁及时开垦播种，以备陆续移驻京旗送到顶补之新丁，该堡协、佐领等官自应留心查验人之强弱，细询能否耕作，妥则接收安置，若系不能耕作之人，即据情声明，驳回另选，方为核实。乃彼时该堡协、佐等官并不查验，止于照数接收呈报，直至屯丁脱逃时始委过于各该旗送到素不安分不会耕作之丁，不听开导，因而屡送屡逃，该协、佐领等官实不能分赔等词呈报。试思该堡各官所司何事，若据报全行责成各该旗分赔，不惟与前拟章程不符，且无以示区别。职等详议，嗣后有眷之丁脱逃，责成该堡协、佐等官分赔三成，该旗分赔七成，如此酌定饬遵，俾得重职守而专责成。又原文内开双城堡官兵差务纷繁，苦累至极，别无生财之道，仅每季应得俸饷银养赡身家，尚不敷用，焉能替逃丁分赔器具等语。查该堡官兵均系本衙门派往之人，所有省城差务情形伊等无不周知，岂得以该处差务纷繁、应得奉饷不敷养赡等词塞责，殊属非是。应请毋庸置议。再查奉省该旗签送各丁，该管官均有不致脱逃拐骗农器等物保结。嗣后各该旗如有补送屯丁，亦令各该旗取具不致脱逃拐骗农具保结，并责令该堡协、佐等官如接收补送新丁之时，亦取具实系力田务农不致脱逃保结，呈报本衙门，互相稽查，庶可两无推诿矣。职等奉委详议缘由，是否可行，理合禀候核夺，饬知遵行等因。于五月初十日奉批：着即照议办理可也。等因蒙此。相应札饬双城堡协领及吉林十旗协、参、乌拉协领等一体遵照外，仍咨行伯都讷、阿勒楚喀各副都统衙门查照可也。

道光元年五月十二日

为咨行事。据双城堡协领舒精额呈称，移驻中屯镶红旗三屯吉林镶红旗永奎佐领下携眷逃丁付奎、同旗付亮佐领下只身逃丁萨英阿，又移驻右屯正红旗五屯吉林正白旗图勒彬佐领下弃眷逃丁顶住，又正黄旗二屯鸟枪营正黄旗付金太佐领下弃眷逃丁杨奎武，又正蓝旗头屯伯都讷正蓝旗巴尔精阿佐领下携眷逃丁嘎达等，将该丁等旗佐花名开单呈报前来，据此。查本衙门前据该协领呈报中、右二屯逃丁，业经分别记过，责革示惩，饬办在案。兹复据报脱逃屯丁五名，相应遵照现行章程，分别开写旗佐花名，粘连文尾，咨行伯都讷副都统衙门查照咨报外，并札饬正白、镶红协领、鸟枪营参领及双城堡协领一体遵办，仍将应行记过各官移付兵可查照办理可也。

道光元年五月十四日

为札复遵办事。本年六月十三日，据双城堡协领详文内开，查分赔银物，户司原议双城堡官兵全行赔补，嗣经窦知县议减分赔六成，蒙札准行。职将该旗佐不肯签送妥丁，屯官等无力分赔缘由，俱详户司，议减分赔三成，蒙札饬知到案。职等理应遵办，何敢再渎？但事必期于可行，弊当究其所起。该旗佐签送各丁如肯将殷实务农、族大丁多之户择使充丁，取其合族保结，其兄逃则送其弟，衣物毋容另给。其子侄逃则送伯叔，衣物同族出保之人亦可以公赔。
何必旗佐受累乎？无奈该旗佐各徇情面，领催、兵或贪贿赂，此等情弊，皆在
明鉴之中。所以每有逃丁，旗佐分别记过，领催、兵分别责革。五年以来，办
理如一。自二十四年乃并职等记过，职等已属无妄之咎。至于分赔银物，职等
不但力有不能，且恐一认分赔，原旗佐赔项愈轻，签送更不留意，实于公事有
碍。户司原议谓该堡各官所司何事，职等所司之事，请略言之。中屯屯丁千名，
自职等去年、今年先后到屯查核更换者十之二三，其原未到屯催送而来者十之
一二，新丁居其大半。设屯五年，均无寸垅熟地。目前则设法督催，令其御冬
有粮。明年则设法赶办，令其还租不误。虽此炎暑之中，无日不赴屯催耕督耘。
但使该旗佐所送之丁不致逃匿，则明年应还租粮二万石皆职等责任也。倘有不
能还租之户，职等能不赔补足数。若果彼时抗不赔补，推诿原旗佐分认，上烦
宪心，则该司饬职等所司何事，虽百喙难辞矣。若此等锁项押解送到之丁，散
之原野，俾令耕耘，忽然逃去，职等安能禁之？若谓职等不善劝导，其来时又
何必锁项乎？设官分职，各有专司。签丁不妥，亏短银物，应仍令原旗佐全赔。
送到屯丁耽误春耕，田地荒芜，不能还租，职等全赔。现在送到赔补银物，即
有按四成六成分赔者，应请咨札十旗各城，一并补足，等因呈报前来。据此。
查本衙门前以双城堡逃丁应赔器具银两，除只身逃丁着落各该旗全行赔补外，
其有眷脱逃者该堡各官亦不能辞其咎。当经核议，如遇有眷逃丁，该堡分赔六
成，各该旗分赔四成，等因通行在案。嗣于本年五月初七日，据该堡呈报，该
管各官等应行分赔有眷逃丁器具银两实不能分赔，据情呈报前来。本衙门办事
公所，岂能朝令夕改？缘道光二年系中屯交粮之期，倘有不能还租之户，亦应
着落赔补，是以复行酌中减议，该堡分赔三分，各该旗分赔七成，等因通行亦
在案。是前此议以着落分赔者原恐有不能还租之户。兹据该堡呈报逃丁应赔银
两，应请全行着落原旗佐赔补，其田地荒芜不能还租，全行着落该堡。应札饬
双城堡协领及十旗协、参、乌拉协领等一体遵照，并即咨行伯都讷、阿勒楚喀
各副都统衙门查照，如前有以四成六成分赔者，即查明，按名以十成补送可也。

道光元年六月十八日

为札复遵办事。本年六月二十六日，据查办双城堡屯务知县衔窦心传呈禀
内称，中屯屯丁房屋原定基址东西不平，南北不直，将军查屯时曾经亲见。明
年修京旗房屋，左翼尚无妨碍，右翼镶红镶蓝有碍者四户，共房七间，全身在
京旗十一丈界内。京旗房屋断不能避就丁房，致使参差不齐。若让使丁房连占
十八丈，京旗连占二十二丈，则让出之户无碍，而迤东迤西妨碍者更多。正红、

正黄亦尚无碍，然将来八旗均不免妨碍久处。若令屯丁重拆重修，力亦不支。中屯原设各官均降革，现止舒骁骑校一人。询据声称，定房基时，伊赴山砍木，并未经手，又势不能令赔修。现在此四户者自忖必应拆修，心甚怖恐。其余将来有碍者，亦皆疑虑莫释。屯丁今年少觉安堵，再有摇动，更难鸠集。本年修盖京旗房二百间，有碍者才七间屋。四户内有父子兄弟同具者，故四户七间也。系错地位，并非连脊占宽。即连脊五间，不过占六丈，焉能出九丈之外，况连脊并屋。去年查屯图，别处犹为留空房场一处，未令便占京旗地址。心传辗转思维，一年拆修七间，五年亦不过三十五间上下。心传已安顿此四户，令其放心，如拆修时，禀明将军，每间帮你们五吊钱添补工料，仍令屯众大家帮做。你们到屯传谕众人安居，无忧失所。此项钱文可在生息项下动用。已嘱舒协领转饬两翼，于锄地完竣后普同查明有碍者共若干户、房若干间，预先呈报。时日舒长，听屯丁随便拆修，且便筑墙添修，永无移动。是否有当，应请指示遵行，等因具禀前来。本将军查，从前查屯，见屯丁压盖不齐，曾谕该协领等勿碍将来修盖京旗房屋之所，今果有此弊，其前任协、佐大是可恨。为今之计，亟宜确明丈尺，必留街巷南北地步，其有碍京旗盖房地基者只好令其拆挪。再刻下屯丁未必人人皆占宽九丈，京旗只足十一丈面宽，即可以不必与屯丁一脊通连。唯相地势，通融为之。如实有窒碍必须拆挪，每间帮钱五千可也。又查盖京旗住房，展东展西，总足面宽十一丈即可。或二所连盖，亦可如此。现在屯丁之房似无窒碍，合行札饬，札到该委员知县衔窦心传、协领永海等详核，务期于事有济，以安各屯丁之心可也。特札。

道光元年六月二十九日

为札复遵办事。本年六月十九日，查办双城堡屯务知县衔窦心传呈禀内称，心传鄙见修房宜照向年之例，将奏定银数全行发给，但饬知改用坯、硬山墙、仰瓦上盖一节，等因具禀前来。据此。查砖坯插丁成砌，似可不必改作，以合原奏。又查本地盖房，仰合瓦两层，二三年即漏，一层仰瓦谅必更甚。一经渗漏，望板、椽木均行糟朽。草房从不致漏，至风刮之说，亦在住房之人防范。昨在口外八面城等处，及黑龙江全省均系草房，亦未见被风刮坏，况此次京旗苏拉均系原来之人，既属栖身之所，岂不留意？今在屯即可鉴也。如盖仰瓦，必应加价，十五年之久，以何项加添。且系奏定，不便更张轻议。再草房畏风，可知照委员每房脊做安马架，两山压梢压檐，不过费几根椽木，可再无虞。伊等三年保固，更可放心。查例载，黑龙江修建茅草黄土房屋，照各省粘修瓦房之例，保固三年。其些小粘补工程，保固一年等语。相应札复该委员并承修工员等，将应修京旗房屋仍照原奏修盖，毋庸轻议更张可也。特札。

道光元年六月二十九日

　　为札饬给发执照遵办事。户司案呈。本年六月十九日，据查办双城堡屯务知县衔窦心传禀称，王祥木局卢永宽，丰润人。万和号张希孔，乐亭人。两家开设官木铺，房基指给西城门外，宽三十丈、深四十丈各一处。该商等因种菜堆料尚须空地，情愿于房基后领种荒地各十垧。广太号李国宝，历城人。本小，只卖零货。其开设木铺，房基给西大街宽二十丈、深四十丈一处。该商因城内无种菜处所，情愿在西城门外留出临街地四十丈，挨卢永宽荒地领种十垧，言明房基，自道光四年起十八年止十五年内，制造移驻京旗器具，毋庸出租，嗣后房基、井眼归伊自管。城外每年出房基钱二十吊，城内每年出房基钱四十吊，但在四至以内，无论添设何铺，永不增租。荒地十垧，照北封堆内纳钱之例，每垧五百。初年一百，次年二百，以次长至第五年，每垧交租五百文，永不再增，就近在双城堡协领衙门纳租充公。应请由衙门发给印照，俾得安心办公。该商等因此间今年河小无水，回省备办房木。饬司传领执照，催令前来，并札双城堡遵照丈给荒地。再该木商系与本年派委工员写立合同，取其铺保，仍应在衙门具承办十五年毋误保结存案，等因具禀前来。蒙批：该司传集具结后，再发执照，等因饬交到司。遵即传集木商王祥、张希孔、李国宝等三名，取具承领房基开设官木铺，毋误京旗使用器具结呈三纸存查。并给予王祥等所领房基园地丈数，议定纳租年限，钤印执照各一纸，催令赴屯外，将结承及执照抄单粘连文尾，札饬双城堡协领即照文内事理丈给该木商等房基园地，毋误建盖木铺房屋可也。特札。

道光元年七月初二日

计粘单一纸

　　具结呈人王祥木局，今于与结呈毋误器具事。窃因小的在双城堡西门外官街路北靠城门自东徂西领地基宽三十丈，深四十丈，自行建盖房屋，开设木铺生理。自道光四年起至十八年止十五年内，所有制造移驻京旗需用器具不致有误，如有耽延违误等情，小的情甘加倍认赔。所具结呈是实。

　　竖柜六十六口，高四尺五寸，宽四尺四寸，横山一尺六寸。每一口价钱五吊，合钱三百三十吊。

　　高桌六十六张，高二尺七寸，宽一尺六寸，长四尺，抽匣二个。每一张价钱一吊四百文。合钱九十二吊四百文。

饭桌六十六张，高九寸，宽一尺九寸，长二尺九寸。每一张价钱六百文，合钱三十九吊六百文。

火炉六十六个，高一尺八寸，宽一尺八寸，长二尺。每一个价钱七百六十文，合钱五十吊零一百六十文。

马杌子一百三十二个，高一尺七寸，见方一尺六寸。每一个价钱七百文，合钱九十二吊四百文。

以上五宗俱靠木油。

二斤箍水桶六十六副，每一副价钱七百文，合钱四十六吊二百文。

马槽六十六面，每面价钱八百文，合钱五十二吊八百文。

大锅盖六十六个，每个价钱一百六十文，合钱十吊零五百六十文。

小锅盖六十六个，每个价钱一百五十文，合钱九吊九百文。

灯竖子六十六个，每个价钱八十文，合钱五吊二百八十文。

以上十宗共合钱七百二十九吊三百文。

道光元年六月二十四日

具结呈人张希孔，今于与结呈毋误器具事。窃因小的在双城堡西门外官街路北靠王祥木局自东徂西领地基宽三十丈，深四十丈，自行建盖房屋，开设木铺生理。自道光四年起至十八年止十五年内，所有制造移驻京旗需用器具不致有误，如有耽延违误等情，小的情甘加倍认赔。所具结呈是实。

竖柜六十七口，高四尺五寸，宽四尺四寸，横山一尺六寸。每一口价钱五吊，合钱三百三十五吊。

高桌六十七张，高二尺七寸，宽一尺六寸，长四尺，抽匣二个。每一张价钱一吊四百文，合钱九十三吊八百文。

饭桌六十七张，高九寸，宽一尺九寸，长二尺九寸。每一张价钱六百文，合钱四十吊零二百文。

火炉六十七个，高一尺八寸，宽一尺八寸，长二尺。每一个价钱七百六十文，合钱五十吊零九百二十文。

马杌子一百三十四张，高一尺七寸，见方一尺六寸。每一张价钱七百文，合钱九十三吊八百文。

以上五宗俱靠木油。

二斤箍水桶六十七副，每一副价钱七百文，合钱四十六吊九百文。

马槽六十七面，每面价钱八百文，合钱五十三吊六百文。

大锅盖六十七个，每个价钱一百六十文，合钱十吊零七百二十文。

小锅盖六十七个，每个价钱一百五十文，合钱十吊零五十文。

灯竖子六十七个，每个价钱八十文，合钱五吊三百六十文。

以上十宗，统共合钱七百四十吊零三百五十文。

道光元年六月二十四日

具结呈人李国宝，今于与结呈毋误器具事。窃因小的在双城堡西大街路北庙西靠庙地自东徂西领地基宽二十丈、深四十丈，自行建盖房屋，开设木铺生理。自道光四年起至十八年止十五年内，所有制造移驻京旗需用器具不致有误，如有耽延违误等情，小的情甘加倍认赔。所具结呈是实。

竖柜六十七口，高四尺五寸，宽四尺四寸，横山一尺六寸。每一口价钱五吊，合钱三百三十五吊。

高桌六十七张，高二尺七寸，宽一尺六寸，长四尺，抽匣二个。每一张价钱一吊四百文，合钱九十三吊八百文。

饭桌六十七张，高九寸，宽一尺九寸，长二尺九寸。每一张价钱六百文，合钱四十吊零二百文。

火炉六十七个，高一尺八寸，长一尺。每一个价钱七百六十文，合钱五十吊零九百二十文。

马杌子一百三十四张，高一尺七寸，见方一尺六寸。每一张价钱七百文，合钱九十三吊八百文。

以上五宗俱靠木油。

二斤箍水桶六十七副，每一副价钱七百文，合钱四十六吊九百文。

马槽六十七面，每面价钱八百文，合钱五十三吊六百文。

大锅盖六十七面，每个价钱一百六十文，合钱十吊零七百二十文。

小锅盖六十七个，每个价钱一百五十文，合钱十吊零五十文。

灯竖子六十七个，每个价钱八十文，合钱五吊三百六十文。

以上十宗，统共合钱七百四十吊零三百五十文。

道光元年六月二十四日

将军衙门为发给执照事。查得双城堡西城门外靠城门自东徂西王祥领房基一处，宽三十丈、深四十丈，自行修盖房屋，开设木铺生理。种菜堆料，尚须空地，于房基后领种荒地十垧。该商自道光四年起至十八年止十五年内，不误制造移驻京旗器具，房基毋庸出租。迨至十九年起租时，房屋井眼归伊自管。所占之地系在城外，每年出房租钱二十吊。但在四至以内无论添开何铺，永不增租。至领荒地十垧，照北封堆内纳钱之例，每垧纳租钱五百文。自道光二年为始，每垧起租一百文，次年征租二百文，以次长至第五年，每垧交租五百文，永不再增。该商应纳钱文务于十月内，就近在双城堡协领衙门交纳充公，毋得过期不纳，至被追比。如有拖欠，即行追取印照，撤地驱逐。概不准私行典卖，如违，即将授受两造治罪，地价入官不贷。各宜懔遵。须至执照者。

道光元年七月初二日

将军衙门为发给执照事。查双城堡西城门外靠王祥木局自东徂西张希孔领房基一处，宽三十丈，深四十丈，自行修盖房屋，开设木铺生理。种菜堆料，尚须空地，于房基后领种荒地十垧。该商自道光四年起至十八年止十五年内，不误制造移驻京旗器具，房基毋庸出租。迨至十九年起租时，房屋井眼归伊自管。所占之地系在城外，每年出房基钱二十吊，但在四至以内，无论添开何铺，永不增租。至领荒地十垧，照北封堆内纳钱之例，每垧纳租钱五百文。自道光二年为始，每垧起租一百文，次年征租二百文，以次长至第五年，每垧交租五百文，永不再增。该商应纳钱文，务于十月内就近在双城堡协领衙门交纳充公，毋得过期不纳，致被追比。如有拖欠，即行追照，撤地驱逐。概不准私行典卖，如违，即将授受两造治罪，地价入官不贷。各宜懔遵。须至执照者。

道光元年七月初二日

将军衙门为发给执照事。查得双城堡西街路北庙西靠庙地自东徂西李国宝领房基一处，宽二十丈、深四十丈，自行修盖房屋，开设木铺生理。种菜堆料，尚须空地，在西门外张希孔园地西南北取齐，领种荒地十垧。该商自道光四年起至十八年止十五年内，不误制造移驻京旗器具，房基毋庸出租。迨至十九年起租时，房屋井眼归伊自管。所占之地系在城内，每年出房基钱四十吊，但在四至以内无论添开何铺，永不增租。至领荒地十垧，照北封堆内纳钱之例，每垧纳租钱五百文。自道光二年为始，每垧起租一百文，次年征租二百文，以次长至第五年，每垧交租五百文，永不再增。该商应纳钱文务于十月内就近在双城堡协领衙门交纳充公，毋得过期不纳，致被追比。如有拖欠，即行追照，撤地驱逐。概不准私行典卖，如违，即将授受两造治罪，地价入官不贷。各宜懔遵。须至执照者。

道光元年七月初二日

为饬交事。查双城堡官兵均系新设，原无安家器具，随缺地又未开垦得租。

兹闻因无碾磨具，买米食用，未免拮据。且近来官兵俱各认真整饬，众情奋勉，殊属可嘉，应示奖励。着于节省银两内发去银一百二十两，三屯公所每所给银四十两，官立碾磨四五分，大家公用外，所有该处协领以及官兵等应给银两数目粘连文尾，其银均当堂发交关领俸饷之佐领乌伦保带去。到日，该协领查收，照单开数目，均匀分给，稍资薪水，以示鼓励。如有空缺及六月以后新挑者，不必给予，作为存储另用。仍行详报可也。特札。

计粘单一纸

道光元年八月初二日

双城堡协领一员，银一百二十两。

佐领六员，每员银七十两。

舒、丰骁骑校二员，每员银六十两。

骁骑校四员，每员银四十五两。

笔帖式八员，每员银十两。

委官八员，每员银八两。

总屯达二十四名，每名银三两。

副总屯达二十四名，每名银一两。

领催九名，每名银五两。

屯达一百二十名，每名银一两。

十家长二百四十名，每名银五钱。

甲兵一百一十一名，每名银三两五钱。

三屯每屯办碾磨四分，每分银十两。

以上共银一千八百九十七两五钱。

八月朔日，接到禀函，具悉一切。仆拟于八月内查验屯务，原因移驻京旗一事，皇上日勤圣怀，臣下何敢安逸？兼之拉林河北砍伐房木，屡据阿勒楚喀以该处木不敷用，且亦离河太远，必须亲往查验，方能确实。即据禀称，八月尚在农忙。今年节令本迟，改期于九月初旬前往可也。道光四年，中屯应交京旗熟地三千垧，乃系总数，分之四十屯，每屯地七十五垧。二十四丁牛开种七十五垧地，每丁牛合地三垧零，力量有何不足。况五年以来，本有已开熟地，交足五户之地，即免五户之租。伊将熟地留五垧之外，凑交京旗，为数尚不至七十五垧之多也。昨据窦知县回省，将该佐领、骁骑校等所递不误，开交京旗熟地，钤结面呈，已批户司备案。今据该协领禀称，唯虑屯丁牛力不足。虑事不厌周详，着准于道光二年冬先将应给京旗牛四百条先期购买，即交应

133

交京旗熟地之屯丁喂养，次年搭配公共开种七十五垧之地，当必更臻宽裕也。至所称更换懒惰屯丁一节，事涉纷更，殊多滋扰，断不可行。据称已历多年，未能种地三垧。原定章程，如有不能纳租之丁，同具包纳。况三垧地，中等年成，以每垧六石计之，亦能粮十八石，官租才市石八石耳，何致有误交粮？该丁等官给房屋、衣粮、器具，种无租之地，已历多年，临此交租交地之年，将其退回另换新人，良心何在。且新换之人，又安能料其必出力乎。一换再换，换无已时，恐并此三垧亦荒而京旗已全到矣。断不可行。该协领不可如此倡说。若谓开地少则退回，恐开地多者亦必抛荒求退回也。该协领为三屯之主，譬如心为百骸之主。心所欲为之事，百骸皆为之用。该协领立立坚定，不患屯丁不从也。若先自懈怠畏缩，何能有成？仆恳恩赏给牛具、农器，开种随缺地亩，已于七月二十日入奏。仆也为官兵谋者至矣，想官兵等亦必不肯负我并负国也。庄稼情形何如，棉花已结苞否，时时寄知。此复，即候近好。

右复舒协领

道光元年八月初四日

为札饬遵照事。本年八月二十二日，户司案呈。据奉委建盖京旗房屋佐领和常、明太、依凌阿等禀称，和常等自隶宇下，迭奉恩施，寸草有心，无由报称。春间奉委和常等建盖移驻京旗房屋，并置办一切农具，满拟借此勉竭愚诚，尽心公事，借以仰答鸿慈于万一。当将房间做法、器具价值，公同核实，开写清单呈阅，承蒙批准。嗣后谕令拉哈墙改易砖坯，以符原奏。并仍令于器具内撙节余钱，以补京旗之不足等因。和常等遵即复核，实觉拮据，万难撙节。事关动用钱粮，非勉强支持，遂可含混了事。况十五年之久，甫经创始，若不立有规模，何以作后十四年之前鉴。是以不揣冒昧，于月前将难办各情由合词禀请宪鉴。禀内措词失当，曲蒙原宥，加以申饬，尚不忍即于罢黜。复经核算开单，俾司传示房屋照奏价库平给领器具内，每分仍余钱一千九百七十文，银以市平给领等因。和常益觉惶恐难安，昼夜筹思，宪台为双城堡反复筹划，纤屑必计，只是为屯丁蓄有余以补其不足耳。和常等受恩深重，有膺地方，敢不遵办。唯是京旗三千户，建盖房屋至万二千间，例有保固，事经十五年用银至六十万两，价有长落。和常性本愚鲁，未尝学问，若一时筹划不周，贻害将来，所关匪浅。和常等身如草芥，获咎何惜。诚恐恩宪数年勤劳，转致有不能尽善尽美之处，即使仰蒙慈荫曲加教诱，幸免无过，而恩宪一二年间荣升部堂，即去后亦不免所有挂念。伏思吉林属内协、参领，系官员领袖，凡遇公事，协、参领率同商办，若毫无责成，则漠不关心，坐观成败。蒙委拉林协领永海不过在彼侣率，呼应尚灵而不能虑及省垣公事。即知县衔窦心传三年期满，亦不能历管始终。和常等幸逢知遇之恩，尚容共同禀商事件。倘恩宪一时荣升，佐领等官岂是出头议事之人？协、参置若罔闻，使下情不能上达，和常等百喙难辞其咎。反复熟思，合仰恳恩宪，在本城协、参领内添派一员总理其事，和常等有所商酌，亦免顾彼失此之虞。且道光二年修理头起房屋，便须查收二起木植。道光三年头起房屋未交，又须修理二起房屋，查收三起木植，加以置买器具等事，每一工员照应十屯，断难连年接办。并恳道光二年以后，自道光三年起，和常等将应修房间、置办器具遵谕办理外，撙节之中，再加撙节，盈余若干，尽数交回，作为定额，以备添补京旗之不足。若蒙每年十旗协、参领拣派一员，五十六牛录官员内拣派四员，递次轮流修盖，如蒙恩准，即器具价有低昂，粮米工匠银数长落，十旗官员皆有轮派之时，自有通融之法。和常等因事关重大，日久年深，众擎易举，协力相助起见，非敢有意推诿，不以公事为重也。如蒙允准，即祈拣派现年协、参领一员接手经理，并请饬司拟定轮派章程，札饬十旗遵照。是否可行，伏候宪鉴指示遵行等因。蒙批：详阅所禀，尚属可行。修房照例价库平给领，即有节省盈余，因例有保固，有余不足乃工员之责任，和常即左屯修工之员，岂不知之？器具价单，乃照该员所估价值核定，每分剩钱一千九百七十文。又换银本系市平，自应市平给领。二项节省必留为贴补京旗苏拉到后之用。惟该员所称再加撙省，尽数交回，如果始开价值少从宽估，买时实用较省，自应交回，该员办理妥协，本将军、副帅自有奖励之道，该员等岂肯借此以沾余润？如若专一图省，致使器具朽恶不堪应用，则断断不可。十旗协、参领，头起着派正黄旗协领巴善，户司即发委札，令其任事。二起协、佐领，俟明年再派。户司仍将此批禀通行十旗，俾知此为十旗公事，勿徒袖手旁观，不建一言，以自安缄默为得计也。等因饬交到司。遵此。相应札饬建盖京旗房屋、置买器具事务总理协领巴善外，仍札十旗协领、参领查照文内事理，一体遵办勿违。特札。

道光元年八月二十二日

为再行札饬遵办事。照得为政用人为重，凡事经始最难，不得不再三详审，反复筹维。双城堡移驻京旗事宜，前据工员和常等禀请，轮派十旗协、佐，已批令该司头起添委协领巴善，并于明年另派佐领。惟思事关重大，得人不易。本年所派佐领四员皆系素所信任，诸事可靠，协领巴善尤老成望重。巴善着管理四五两年，佐领和常等亦着办理四五两年，但恐头起未完接办二起，势难兼顾。仍于明年派委佐领或防御四员作为二起帮办，专管收木运木，以分其劳，余事亦令学习照料。此四员作为六七两年正办，仍于大后年出派三起帮办，作为八九两年正办。如此递推，则工程既资熟手，该员等搭盖住房、制买绳杆，二年不过一年之费，亦可借以牵补，实于工务深有裨益也。除札饬户司存案，并饬移兵司查照外，合亟再行札饬建盖京旗房屋、置买一切器具事务总理、知县衔窦心传、协领永海、巴善及承办佐领和常、明太、依凌阿、色布青额等查照文内事理遵办，并札饬十旗协、参领等一体遵照可也。

道光元年九月初二日

　　为严行晓谕十旗协领、参领严查遵办事。照得设立双城堡屯田，原为养赡尔等各旗桑梓骨肉穷苦无业之人，是以仰沐圣恩，赏给地亩、房屋、牛只、籽种、口粮、农具，以及家居应用盘碗锅勺布匹等项，无所不备，是赴屯充丁之贫户无家而有家，无业而有业，试问尔为父母者能各为子给此一分产业乎？不独为移驻京旗闲散也。无如各旗毫不知教养自爱，率听无良之领催等将素不成器懒惰之苏拉派往，及至到彼并不实力务农垦种，将所给口粮食尽，携带器具物件脱逃。屯丁名数，系经奏定，不能不补派足额。而新补之人一切器具亦应全给，是以将逃丁带去物件罚令原派不慎之协领、佐领、骁骑校、领催等分赔，以示惩儆。近闻官弁并不出资赔补，竟扣兵饷，甚有借此渔利之事，此等人诚狗之不如。且朝廷设官，原为教养兵民，今各旗毫不思职任所司，将骨肉桑梓，视同漠外，任听不肖之领催等鱼肉，大是可恨。为此合亟出示晓谕，严禁各旗协、参领，务必留心详查。以后如有指称双城堡屯丁借扣兵饷，或经查出，或被兵丁告发，定将该协、参领、佐领、骁骑校参办，领催等责革，如有侵吞肥己，定行发遣，决不宽贷。各宜懔遵毋违。特谕。

道光二年正月二十九日

　　为饬交事。本年闰三月二十日，户司案呈。双城堡建设义仓，奉谕悉心核议具复等因。遵查原任知府王履泰酌拟仓规六条，职等遵即查原议内开：

　　一、中屯仓厫封钥向系协领掌管，左右屯封钥各责成两佐领掌管，出纳亲身监兑。由协领每屯另派骁骑校一员，常川稽察。于兵丁内轮派巡更，如遇收放，即用该翼兵丁量兑，毋庸另设仓夫斗级等语。查吉林义仓即系协领掌管封钥，八旗兵丁轮派巡更。如遇出纳，该协领亲身带领巡更兵丁量兑，向无专设仓夫斗级。现在双城堡左右二屯新建义仓，该协领鞭长莫及，应请将左、右屯封钥即各责成两佐领掌管，余均如所议办理。

　　二、中、左、右三仓请各设校准制斛升斗，申请申烙，各制筹一百根、搁一根，平时封储仓内。收放平斛均搁，不得稍有浮收短给。市斛大小不齐，亦毋许

双城堡屯田纪略　东北屯垦史料

因谷数繁多，交收拥挤，意图省事，率用市斛分兑，致启高下其手之弊等语。查吉林公、义二仓均设有准斛斗升，其双城堡新建义仓自应一例设立。应请即饬工司，每屯如式制造木斛二个，斗升各一面，口用铁叶包裹，呈报较准烙印，并制筹三百根、搉六根，由驿发交该协领按屯分给，封储仓内，次早验封。仍饬该管官封钥，协、佐等如遇收放之时，亲身督饬量兑，兵丁平斛捯搉，不得稍有浮收短给，亦不得因谷数繁多，交收拥挤，希图省事，率用市斛分兑，致有盈缩之弊。

三、义仓之设，原以备穷丁补助之需，其盖藏丰裕者不准滋借外，每户需借若干，先由屯达核明，投具借领，由各该屯佐领、骁骑校复查明确，准其借给，随明登写入册，此为放谷册。秋成交纳，某人还原借谷若干石，开写入册，此为还仓正谷册。正谷之外，某人交耗谷若干，另列一册，此为还仓耗谷册。酌十年为之，通共得正耗谷六千石，尔时京旗未到，如亦有需借，尽数敷支放。请于每岁十月底，由各佐领按管收除，在造其四柱清册，申候协领核明转报，仍由协领每岁十一月盘查一次。佐领遇有交卸，各由后任盘收结报等语。查义仓原为接济之设，是以吉林义仓向不征收耗粮。唯吉林公仓每石照例收起粮三升，每年每石准开耗一升，三年开销，不作正粮。现在双城堡义仓系属新建，又以新谷存储，难免不无折耗。且该丁等外借粮石尚无息利，多寡不等。所有该处义仓应请照吉林公仓例，每石加耗粮三升。唯查原议内称，酌十年为之，通共可得正耗谷六千石，核系每石征耗粮一升。次年将耗作正，一并借出。息复生息，积粮既多，将来京旗到自亦可一体酌量接济。该守固为屯务裕如起见，但事非一年，务须筹划周到。应请饬交原议王太守，会同舒协领相度时势，将该处义仓存粮每石每年收耗粮一升次年作正之处，是否可行，详细妥议，总期事可经久。禀复到日再核。至所议收放粮石各册，并每岁清查交卸盘收各事，宜应请如所议办理。

四、此项义谷系为青黄不接之需，一经放谷册登名记数齐全之后，即示期开放，传令各带口袋、牛车到仓领谷，黎明开仓，至晚封闭。先放远屯，次放近屯，务使本日可以到家。如计算一日不能完竣，即先一日放左翼，次日放右翼，分别书写明白，悬挂告示牌。仍分别令各屯达预为传知，秋收还谷。照此分日示期，亦照远近道里先后兑收，总不得使应领应纳之户到仓稍有守候。穷丁在外多宿一宵，住店买饭花费钱文，非所以示体恤也等语。查该丁等居住远近不等，每次开仓，合计远近路里，预期分别示谕，俾屯众到仓即领，不致守候，实所以示体恤也。应请如所议办理。

五、现建之仓，头停盖瓦，四面墙身砖砌，俱系坚实成造，一二十年无需修补。至补仓席片，四五年后更换一次，亦并非常需添补。查附近苇塘沟多有织席之家，价廉工密，如遇换席之年，其耗谷准其用席抵交。每丈席一领抵谷一斗，以从丁使，仍于耗谷册内登明用席抵收字样，册尾谷数、席数分别结总，俾盘查不致牵混等语。查双城堡现建之仓俱坚实成造，一二十年无需修补，应毋庸议外，至所议垫仓席片亦需四五年后更换一次，准令屯丁以丈席一领抵耗谷一斗，随时登于耗谷册内一节，恐失于查察，致滋流弊。应请札饬该协领将所需席片核实，在于封堆外地租钱文项下动支详报，所有该守议以席抵补耗谷之处，应毋庸议。

六、上年耗谷次年亦作正谷出借，耗谷即系息谷，息复生息，十年而计，当有不止六千石者。然年岁丰歉有难预定，如遇收成歉薄之年，由该管官核明，随时优免加耗，或每石量免一半五升，仍纳五升之耗，临时据实查办等语。此条应请归于第三条一并札交原议之王守，会同舒协领妥议，到日再核等因。禀奉宪批：所议尚妥，即为札行可也，等因遵此。除移知工司刻即如式敳造木斛升斗、呈验较准烙印另行发给外，相应呈堂，札饬双城堡协领即遵照札内应行各事宜妥协办理，仍札原议之原任知府王履泰会同该协领，将应行另议条款详细妥议，禀复到日，以凭核拟可也。

道光二年四月初一日

为札复事。本年四月初三日，据双城堡协领详称，讯明左屯屯丁付成等一百二十三名，均因家口众多，每丁官给窝棚一间，委实不敷居住，且将来移驻京旗闲散，住房均系四间，与伊等比邻居住，未免观望不齐。是以共同凑钱一千二百八十吊，请领木票一张。又缘不谙砍木，雇觅把头吴姓，一同赴山，共砍大小木植五千三百二十六根。内除去年夏间放下墩木七百五十根外，余剩大小木植四千五百七十六根，因河水涸浅未能放下，实系自己建盖房屋使用，并没包庇伙砍分卖情弊。可否准令运屯盖房之处，指示遵行。等因详请前来。查前据阿勒楚喀副都统衙门送到木票三张，并无为盖房砍用木植色样件数，屯丁亦无一百二十余名之多，又均未去亲身砍伐，仅将票张给予把头奸民，借以影射，多集流民，砍有万余件之多。该屯丁直系盗卖官山，且系嘉庆二十五年所发之票至今不缴，付成等实属罪魁，本应重治其罪，姑念愚昧初到无知，恕之。今该佐领等既加具钤记印结，屯丁等自盖房间使用，着将所开前项木植量给一半，其余一半不准发给，以示薄罚。即令伊等自运赴屯，均分盖房，毋得争竞，滋事者该佐领等严查办理。其余一半饬交该协领核实，分散中屯、左屯丁众使用，以后再不准该协领如此含混给票，招集把头流民，影射私砍官山，有误备盖京旗房木。并查前据协领巴善禀称，建房短墩木一千八百余件，请将拉林协领查出木植一万余根内先行挑用，庶不误工作，等因通行札饬在案。相应咨行阿勒楚喀副都统衙门，将拉林协领永海前在拉林墨勒河口查出大小木植一万零六百三十七根、板一百四十块内，除屯丁付成等及中屯、右屯丁众共应分大小木四千五百七十六根，准令自行运屯盖房外，其余木植全行入官，以备挑用。并将偷砍木植旗人兴保、佛云、嘎勒秉阿，民李明等照例治罪咨报。正在咨札间，于本月初八日，复据双城堡协领详称，色克征额等短交建盖右屯右翼学房木植，应请由该丁等私砍木植即在于分给右屯一半之内自分一半木植拨给，余即照札办理。并札拉林协领永海、总理双城堡盖房事务协领巴善、知县衔窦心传等一体遵照，仍将阿勒楚喀副都统衙门送到木票三张发交双城堡协领查销，并饬将未缴木票径行照数查出销毁，以免弊混可也。

道光二年四月初十日

　　为札饬事。户司案呈。查昨据查办屯田原任知府王履泰禀称，本月二十四日，履泰下屯，日间看地内所种何粮，铲耥是否如法。关内系耘而向前，此间则耘而退后，前后一也，有未得法者，只锄断草茎而不能去其根，经一回雨，草又丛苗。教以用锄斜下平拉之法，搜出草根，使土之津脉全注于苗，渐能合节。向系一铲一耥者居多，今与约定，两铲两耥必不可少，能再加工，收更颖足。傍晚将散，履泰先至屯中，将布幕择宽敞处所安设，恭奉圣训黄绫讲本陈于黄案。少顷众丁咸集，随即开讲。将本内之语，无一字不出以俗话。恐有不懂汉话之人，令随去之哈番，每履泰宣讲数语，翻一回清话。于重农桑、务本业、诫匿逃三条尤加剀切。讲毕，必令叩一头谢圣恩教养。所可爱而又可怜者，短衣百结，肃然改容，悉效三拜九叩。五屯如一。谁谓丁呆不知礼法。其彼屯与此屯近者，清早亦可乘未赴屯之先即与宣讲，讲后再看其铲耥，如此则一日可讲两屯，屯距远者不能也。谨将讲过中屯右翼正黄一旗五屯情形禀陈大略，附每丁种地若干垧、地内所种何粮清单，等因据此。奉谕查，中屯正黄旗屯丁各种地数内，竟有一具四人各种二垧半地者，计设屯七年之久，何以只种此数？且今年即应交纳租谷，止二垧半地，即丰收能得几石粮？除交官租外，能敷该丁户口一年食用耶。该管官兵所司何事？后年京旗即来，原奏每丁交京旗熟地十五垧，此系该协领、佐领、骁骑校之专责，亦不计及乎。届时倘有不齐短欠，该协、佐能当其咎乎？各丁新开地尚可布种荞麦，着即设法督催多种，务令足食。即现在三屯屯丁各开种地若干垧如何备交京旗地亩不误之处，着该协、佐明白呈报可也。特札。

道光二年五月初二日

为札饬给发告示事。本年五月初六日，户司案呈。据双城堡协领舒精额具禀内称，现查屯丁等多有情愿赴山养蚕，屯丁纷纷摇动。唯恐有误开垦，事关重要，禀请将养蚕一事可否暂行停止，等因前来。蒙批：所禀甚是。应即再行明白晓示，三屯屯丁原为种地而设，自应以种地为先务。现经巴协领等查明，拨给两丁蚕场，应令其具结开垦二十垧地后方给放蚕执照。所有呈请养蚕讨占山场之丁，均令其具结开种二十垧地后方准放蚕，不能舍本而逐末也。并发给告示底一张。等因到司。蒙此。相应照抄三张，钤用堂印，装入封套，札饬双城堡协领，除将三屯各挂一张外，仍照抄多张，晓谕各屯屯丁遵照可也。特札。

道光二年五月初十日

为札饬事。户司案呈。本年五月十四日，据查办双城堡屯务原任知府王履泰禀称，连日将中屯右翼正红、镶红等旗各屯耘地情形，逐屯逐段周加查看，内开种既多、耘又合法、粮多食足者只正红旗之第四屯一屯为然。再于单内逐户登明，其余则均如前次所禀。正黄旗各屯情形大半亦系耘不如法，犹未能操锄而使耕焉。无怪垅沟既浅，垅台不高，苗与莠错杂并生结穗，岂能秀实？询之，皆素非习农之人。坐是收不能多，食不能足，饥驱出走，乃不得已而逃逸之病根。今除单内圈记各户外，其余悉教以用锄之法，约定各足两铲两耥之数，喜众之咸乐听从。以本月初二、三间，正红一旗统计第一次铲功，甫及六成，至初五、六日行至镶红旗，则该旗已及七成。今悉与约定，铲至八成，即便开耥，则一两日后铲足一齐加耥，不致人工停待。缘耥系驾牛合具，用牛多而用人少，铲则各铲各地，先毕者可以先耥，其铲者之牛本无事也。顷见行协领札内，种地三垧者责五鞭，三垧以下责十鞭。此中应稍区别，其本系陈丁，到屯业已有年，迄今只种此数，应加责处，儆其将来。内有新丁，甫经顶补，已距种期迫促，而又远道前来，籽粒不能多备，如此而种地不多，似与陈丁有间。今履泰向协领知照，查系陈丁，悉遵鞭责，其在上年未及耕收秋后来到者，缺籽少种，情属可原，应暂缓拘人，并缓转行，再候宪示到日遵办。为此飞速缮禀，恳请再加札示。履泰现在依次周历各旗屯教耕宣训，每于讲毕后又加默察，有三五交头记诵听过之话者，有独自屈指记忆十六条数目者。丁众并非暗钝，足慰宪廑等因。并开具各屯种艺清单呈送前来。奉宪谕：所办皆妥。本将军所批责者，原指陈丁而言，自应再行札示。中屯种地多寡赏罚，八旗均照正黄旗之例办理。至左、右两屯，每丁种地十二垧以上者给赏，三垧以下者仍照前责，新补之丁免责，然亦必催其多种方可。等因饬交到司。相应抄单粘连文尾，札饬双城堡协领遵照宪谕，分别办理，仍将赏过钱文、责过丁名具文详报，并饬知委员王履泰知之可也。特札。

道光二年五月十六日

为札饬事。户司案呈。本年六月初十日，据前往双城堡劝谕原任知府王履泰禀称，前月二十五日发禀后，天即放晴，旋赴中屯左翼之镶黄、正白十屯，次第劝课。所有种艺情形，除在于单内一一登明外，履泰计自四月下屯以来，凡四次遇雨，此间种地之丁一见雨点即荷锄归家，待晴方出。遍询实无御雨之具，只一衣裤，全濡无以为换，势难责其照内地雨耕。然自开种以至立秋中间不过六七十天能动锄犁，且岁需新开新种，工多暑少，设遇一半月连阴恒雨，岂非坐误？因又细加访察屯堡中间有能织蓑衣之人，遂记其姓名，于集丁宣讲之后，先令能织之家妇女各赶紧编制。此系不费本钱，止偿手工之事。与之定价每领制钱五十文，通长三尺五寸，先尽本屯买足，再有余赴集出卖，或菜蔬粮食准换亦可。妇女喜得营生，咸乐从事。履泰思蓑衣既有人能制，雨耕必教。丁悉从，一一劝导。该丁等佥称既得蓑衣，此后阴雨不能在家闲坐旷工。所有能织蓑衣者之姓名开记单内，伏祈查核。关内锄地、犁地，此间为铲、耥，总名又曰试垅，各限试垅四回，依法用锄除净草根。其种地在五垧外者，实非一丁之力所能到，必有帮丁雇工乃可。而此中有帮无帮，其力之能雇与不能雇，久在宪台洞鉴之中。因于听讲圣训之人丛中留心察看，每屯十余岁之幼丁总多于正丁之数，询之皆草苗不分，其父兄从未带领下地，任其游惰。今各令挈同赴地，先教使识别孰草孰苗，各与一铁箸或木橛挑挖去草，一童足抵半工之力。于讲训子弟以禁非为一条下各宣斯义，众以为此一法既可目前省雇工钱费，日后儿童长大，不致懒散，极是乐从。谨肃禀陈，等因前来。奉宪谕：所办皆妥。查所开清单内开，镶黄二屯正丁德林保因疯迷，该委员拣余丁音胜保充补，该协领应即查明，造具补丁户口册结退丁应赔银物，一并详报，并五屯已退丁德太应赔银物另文咨行该城旗佐如数赔出送屯外，相应将原单照抄粘连文尾，札饬双城堡协领查照单内丁地多寡再行据实详查。遵照前札一体赏罚办理详报外，并札委员王履泰知之可也。特札。

道光二年六月十六日

为札饬事。户司案呈。本年七月十六日，据查办双城堡原任知府王履泰禀称，履泰会同舒协领于前月二十九日具禀蚕场事宜，谅蒙钧鉴。发禀后，一面将橡子总局收放挑拣栽种各章程一一安派定妥，一面差人赴中屯两翼四十屯查看。每屯遵劝，趁日来闲暇，各已开有新荒一百余垅及一百七十垅不等，人心顿臻踊跃。又差人嘱以现在天时尚热，须看牛力强弱，不可过于锐进，致牛受伤，丁众亦能体会。随驰赴右屯，缘先经访得该屯之右翼镶蓝旗屯丁系各城调拨，丁心犹未固，不敢拘泥旗分，当即径赴镶蓝旗。今将该旗五屯查毕，均未开有新垄，询以立秋后，现作何事，据头屯、二屯、三屯、五屯，或称修屋，或称垛墙，验之，略有粘补处所。唯四屯则称一连铲稍到今未辍，是于农功太不谙习，竟与宋人揠苗同一。不知物性农经，深为可悯。即切实教以春耕夏耘，乃自古种地恒言，几曾有秋耕秋耘之语。普律一到立秋，即辍锄犁者，为因金风肃杀，根土搜风，庄稼必伤。今六月二十二日立秋，尔等直铲稍至目下七月初十，必系迟误在先，以致混违在后。明年务将铲稍皆赶在立秋以前，切不可再误天时。据丁众称。本系初来种地不能明白，又兼屯中并无宪书，但看天时甚热，相可加工，闻之更觉可悯。当于明春购宪书一百二十本散给各屯，俾知时令。此次下屯不比前在中屯，屯丁悉在田内，非铲即稍，可以当前教课，只得将锄教令在平地试演，如是则为合法，去净草根，可以多打一倍粮食，不如是则仍前少收，并种种禾稼喜忌之性，一一胪陈，丁众大乐。因就其欢欣鼓舞之情，询以明岁能开种几垧。据头屯、二屯、四屯各认每人开种两垧，三屯、五屯各认每人开种三垧。内有力量较欠者，计新旧用籽甚多，只求临时酌借，秋后交还，履泰亦即允之。各屯宣讲圣训并如在中屯四十屯，一体剀切，亦俱点头悦服。合并陈明等情。并据开具该旗种地清单同结五件，呈送前来。续又据将镶红一旗开单同结禀送。卷查前奉宪谕：种地多寡赏罚，八旗均照正黄旗一例办理。至左、右两屯每丁种地十二垧以上者赏钱，三垧以下者仍照前责，唯新补之丁免责等因，饬司遵即札饬遵照在案。兹据该委员将查勘右屯镶蓝、镶红二旗十屯种艺开具清单，并屯丁等明年均各奋勉开垦地亩结呈十纸。查单内安柱、玉柱既能出钱，尚属有力之家，即不能多受辛苦，亦复何难雇工。其顶补之塔青阿、德明额系属何屯正丁之帮丁，其正丁名下此外尚有帮丁与否。历来奉天各余丁贪图迁费、布匹，唆使本省屯丁逃匿，或私相顶替，官兵不加详察，听信嘱托，办理屯务之坏，均由于此。相应札饬双城堡协领转饬右屯右翼佐领，详细查核安柱、玉柱如系恃有钱财买退丁缺，塔青阿、德明额之正丁如此外并无帮丁，除不准顶补外，仍将各该丁分别惩处。如无以上情弊，方准顶充，造具户口册结详收外，仍将该员禀到屯丁种艺清单所具开垦结呈，并照抄粘连，札饬该协领转饬该屯佐领等，俟明年开垦之时，查照结呈地数，饬催各丁如数开垦详报，并札委员王履泰知之可也。

道光二年七月二十五日

为札饬事。本年八月初一日，户司案呈。据前往双城堡劝谕屯丁原任知府王履泰禀称，于十六、十七等日连具禀函，谅蒙钧鉴。五日内将右屯正红、正黄两旗十屯周历，内墙屋全行修葺、打有柴草者，系储备作过冬之计，止正黄旗之头屯、正红旗之四屯家家整齐，此外每屯总有十家、八家全未动手。履泰潜心体察，其身心已定者自为卒岁之谋，全不动手必其身心未定者也。又从而一一问询，凡此悉系吉林、伯都讷、乌拉街之人，直至始讲耕收，继讲圣训，听断断数万言之后，方齐露欢欣之色，同声具结。内自认明春每人开种地三垧者，正黄旗之三屯二十四丁、四屯二十四丁，正红旗之二屯二十四丁。每人认开种两垧者，正黄旗之头屯二十四丁、二屯二十八丁、五屯二十八丁、正红旗之头屯二十八丁、三屯二十四丁、五屯二十四丁。唯该旗之四屯苇柳较别屯尤盛，尽力止能每人开种一垧五亩，该屯二十四丁亦俱具有认结。然十屯之内，亦颇有愿再出力多开多种之丁。既据普同回心，乐意出力奋勉，明岁春融之时，履泰当周加查看一次。右屯屯堡彼此相距甚近，凡一两日前查过之屯，又遣人驰回查看，悉踊跃打柴、修屋垛墙，无有不动手之家。既须齐观奋力，必当尽选强丁，有业经验明更换者在于单内注明。顷晤左翼成佐领，询其所管各屯丁志若何，据称，五百人中有一百余人可保不逃，此外四百余人则皆难说，盖连余丁言之也。据此，履泰唯有尽力矢诚劝导，是否一一更心革面，容随查随禀外，谨肃恭陈霁鉴等因。又据禀称，履泰历遍右屯右翼之后，于二十一日具禀肃陈正黄、正红两旗听讲后情形，并附单结，谅蒙钧鉴。今来至左翼，历过镶黄、正白两旗十屯，人之懈、地之少、丁之新逃未补，似较履四月查看中屯情形迨有过之。欲如右翼听可多收，欣然具结，窥察断有不能于此而不力加劝勉使之奋发有为，即暂时托足，终何所借以安身。于是不问打柴整器、葺屋修墙诸小节，专与握要以图。于教毕耕耘讲毕圣训之后，将已开三垧及不及三垧之陈丁一一询之家口，或七八人，或四五人不等。问何以能足一年之食，曰不能也。问何以不为养身活命计，曰欲养不能也。问何以不多开多种，或称牛单，故难多种，或称把少，故难多开。皆不与辩，就其说难说窘之语，索性与为尽情描写，直至说到眼看打庄稼必得，将所收之粮尽数先还加五加七八之债主，设不早还，再往求借，再送保人奶猪，再给债主磕头，亦不肯应，合家唯命悬于债主、保人之手，而自己不能有丝毫把握。设遇歉收之年，不敷还账之数，以后保人袖手，债主关门，则又天之绝尔，竟不能有丝毫把握，实不忍见。尔等至此，莫如早自退去，或者他处有不图谢礼之保人，不索利谷之债主，永丰无歉之庄田揽一两垧延此性命。大众叩头求计。问何为自己拿得住的把握，至此涕泪盈把，默无一言矣。始告之以不过多开多种四字，切紧把握。多开便多地，多地便多粮，家有余粮，何须央保求主？积谷防饥，何虑年成荒歉？设竟心志大定，有用牛用耙用少为多之法。大众又叩头，必求教给。四牛力自单，八牛合具，则力足而牛不疲。一耙轮不周，两具合拉则耙快，而开即多，有何奇计，不过尔等之太不变通，自形窘急。乃始破涕为欢，齐心具结。有欲认开四五垧者，一概止之，多不准过三垧。两旗认结附呈，乞赐查核。另有逐丁应禀之处，单内登明肃泐，仰希鉴察。又据查勘，右屯镶黄、正黄、正白、正红四旗二十屯种艺清单内称，镶黄旗头屯六具屯丁西拉布系正白旗总屯达，相距正白各旗俱远，难资照料，请饬协、佐在正白本旗另选总屯达，西拉布止作镶黄本旗屯丁一节。又称镶黄二屯屯丁哈林保回称，伊有胞兄常克利，人能出力下地，情愿来屯帮垦，请令行文该旗一节。又称同屯逃缺特松额、噶海二丁脱逃，现知照佐领，即选丁顶补一节。又称镶黄四屯故丁温付满遗缺，签伊胞弟温付寿来屯顶业尚未来屯一节。又称同屯故丁郑瑞遗缺，签伊子顶缺尚未送屯一节。又称正黄四屯屯丁崔连玉上年九月回籍搬眷，至今未来，其地余丁萨音保代种。查萨音保年壮有子作帮，并各有眷，即将萨音保点补正丁一节。又称同屯屯丁乔文，现年五十二岁，年力已衰。查有帮丁韩兆发年壮有眷，且有伊父帮作，洵为得力，即点韩兆发为正丁一节。又称正红三屯屯丁彭太荣于未种地之先逃回吉林，至今未回。其地系该丁有眷之胞弟帮丁彭天富代种，兹即令彭天富承顶正丁一节。又称正红四屯屯达叶仙两腿生疮，屯务未便奔走，屯达一缺众丁公保严进邦承充一节。并将取具镶黄、正黄、正白、正红四旗二十屯屯丁等均各奋勉开垦地亩结呈二十纸一并呈禀前来。蒙批交户司。即札问舒协领，右屯左翼屯丁种地甚少，其佐领、骁骑校所司何事，是何情由与各屯迥别之处，着成泰等刻即禀复外，该协领亦不查催，吾代愧之，等因饬交到司。蒙此。除卷查前奉宪谕，中屯种地多寡赏罚，八旗均照正黄旗一例办理，至左、右两屯每丁种地十二垧以上者赏钱一吊，三垧以下者仍照前责，唯新补之丁免责，然亦必催其多种方可等因，饬司遵即札饬遵照各在案。兹查正白一旗种地有仅一垧、两垧者，废驰已极，将各屯达、十家长均责处。本无钱粮，免其革退。其居住镶黄旗头屯之总屯达西拉布着责一百鞭，革役。在本旗种地最多九垧半之王连、九垧之刘振邦二人内，择其壮盛懂事者放为总屯达，余一人放为副屯达，秋季钱粮即着新总屯达具领。该佐领、骁骑校严为申饬，毋庸记过。所有种地最少明年口粮不足之处，责令自行接济。明年春开种地数，着该协领亲查具报，若仍前怠玩，定行参处不贷。各丁姑免责。至镶黄二屯屯丁哈林保回称，伊兄常克利情愿来屯帮作，除另文饬旗行查外，其逃丁特松额、噶哈二名，本衙门前于七月二十八日行文讷城，另签妥丁，咨催在案。至镶黄四屯故丁温付满遗缺，前于七月二十六日已饬该旗将故丁温付满之胞弟温付寿业经送屯在案。唯同屯故丁郑瑞遗缺，前于六月初五据该旗呈报故丁郑瑞之子郑天仁现在原籍种地，田苗正在畅茂，不忍抛弃赴屯顶伊父缺，恳将前经赴屯之胞兄郑天君暂行顶缺耕作，俟秋收后郑天仁全家赴屯，再为更换丁名等因，于六月初六日移堡在案。至正黄四屯屯丁崔连玉上年九月回籍搬眷至今未回一节。兹查奉天咨文内开，崔连玉业经赴屯，本衙门于七月二十二日移知该堡在案。至代种崔连玉地土之萨音保虽系年壮有子帮作，并各有眷，堪充正丁，唯萨音保系何城池旗佐，究系何人帮丁，本衙门无凭查核，未便准令充丁，仍应札饬协领转饬该佐领详查是否旗人，加具册结详报，始准充丁。至四屯屯丁乔文现年五十二岁，年力已衰，固宜另签壮丁。唯现签之韩兆发年力虽宜，仍应札饬该协领转饬该佐领，加具册结详报，始准充丁。至称正红三屯屯丁彭天荣系种地之先逃回吉林一节。案查彭天荣未据该协领呈报潜逃，并无详文可稽。应令该协领转饬该佐领，细心查核详复。至四屯屯达叶仙两腿生疮，未便奔走经理屯务，即准众丁公保严进邦承充屯达。至左屯今已停查，唯各丁种地寡多者，饬协领遵照中、左两屯章程，一例取具次年开垦结呈详报备查。其种地多寡即照右屯一例赏罚，以昭公允。相应将委员禀到屯丁种艺清单所具开垦结呈照抄，粘连文尾，札饬双城堡协领遵照，转饬该佐领等，俟明年开垦之时查照结呈地数，饬催各丁如数开垦详报。并将右屯镶黄、正黄、正白、正红四旗二十屯各丁种地多寡再行据实详查，遵照前札一体赏罚办理详报外，并札王履泰知之可也。特札。

道光二年八月十四日

为札饬事。户司案呈。本年八月初五日，据前往双城堡劝谕屯丁原任知府王履泰禀称，窃履泰在于右屯，由正白旗而至镶白、正蓝两旗，遍观各稼，别种禾黍寥寥，唯荞麦连阡盈陌，此不过每人一坰，比较已见繁多，则其余所种本少可知。为该丁计，诚何以敷一年之食，及至屯中细查，除新荞一坰外，现种熟地数目更逊于镶黄、正白两旗，则今岁以至明年幸有此荞麦一项为食用大宗，无此，今岁已不能支。成佐领所云四百余人难保不逃，洵非虚语。幸荞麦并皆茂盛，足慰宪怀。今于此二旗一一如镶黄、正白两旗激劝之法，教以种种未曾谙悉之农经，又与变通分具合具之法，牛力强者三具分为两具，牛力软者两具合为一具，以为明年开地耙地之计。如此，则丁与丁挈，地与地均，不致守候参差，有多寡不齐之数。故克无分强弱合屯同具一结，盖使之多有地亩，然后多有收获，然后乐其乐而利其利。尚有逃缺未补，已飞催协、佐即选丁补足。窃唯抚丁之道，其逃与不逃，势禁之不能也，惠周之不能也，唯定其志虑，安其养欲，激其天良，推心置腹，而腹中皆守此一心，则近者既悦，远者斯来。履泰自周历各屯教抚以来，常恐心力稍疏，或有颛愚未格。兹自四月以至于今，历中、右十六旗，时回顾既去之屯，更遣察后来之事，丁心普振，履泰敢保此后无有逃逸。若再有逃，皆履泰劝谕不力，抚驭无方，请唯履泰是问。唯京中旗人尚未能闻风踊跃，则此心耿耿耳。镶白、正蓝两旗所具之结附呈钧览。统计两翼结内，都半有情愿再行多开之一语，必其屯内有一两家自有骡马，自陈奋勉。通屯无骡马者不缀此语。明年四月观其成。每屯新熟之地，总可浮于旧熟者一倍，从前各屯熟地不多，非尽由于贪懒，盖因用牛用耙不得其力，旷待时日，以致稽延。今既欢然就范，努力齐心，种地单内请量免鞭责之处，伏乞从宽俯纳。履泰有必与成佐领面言者，已约来一一指授，至中屯公所亦有必与舒协领面授之语。缘各屯好尚迥非，一致抚之激之，非可一法，舒协领本乐闻其细，留一两日，然后起身，总期于屯务多得一分济，仰慰宪台多操一分心。右屯无衣过冬之丁，亦系旁查得实。谨缮禀仰乞霁鉴等情。又据查勘右屯镶白、正蓝二旗十屯种艺清单内称，镶白头屯屯丁西常阿、阿克登保，二屯屯丁龚守德、张才、毕泰、刘宗元、胡天立、刘明、王升、刘清、李祥成、王顺、张国祥，五屯屯丁安同阿、乌云住等十五名之地段，均系在苇塘，沟内水占，垦地无多，甚至一坺未垦，查验属实一节。又称镶白二屯屯壕西面、南面并五屯屯壕南面、正蓝二屯西面，均系苇塘，现水深二三尺不等，出入非便，筹给木植建桥迭道一节。又称镶白三屯屯丁陈德六月脱逃，现有伊弟帮丁陈付年三十一岁，有眷在屯，堪以预补。唯据陈付称，伊兄素性强横，恐其回来不依，不敢承顶。据此恐酿事端，似未便顶补。知会该佐领另签丁充补一节。又称同屯逃丁那木哈遗缺，查有帮丁朱礼讷年力正盛，有眷在屯，即以充补一节。又称正蓝二屯逃丁敖尚，现据该逃丁之胞兄五永前来顶业，未经携有眷口，并同屯同具西永与敖尚潜逃后未经补丁等情一节。又称正蓝五屯屯丁德喜目疾，已成青盲，据称铲地不能分别苗草，请饬将伊兄哈林保送屯顶业一节。并将所具镶白、正蓝二旗十屯屯丁等均各奋勉开垦地亩结呈十张一并呈禀等语。蒙批：右屯左翼前查镶黄、正白二旗种地甚少，已饬查复。今阅王知府查到镶白、正蓝二旗，更属不堪，该佐领、骁骑校竟系废弛屯务，应行参办。该总屯达刻即责革，着舒协领或在右翼，或在左屯拣选实力督办之人充补，不可仍在右屯左翼内拣选。该司并将右屯左翼四旗照王知府查单，每旗屯丁共种地若干，四旗合共种地若干，开一清单具复，其余遵照批签即为查办可也。等因饬交到司。蒙此。卷查前奉宪谕，中屯种地多寡赏罚，八旗均照正黄旗一例办理，至左、右屯每丁种地十二垧以上者赏钱一吊，三垧以下者仍照前责，唯新补之丁免责，然亦必催其多种方可等因，饬司遵即札饬遵照各在案。兹查镶白、正蓝二旗各丁种地均未过十垧，不应奖赏。至新补之丁并水占之地及种地二三垧之丁亦免责外，系种地一垧、半垧之丁仍照前责，其该管官应行严饬责罚接济明年乏食屯丁口粮，以示惩戒。唯总屯达、十家长刻即责革，着饬该协领或在右翼或在左屯拣实力督办之人充补，详报备案。至镶白头屯、二屯、五屯屯丁西常阿等十五名地段俱在苇塘沟内，又被水占等语一节。查该屯业已四年，何至尚有地段俱在苇塘，且本年并无暴雨久雨，沟水何以忽涨，又何以不即具报。案查原分拨屯次，该员呈报绘图，并未分拨苇塘沟内之地段，今屯丁西常阿等地段何以俱系在苇塘沟内，饬令该协、佐等亲赴该屯查勘明确，另行绘图详报，再行核办。至镶白二屯、五屯、正蓝二屯等处屯壕西、南两面均系苇塘，现水深二三尺不等，出入非便，应建桥道等情。案查此项建桥迭道一节，于本年五月间札饬该协领查估桥座孔数应须若干，详报在案，至今未据详报。今已至秋，拉运庄稼，出入不便，殊不成事。该管官自应亟亟查估，建修具报。至镶白三屯屯丁陈德即成德，该委员禀称系自六月脱逃等语。兹查逃丁陈德未据该协领详报该丁脱逃之案，现今该逃丁胞弟陈付即成付年壮且有眷属在屯，即着成付顶充此缺。至同屯前经报逃之那木哈，该旗已签萨莫哈连眷送屯在案。兹据该委员禀称，查该逃丁那木哈有帮丁珠礼讷年力正壮，有眷在屯，即以珠礼讷顶补此缺等语。唯查一缺兹补二丁，事殊两歧，饬令该协领转饬该佐领查明，详报核办。至正蓝二屯屯丁敖尚、西永等二名，兹据该委员禀称均于六月脱逃等语。案查该协领亦未报逃之案，适于八月十二日据有该协领报逃到案。又正蓝五屯屯丁德喜目已成疾，应行签送伊兄哈林保顶充。除将逃丁敖尚、西永、哈林保等三名另文札饬该旗查办外，相应将该委员禀到屯丁种艺清单所具开垦结呈照抄，粘连文尾，札饬双城堡协领详细查核文内事理，转饬该佐领等俟明年开垦之时查照结呈地数，饬催各丁如数开垦，该协领仍照文内事理，按款分别详报，并将右屯镶白、正蓝二旗十屯各丁种地数目再行据实详查责惩办理外，并札王履泰知之可也。特札。

道光二年八月二十日

　　为札饬事。前据该协领会同委员王履泰禀请，于每屯屯壕以外栽种橡子三丈等因，当因事多滞碍驳饬，令各于场园界内栽种去后。兹据委员王履泰回省禀称，橡子已买存阿勒楚喀店内，领橡子执照已面交该协领一百二十张，复请示栽种处所。查各丁场院如果地窄不敷栽种，准在于左近毋论大小封堆界内无碍官荒处所栽种，但不得借占屯丁官地。该协领即转札各该佐领详细查勘，予以界限，将该委员所给执照发给该屯丁即赴拉运赶种，并将该委员开呈种橡事宜抄粘一纸，遵照抄录，分给各屯丁一体栽种。至该员所劝讲屯丁，经历八十屯，翻讲满洲话语，俾令各丁俯首点头，委系屯兵钟和之力，即照该员所请，札饬该协领查有领催实缺，即为补放详报，以昭奖励，仍移兵司注册之处，相应札饬原任知府王履泰及双城堡协领一体遵照，并移付兵司可也。特札。

道光二年八月二十日

计粘单一纸

今将栽橡养树兴立蚕场事宜开列于后，计开：

一、橡子见雨则皮破，皮破则埋地不发。尔等赴局领橡子，多带席片，遇雨遮盖。

二、将橡子领回须计算天时，初冻以后，日冻日深，不再化冻方可种得。橡子之性见冻便裂，见暖便发，发于明年则树成，发于本年既冻复暖之际，一上大冻，将嫩芽冰坏，明年便不发。

三、栽橡子之地，先将四面刨挖壕沟约宽三尺、深三尺，沟帮陡直，所出废土堆在一面，可以拦住猪牛荒火，不致损伤。务须预先挖成，然后赴局领橡子。

四、橡子埋种地内即不生虫，倘如领回一两天内不能种完，务将未经入地之橡子日日晒晾，偶一停放，即便生虫。

五、沟壕既成之后，即便于地上每横直离五尺开树堂一个，挖深一尺、宽一尺，挖后仍将松土入树堂，自下至上填深八寸，在此八寸松土之上，相离四寸种橡子两颗，上再盖土与地平，盖必下有松土乃易行根，上盖土不厚止二寸，乃易发芽。两橡子相挤并生，乃成树不高，放蚕适用。

六、今年埋橡子，明年开冻天暖生小柘树高一尺余，第三年便高三尺有余，即可放蚕。到第三年须掐去树尖，即旁枝大盛矣。

双城堡教课屯田委员王×仰×屯×旗第×屯屯达十家长×用三套牛车携带草囤绳席赴阿什河橡子总局领橡子一万颗，执照留局备查。将橡子拉回该屯，定限　日种齐。此照。

道光二年

为札饬事。道光二年九月初一日，准黑龙江将军衙门咨开印务处案呈。道光二年七月二十日，本将军具奏双城堡屯事宜一折，于八月二十四日接准军机大臣字寄吉林将军松筠，道光二年八月十五日奉上谕：松筠奏调剂双城堡屯田情形，将酌拟各款内先行核奏二款请旨遵办一折。所奏是。吉林双城堡开垦屯田、移住京旗，前经松筠查勘情形，奏请调剂，已降旨令该将军于到任后将陈奏各条逐加详核，务期妥善。兹据该将军查明，该处中屯地亩已经开种之地共六千五百余垧，应照六年升科之例，令其纳粮。唯此项地亩内有因屯丁残废病故脱逃另补以致已开复荒，续挑之丁到屯未满六年自未便令其一体完纳。着该将军详细确查，其实届六年者，即着于本年秋收后按垧纳粮，余着暂行展缓，俟承种届满年限再行照办。至修盖京旗住房原不应预备过多，致有闲旷损坏。着照该将军所请，先按现愿移京旗户数修盖住房，此外均着缓办。将来京旗续有咨报移住之户，由户部知照该将军再行兴工，亦不致迟误。松筠接奉此旨，即移知富俊遵照办理，其余各款松林到任后，仍遵前旨，体察情形，悉心筹酌，务俾屯丁农务、移住京旗两有裨益方为尽善。将此谕令知之。钦此。遵旨寄信前来。相应抄录所奉谕旨暨原奏，一并咨行贵将军衙门遵旨照办可也。计原奏一纸。

奏为奏闻请旨事。窃奴才接准军机大臣字寄道光二年六月二十七日上谕：松筠奏查勘双城堡屯田情形酌拟调剂各款一折。双城堡开垦屯田，原为移住京旗而设，现既查明开垦地亩及屯丁耕种情形未能悉符原议，自应量加调剂，期收实效。松筠已调任吉林将军，该处屯田事宜即系伊一人专责。着于到任后，将此次陈奏八条再行体察情形，逐一详核。如有另行酌改之处，奏明办理，不可因此折具奏在前，稍涉回护，总期筹酌妥善，使开垦屯田乐于趋事，移住京旗踊跃争先，方为不负委任。将此谕令知之。钦此。遵旨寄信前来。奴才跪读之下，仰见我皇上圣虑周详，务期筹酌尽善之至意。自应遵于到任后，体察实在情形逐一详核，再行奏明办理，务于屯丁农务、移住京旗实有裨益，以期无负圣主委任之重。断不敢以陈奏在先，稍存回护。唯奴才钦遵谕旨，俟德英阿到任交卸后，再赴吉林新任，约计须在冬间。而双城堡中屯田亩本年秋收后已届纳粮之期，若不先行奏定章程，未敢行知调任将军富俊查照办理。伏查双城堡屯田地亩，先于嘉庆二十三年经奴才奏准照六年升科之例令其纳粮，而定例六年升科，系指实垦种六年者而言。兹查中屯已经开种之地共六千五百余垧，除未垦地亩例不纳粮外，其已经垦种地内原挑屯丁种地已届六年者，自应照例按垧纳粮，间有因原挑屯丁残废病故及报逃另补者，其残废报逃之人或不能力作，或怠于耕种，原开田亩本属无几，又因挑补需时，多系已开复荒，而续挑之丁到屯未满六年，所收花利无多，原不在定例六年升科之列，若令一律纳粮，丁力不无竭蹶。可否即照奴才前奏，将已种地亩查系实届六年者先令于今秋按垧纳粮，其余续挑之丁暂行展缓，俟查明实届六年，再令纳粮之处，恭候钦定，以便遵行。再查京旗闲散报明愿移住者现仅二十八户，若修盖京旗住房为数过多，恐不免先有闲旷易致损坏。又移住户数无多，即无须多派京员管辖，其京员住房、公所亦未便先行修盖。应否照奴才前奏，先按移住京旗户数修盖住房，其余拟盖移住房间及京员住房、公所，均令暂缓，以节靡费。并令京旗将续有愿移住者于本年十二月咨报户部，户部即行知照吉林将军，于第二年照数修盖住房，以备第三年移住，免致迟误。亦应先期奏明，请旨酌定。缘现在双城堡正当兴工之际，仍系按照移住京旗二百户修盖住房八百间，京员公所住房亦同时修盖，若俟奴才到任后始令缓修，恐其时修盖将完，势难中止。为此先将前奏二条恭折复奏，伏候命下，再知照调任吉林将军富俊遵办。其余前奏六条，俟奴才到任后悉心详复另行具奏。是否有当，伏祈皇上圣鉴训示遵行。谨奏请旨，等因前来。遵此，将黑龙江将军咨行到奏折并谕旨抄录，札饬双城堡协领并总理建盖京旗苏拉住房事务协领等，令将中屯屯丁千名到屯年月、现实种地各若干垧，何人已满六年今应纳粮，造具印册呈报，并札各修工委员将所修京旗官兵住房及各屯修盖备移京旗苏拉房间现已修成若干间、未修若干间，自应遵旨缓修。至所领工银已用若干、备料若干、均系何物，存银若干、四年房木已收若干、尚短若干、五年房木已收若干、未收若干，按款据实造具印册呈报，并将如有愿来京旗，本年十二月户部知照前来。第二年建盖，第三年京旗移来不致迟误之处，一并声明，均限于本月初十日以内呈报，立待具奏，不可违误。速速特札。

道光二年九月初二日

为札饬查办事。案查委员王知府前在双城堡具禀查过中屯、右屯无衣裤之穷丁，中屯左翼共五十八名、右翼共七十名，右屯左翼共五十名、右翼共二十二名。本将军念切民依，业经照数筹买棉袄四百零三件、棉裤六十三条、单裤七百三十九条。原拟照单给发，旋据右屯两佐领具禀该两翼各丁种地收粮实数，本将军随将该委员所禀穷丁花名一一核对，内有种地十垧以上至十五垧收粮二千捆及三千余捆者，似此等穷丁，秋收以后，自可置备寒衣。而有种地仅半垧一垧，收粮仅二三百捆或一百捆，甚有右屯左翼镶白头屯之阿克敦保，地为水涝，颗粒无收者，反无开于穷丁单内，此等丁户其又何以御冬。中屯虽未具禀收粮细数，而该委员秋收以前所查之穷丁恐难作秋收以后之确据，若照原单给发，恐力能自给者反沾余润，而力不能者反致向隅，若照收粮数目多寡以定赏否，又恐收粮多者除开发雇工工价，或其家妇女小口过多不能兼顾，是收粮多而仍应赏者。其收粮少者或系初到屯中，衣裤未敝，或系游手好闲之徒，给以衣裤反长其懒惰之志，甚得有棉衣反致远扬，又是收粮少而仍不应赏者。反复思维，均难得当。因思该佐领等之于苏拉，皆有父母斯民之责，随时目击，较为亲切，是以特将衣裤发交该协领，查照粘单内开数目发给中屯两翼、右屯两翼四佐领、骁骑校等，秉公详查实力务农、赏后再不能逃、必需接济之丁，或一件，或二件、三件，眼同众人赏给，俾不得赏者不但不能含怨，且使之心服口服。受赏者知所感激，竭力种地。不受赏者亦因之劝勉。万不可徇私而给沾亲带故之丁，亦不可偏向而给粮有衣之丁。其屯达、十家长及兵丁兼充屯丁者，本将军查屯时另有奖励，此项衣裤毋庸赏给，尽此数目分赏。如毋庸全用，则存留公所，以为不时之需。如赏后再逃，其衣裤必令该佐领等赔补，仍将赏过花名造册具报，该协、佐领等务实心实力，无负本将军一片苦心也。除派委佐领四幅、防御和金保等即将此项棉衣裤运送到日，该协领照数查收详报可也。特札。

道光二年九月二十日

粘单一件

中屯左翼男袄五十八件、女袄六十五件、棉裤十五条、单裤一百九十二条。以上共打二包。

中屯右翼男袄六十三件、女袄七十六件、棉裤二十八条、单裤二百八十二条。以上共打二包。

右屯左翼男袄五十件、女袄四十四件、棉裤十四条、单裤一百八十二条。以上共打二包。

右屯右翼男袄二十二件、女袄二十五件、棉裤六条、单裤八十三条。以上共打一包。

统共男棉袄一百九十三件、女棉袄二百一十件、棉裤六十三条、单裤七百三十九条。

为札饬事。本年九月十七日，据双城堡协领舒精额详称，前奉札开，现届纳粮之期，着将中屯屯丁千名到屯年月，现实耕种地亩数目，何人已满六年，逐一分晰造具清册呈报等因。遵即查得中屯屯丁千名内，于二十、二十一、二十二等年到屯种地已届六年，并二十三年以后到屯未届六年各丁到屯年月、现实种地垧数、城池、旗佐、花名造具清册二本，并声明中屯左翼实届六年之丁共三百零一名，种地二千二百一十六垧，共应纳粮二千二百一十六石。右翼实届六年之丁共二百二十九名，种地一千六百一十三垧，共应纳粮一千六百一十三石。此内惟二十二年到屯有在种地之后未经开种地亩者应否纳粮之处，应请核示遵行等因前来。据此。查册载，中屯左翼二十二年到屯在种地之后未经开种地亩之丁二十名，右翼丁十六名，共丁三十六名，应交粮石自应于明年起交纳，未便漫无区别。应将二十二年到屯在种地之后各丁住址、屯名、到屯月分及旗佐、花名抄单粘连文尾，札饬双城堡协领转饬该管佐领等遵照办理可也。特札。

道光二年九月二十四日

卷 五

示 约

为严禁民人私垦官荒事。照得尔苏拉满洲，自乾隆年间仰沐皇恩移驻以来，曾给地亩，习农务本，生计有资，不许招民佃种，致失本业。迨嘉庆十五年清查流民案内，阿勒楚喀、拉林二处续来流民竟有二千九百余户之多，彼时未曾驱逐，奏准入丁纳粮，不准私开及佃种旗地在案。圣恩高厚，既教旗人务农，复恐流民失所，尔旗民人等，皆当激发天良，各宜守法安业。查拉林、莫音莽喀、双城子等处官荒，系乾隆四十三年经前任福将军具奏，奉旨留为移驻京旗苏拉满洲之用，今本将军遵旨查安旗屯分拨试垦荒地前来，亲诣各处履勘，见有流民私占官荒，任情垦种之处，询系拉林旗人招来等语，大干法纪。此系奏明留备荒场，率因年远官更吏易，地方各官不为严查，以致无知旗人等希图微利，指荒招佃。该民等转相招引，将官荒任意占垦，实属违例藐法。本应将尔民人等概行驱逐，房地平毁，治以应得之罪，第念尔愚民既已抛家失业，又系旗人招来，一旦递为驱逐，未免失所，本将军心甚不忍。然不立定限制，仍恐尔等贪利犯法。现将官荒定立界限，尔民人等占种之地在界内者均为平毁，惟在现住本屯四围各给地一里半里，刨壕立界，准其垦种度日，仍计垧亩给原招旗人纳粮。其在界外者，准其照旧耕种，再不许多开一亩，招引一人。除将失察之该管各官及私招民佃之旗人严行惩办外，为此示仰尔旗民人等知悉，自此次示谕之后，尔旗人总当感激皇上念切世仆，教养生成天恩，勤勉务农，以裕生计。如有另找闲荒多垦，必须报明衙门，派官查验，实无妨碍，方准开垦。不得仍前私将官荒任意招民垦种，以致违例犯法，辜负圣恩。尔民人等务遵现立界限，不得越界侵占私垦一垧，更不得招引亲朋复来，希图偷开地亩。一经查出，旗人则严惩重办，民人则治罪，概行递籍，房地平毁，决不姑宽。各宜懔遵毋违。特示。

嘉庆二十年三月初一日

为再行晓谕事。本将军前于四月初六日往勘屯田荒地，以备将来移驻京旗之用。亲至双城堡一带地方瞭望，已有村屯尚不甚多，询之各官，佥称嘉庆十五年清查案内奏准入丁陈民之住址，是以在彼出示，设立封堆以定其界址，不必驱逐，各给地一里、半里耕种度命。四围挖壕，不许额外私开一垄，严禁在案。查该处系乾隆四十三年奏明留备移驻京旗之地，原不准流民私开。皆因本处旗人招引，陆续聚集成屯，旗人利其耕种分粮，罔知干禁，清查时亦因人多，挈眷居住有年，概难驱逐，准其入丁，用备稽考立案。今经委员、协领等将双城堡四面挖立封堆立界呈报。细核界内竟有一百余屯之多，虽每屯不过数十户，诚恐日久生齿愈繁，所给一里半里之地不敷养赡，势必占垦界内官荒，殊非防微杜渐之道。除咨行阿勒楚喀副都统衙门逐一细查此界内有入册纳丁之户酌给前数荒地，听其去留外，其余不曾入丁者一概驱逐界外，不准在内搅混。合行先为通谕，俾免临时流离失所，转负成全之意。其各懔遵毋违。特示。

嘉庆二十年五月初十日

为晓谕事。照得本将军、副帅遵旨查勘双城堡地方，奏准安设旗屯及官兵分拨荒地，移驻屯丁千名垦地，以备将来移驻京旗苏拉满洲之用。该屯丁等俱应守法务本，得以沐恩养身。惟思该处偏北较寒，穷人往往借酒御冬，久则习为固然，即至盛暑亦不能离。不知酒能误事，贪酒之人，一事无成，甚至借端酿命，无故戕生，为害最大。双城堡地方系初设之所，难免移驻屯丁不无好酒生事之人，若不严禁该处官兵及垦地屯丁等互相饮酒，习惯成风，兵则误差，丁则误农，殊有关系，日久必有贩酒开铺之徒唯酒是务，习非为是。合行出示，为此通行晓谕该处旗屯兵丁人等知悉，嗣后如有抗违不遵，闹酒打架及偷卖酒者，即行拿获，照违禁例治罪。屯丁仍即撤回责换，官兵鞭责另挑，并究卖酒之人一并处治，决不姑贷。其各懔遵毋违。特示。

嘉庆二十年五月二十二日

为严行晓谕事。照得本将军、副帅奉旨在双城堡地方开垦地亩，所选旗丁千名，应用一切农具均系动用国帑置买，以备应用。今预派旗丁二百五十名，先去砍伐搭盖窝棚木植，伊等起程之时，将应用牛只车辆农具派官押解，一同带往在案。兹据该管官等报称，砍伐木植之旗丁等前往双城堡，在途将车一辆、斧子十三把、锛子七十四把、凿子六十五把、镰刀四十九把、锯一百三条留底作为店钱等语。当即将原派押解之员责惩外，查前项器具乃系动用国帑，官为置买，即系官物，非寻常私物可比。该商人何得将官物私行当留。本应拘拿究办，姑念无知铺商，暂免究治。合亟严行晓谕铺店商人知悉。本将军、副帅现派委员前往沿途查取当留之车辆、农具，尔商人等即将前留之车辆、农具毋许隐匿丝毫，如数呈出，交与查取之官收领。如有隐匿，查出定行拿究不贷。懔之，慎之，毋违。特示。

嘉庆二十年六月十五日

为剀切晓谕试垦旗丁尽力务农，以答天贶，以裕身家事。照得吾辈旗人世受国恩，婚丧一切皆蒙赏赉，当思何以报答。今勘踩双城堡一带地方筹办试垦开荒，既为吉属穷丁立产足食之资，并为京旗苏拉预计移驻之需，一切农具、籽种、衣食、窝棚悉由核实，官给添设，员弁兵目分管照料大小农器，每分各给执单，以杜缺漏蒙混。凡所以为穷丁计者至周至备，此皆出自圣恩，尔等当思竭诚报答，同力苦作。且前于各该佐领保送之时，业经本将军、副帅逐名查询，皆称乐从。该旗丁等岂无天良，自应感激力田，从此永享乐利歌舞太平，以期上慰宸廑。讵自本年四月移往以后，尚未全行到此，而现在二百数十人中即有观望偷懒之徒，甚至躲避私逃，并不振奋努力，转以无衣无履借口，实属糊涂，不可解之至。试思尔等之贫苦，本由于怠惰偷安，以致冻饿受困，即不挑往屯田，亦无白给钱财之人。今所食有托，不过创始，稍形劳瘁，及至成功之日，其利无穷，所谓苦尽甘来者此也。明春一律开垦，争先力作，膏腴之地，禾稼定必茂盛。特患始勤终怠，不恒其心，恒财焉获。苟能计日计月，惜寸惜分，始终勤劬，焉有不绿满田畴而大获丰收者乎？是在该管协领、佐领等官屯屯周历，时时劝诫，总以收其邪心，导其正路，耳濡目染，靡不向善从风。他年孝弟力田，互呈功效，扶持守望，渐近敦庞，是则本将军、副帅之所厚期者耳。合再剀切劝谕尔等，务各留神熟诵，勤力爱身，勿得自暴自弃，甘受穷苦，以致不齿人类，并干棰楚。莫谓言之不早也。懔之，慎之，毋违。特示。

嘉庆二十年七月初六日

为晓谕试垦旗丁正心务本，以沐皇仁，以裕家计。照得本将军、副帅奉命来吉，职司教养，目击八旗余丁生齿日繁，率多拮据，糊口维艰，心甚恻然。因查前有踩勘闲荒移驻京旗苏拉之谕旨，经本将军亲往详查，有沃壤闲荒一处，计可容驻六千余丁挈家种地，筹议章程具奏，仰蒙允准，名其地曰双城堡，固为移驻京旗苏拉预计，而试垦筹备藉可先养本处旗丁，大为美事。遂饬挑一千名，陆续往驻。计每丁给地三十垧、牛一条，二人车一辆，盖立窝棚。凡农家所用犁杖、铧、锄、镰、锹、镢、斧、锯、碾、磨、铡刀以及布匹、靰鞡、皮袄、棉具、盘碗、锅勺、盆缸一切，无不备具，并给一年口粮、喂牛料草。令自今年开地耕种，三年之内，所获粮食均系尔等自得。诚肯朝夕勤劬，定能成家立业。试思尔等父母爱养周至，未必骤能立此一分家产贻留与汝，尔等当如何感激皇恩，勉思报效。乃愚蒙无知之徒竟有携带器物脱逃者，丧尽天良，直犬羊之不如，殊堪痛恨。除将逃丁严拿重责，永不准挑选差使外，再剀切示谕尔屯丁等，各宜激发天良，感戴皇恩，勤苦力田，秋收丰获，赡养身家，嗣后逐渐宽裕，子孙永享乐利，何快如之。倘不思久远，只惮目前劳苦，暂图偷安，荒废本业，该管官训戒不悛，是尔等自暴自弃，甘心冻馁，既负圣恩，又负尔父母养尔成人，年皆及壮，凡人不知君亲即不齿于人类，本将军、副帅实为愤憾，为尔等苦心诚枉费矣。人受天地之灵，具有天性，虽痴愚，教之以正，未始不可向善。该管官务必常履各屯，剀切开导劝勉，以冀共相努力，糊口有资，利人利己，实有厚望焉。此谕。

嘉庆二十一年六月初二日

为示谕拉林顺宁社等甲民遵禁留地，以备将来移驻京旗之用，俾免误公事。照得嘉庆二十年，亲诣双城堡一带官荒分界，酌定章程，令本省闲散旗丁先往试垦，因见相距不远之民村有侵占私开之处，曾经在彼谕禁用免扰乱章程，致与从前留荒备移驻京旗老案不符。兹于六月初六日，据该民等呈称，种植数年，不知例禁，向系交租完纳旗粮。现已青苗在地，委难遽迁，恳于秋收后或归故土，或奔他乡。等情前来。因查嘉庆十五年清查时，未曾溯及老档，以人数较多，奏准暂入丁户粮，究属未协。今既据各民等悔过呈结，自请迁徙，姑准缓至秋收后迁徙。倘届推故逗留，即照侵占官田律案亩加等治罪，合再禁谕。为此仰拉林顺宁社等处甲民知悉，除尔等所具限结暨呈明已开地数座落土名饬司汇记备查，如届时违抗，定即重究不贷。其各懔遵，毋得玩视干戾也。特示。

嘉庆二十一年六月初六日

为晓谕试垦旗丁勤俭力田，以厚身家事。照得八旗闲散余丁多无恒产，生齿日繁，家计日窘，本将军目击心怜，每为筹及生路。适阅前案，有预筹移驻京旗之谕旨，用是仰恳天恩，先从本处旗丁筹划试垦，借资育养。遂挑选旗丁一千名往双城堡开垦。每丁拨荒三十垧、牛一条，二人车一辆，建盖窝棚，凡农家需用器具并口粮、喂牛料草等项，均官为置买，按单分给尔等。自今年起开垦耕种，三年之内，所获粮食俱系自得。至第四年，每垧始交市石粮四斗。如肯勤俭用力，身家沾润，强如从前困苦缺食，告贷无门。即该丁等父母未必尽能经营如斯用全，均当感激皇恩浩大，勉图报效。不意近日竟有屯丁借口赴省求减官粮，无故脱逃，如张茂、凌德诱人犯法，殊堪痛恨。除交司严办示儆外，合行剀切示谕尔等，试思流民挟赀谋地垦种，尚不能得一区，即用诡私相授受，经官查出驱逐，地仍照例缴官。似此动款试垦，诸凡妥备。三年后，仅纳薄课，何得云届期不能纳粮。原定每丁拨荒三十垧，先垦二十垧，留荒十垧，并未限定每年开荒五垧，果能弟兄子侄同力合作，胜于在外佣工，即尽数垦熟耕种，未为不可，何得混称第四年不能垦完。如现在具限迁移之双城堡纳丁户民三百二十名共种地八千二百五十余垧，共合计每名皆种二十五垧零，八旗垦丁胡竟不如民人之勤奋。又沈阳养息牧地开垦之事，各旗丁俱自备资斧呈垦认领，开垦之年，每亩交谷一升，五年后升科，每亩交库平纹银四分，每十亩计一垧，合库平银四钱，较之吉林屯课有赢。双城堡粮少，该丁等胡云不能垦完如数交粮，是皆怠惰性成所致，丧尽天良，胆敢纠众致得拖累多人，断难宽宥。况丁等贤愚不一，岂尽昧良灭性。如凌德、张茂起意约众之时，左翼二十屯并不随从，尚知天理之情，罔肯附和干罪。将来查阅时，定加奖赏示劝。本将军唯望尔等安分守法，善为务农，苦尽甘来，非特己身受益，兼可教率后人。既富方谷，进取功名，庶不负谆谆告诫之意，慎勿复蹈前辙。懔之，勉之，毋违。特谕。

嘉庆二十一年六月二十八日

为再行出示晓谕双城堡界内民户，准报开垦地亩事。查前经本衙门具奏，踏勘打牲乌拉三道卡萨里闲荒拨补吉林玛延官庄欠地三千余垧一折。奉上谕：赛冲阿等奏请，将三道卡萨里闲荒地亩拨补吉林官庄壮丁，除拨给外，其余闲荒不许旗民侵占。每年秋收后，请令该管官亲往查勘，以杜私垦等语。即着照所请办理，将此谕令知之。钦此。钦遵前来。当即札饬该管值年协领等遵办在案。查此项三道卡萨里之荒，乃系奏准开垦之地，以备拨补官庄欠粮。查该处距双城堡较近，本将军、副帅既出示晓谕，除流民不准招募外，双城堡纳丁民户如有情愿前往法特哈门东三道卡萨里地方开垦地亩者，前赴吉林户司报明，差官拨给地亩垦种，三年后，每年每垧交纳租粮五斗五升，自行赴城交仓。该户司将愿垦人等姓名、籍贯、居住社甲屯堡名色，造具纳册备案，以便派员前往丈给荒场，发给愿垦垧数执照，开垦耕种，一体遵照年分交纳租粮。特示。

嘉庆二十一年闰六月二十八日

为再行剀切劝谕双城堡八旗各屯旗丁务各激发天良以勤耕作事。照得双城堡开垦屯种，虽为移驻京旗之用，实为尔等之八旗穷丁生计起见。是以本将军亲诣该处详勘，地土肥美，堪以拨丁开垦。又多方筹划，核定章程具奏，奉旨遵行在案。今秋，本将军复至该处查勘耕种情形，尔等所垦地亩非唯多寡数目悬殊，即各家收成分数亦多少不等，足见勤惰之分。虽生荒地不易开垦，究系尔等工作不力之故。甚至不肖懒惰性成，脱逃相继。试思尔在本处，亦能不力作而可以养赡身家否。本将军因见尔等房屋窄小，男女无别，一家合具者尚易居住，其非一家合具者有难共居。本年复降霜较早，并虑及来年籽种不继，又为尔等奏请，添盖窝棚银三千两，借支来年籽种二千石，并将应交粮石递缓一年，于二十五年交纳。仰邀皇上鸿慈，均蒙俞允。如此厚恩，尔等身受者当思何以报答耶。合再剀切晓谕，为此示仰双城堡各屯旗丁知悉。嗣后务各激发天良，勤奋力田，设法雇人帮助耕作，种多得多，交相劝勉，生荒尽成熟地，洵为乐土。从此益加努力，渐可成家立业，免受穷苦。本将军实厚望焉。至前脱逃之人，一经拿获，立即枷号鞭责，无非劝善惩恶之意。嗣后尔等如再不知感激圣恩，仍复私逃，实非人类，必从严治罪。明春续行补派之丁，已饬各该旗佐慎选素日安分勤慎之人拨补。据称此次皆系认真挑选，到彼各宜劝勉，和衷力作。如再有脱逃者，除将该旗佐等惩办外，并将该领催等严行责革，缉获该丁，亦必从重究治。本将军言出法随，决不姑宽。其勿视为具文焉。懔之，慎之，毋违。特示。

嘉庆二十一年七月初一日

为晓谕遵照事。查近来双城堡屡报倒毙牛只，固系牲灾，然亦不善喂养所致。且各屯旗丁所养之牛，毫无责成，一经倒毙，自有官补，因不留心调养。更恐有不肖之徒，利其倒毙食肉，均未可定。除札饬协、佐领遵照外，合亟出示晓谕各屯旗丁留心，妥为喂养，以资耕作。嗣后，如有病倒牛只，即以车载拉赴双城堡，官为验明印记，取皮收存。该屯旗丁喂使经年，深得牛力，一旦病毙，自不忍食其肉，亦不便给领，仍责十鞭，薄罚示惩，以为不善调养者戒。其肉即给领催兵役五十六名分食。如此立定章程，各旗丁恐致受罚，留心喂养，或报倒毙较少，以利耕作可也。特示。

嘉庆二十一年九月二十六日

为晓谕双城堡移驻八旗屯丁认真开垦荒地，以裕家业而重国课事。照得吉林为我朝根本重地，承平已久，生齿日繁，八旗闲散余并无恒产，生计颇形穷蹙。前任将军及本将军前任吉林副都统时，因奉有踩勘闲荒移驻京旗之谕旨，随勘明双城堡一带荒地肥沃可耕。仰体圣主爱育旗人一视同仁至意，专折奏蒙恩准。先于吉林等处八旗无业闲散余丁内，挑往一千名作为屯丁，拨地试垦。所有牛具、籽种、口粮以及农器一切，无不官为筹备，固为将来移驻京旗计，亦为今日本处八旗计也。该屯丁等俱有天良，自应感戴皇恩，竭力耕作，借资养赡家口。多垦一垧，即多一垧之利。乃间有不知务农之丁怠惰偷安，相习成性，转视为畏途，甚至有携带器具钱文私行脱逃者，纷纷具报。当经前任将军、副都统饬令严拿治罪，并饬令另挑勤能务农屯丁补数在案。又查上年九月内，前任将军亲至该处查勘情形，因尔等房屋窄小，男女无别，实难共居。并勘明被霜较早，收成歉薄，虑及次年口粮不继，奏请赏发添盖窝棚银三千两，借给籽种粮二千石，并应交粮石递缓一年，于二十五年为始，均邀谕旨恩允，通饬遵行，按照给发银粮各在案。是为该屯丁等先后筹计，成家立业，器用饮食，更无丝毫不备，宜如何感激耶。兹本将军奉命重来，于六月初六日到任，首以双城堡垦地一事俱关无业穷旗生计，诚恐该屯丁等好逸恶劳，不知稼穑艰难，仍有报逃丁之事，有负国家教养务本恩意，用特谆谆告诫。试思百亩之田，八口之家可以无饥。今地一垧，计有十亩，能开十垧荒地，即属百亩良田。原定试垦二十垧，留荒十垧，不为不多。惟试垦生荒较熟地自为艰苦，尔等身沐天恩，果能认真农事，不惜辛苦，竭三时之力，获终岁之收，将见荒地愈垦愈多，愈种愈熟，不特移驻京旗来到即有熟地可耕，而尔等乐利屯居，子孙蒙福，得以共安耕凿，方可上答君亲。所虑者，难与图始。故既予之以恩，不得不绳之以法。嗣后，仍照前定章程，如有屯丁脱逃者，定将该逃丁拿案，枷号两个月，鞭责一百。该管之领催一并责革，其佐领、骁骑校记大过二年，协领记大过一年，以示惩儆。秋收后，本将军仍即亲诣该处查勘耕种情形，收成分数，并查验原续盖窝棚间数是否齐集，有无短少，核实办理。如有领银未经添盖情弊，一经查出，官则立予参办，丁则加重治罪。合先出示晓谕，为此示仰双城堡八旗试垦官员屯丁人等一体遵照，实力开垦，共相劝谕，以期日有起色，无稍玩忽。本将军言出法随，决不宽贷。

　　懔之，慎之，毋违。特示。

嘉庆二十二年七月二十四日

　　为剀切晓谕韩家店至凉水泉一带种地民人遵照事。照得本将军钦奉谕旨筹办双城堡屯田，以备移驻京旗苏拉一案。设立办理屯务官兵给予随缺房地，俾资办公。惟查吉林官兵皆系本省土著，遇有事故，尚有原籍可归。至盛京及京旗移驻官兵，已入本省旗籍，到时虽有随缺房地，日后事故出缺，房地退交新补之人，栖止养赡均无资借，不得不筹备余荒，以资将来拨补之用。去岁出派委员查勘，据报双城堡界外由东迤北自韩家店至凉水泉一带余荒，可垦二万余垧。兹复派员新展封堆，据报封堆内有民人七十余户，均有垦种地亩等语。查双城堡荒地，原系前任将军于乾隆四十三年奏准留备移驻京旗之地，嗣经阿勒楚喀、拉林苏拉满洲私招民人佃种收租，殊干例禁。是以本将军查丈屯丁房地界址，业经奏明驱逐在案。此次新展封堆，若将民人概行驱逐，未免失所。应令该民户各将伊等名下所垦熟地，逐段开明四至亩数，赴双城堡协领衙门呈报。自二十六年为始，每垧纳租五市斗，自赴公所交纳，准其永远承种，不许增租夺佃，亦不许续行私垦。如敢私垦，照例治罪。若有拖欠，即行撤地，仍将该民人等逐境。该民人等如果无力承种，许其退佃，不得据为己业，私行典卖。此项租粮应在双城堡三屯公所何处完纳之处，俟该协领汇齐具报之后，再行分拨示遵。除札饬双城堡协领外，为此示谕该民户等均各遵照。毋违。切切。此谕。

嘉庆二十五年四月十五日

为酌定章程，再行剀切晓谕双城堡界外居住旗民，并界内之三屯屯丁等一体遵照各安生业事。照得本将军、副帅钦奉谕旨筹办双城堡屯田一事。前经本将军亲诣该处勘查地势，彼时委员将官荒定界设立封堆，曾出示晓谕，左近旗民人等不得越界侵占私开，更不得招引亲友复来，希图偷开地亩，一经查出，旗人则严惩重办，民人则治罪递籍，将地平毁等因出示。嗣经安置三屯旗丁，每名拨给荒地三十大垧垦种，且恐生齿日繁，挨垅顶地，致起争端。饬令该管协、佐领等将该丁等所分之地每块纵横各留三尺荒隔，四角各钉木桩，不许希图多得，任意越界占种等因。又复札饬并出示晓谕三屯屯丁各在案。适闻竟有阿勒楚喀、拉林所属旗人，并界内官屯屯丁等混行，任意越界占种熟地，甚至率领多人抢割他人所种麦石，殊属目无法纪。除咨阿勒楚喀副都统衙门暨札饬拉林、双城堡协领严行究办外，合亟酌定永远章程，再行剀切晓谕，以绝觊觎。为此示仰双城堡三屯大界封堆以外居住旗民，并界内三屯屯丁等知悉，本将军、副帅现复开列数款，明白晓谕尔等，务宜懔遵，各安生业，以仰副圣恩并本将军、副帅谆谆告诫之至意。自示之后，倘仍有抗不遵照章程，任意越界垦种及私行占种熟地者，一经查出，务必从重治罪，决不姑宽。毋违。特示。

计开：

一、公所界内系官兵随缺地亩，无论生熟地亩，有情愿承种者，自赴公所立约，定界交租，不许旗民人等并屯丁私行占垦。

二、小封堆界内系屯丁额地，不许界外旗民人等占垦。

三、大封堆界内系双城堡备用地亩，其熟地任原垦旗民承种纳租，不许屯丁贪图熟地占种，其荒地除报明认领之外，一概不准开垦。

嘉庆二十五年七月十八日

为出示晓谕双城堡左近各处丁民人等开垦地亩事。照得前经本将军具奏，设立双城堡中左右三屯官兵随缺，中屯连移驻京旗共有官地二千七百二十垧，左右二屯连移驻京旗各有官地一千四百四十垧，三屯共有随缺荒地五千六百垧。第官兵各有差务，不能亲自开种，合行出示晓谕左近丁民人等知悉。如有情愿前往双城堡三屯地方开垦地亩者，即在该管官处报明，拨给荒场，自力垦种。每名承领不得过一百垧，准其携眷前往。初种之年，每垧纳粮一市斗，第二年每垧纳粮一斗五升，第三年每垧纳粮二斗五升，第四年每垧纳粮三斗五升，第五年每垧纳粮五斗，第六年每垧纳粮六斗，以后永远照此数目交纳。如不拖欠，不准夺佃。若有私行辗转典卖者，查出追价入官，仍行治罪，撤地另佃。并各发给关防执照为业。特示。

嘉庆二十五年七月十九日

为出示晓谕事。照得双城堡中左右三屯屯丁等所得乳牛孳生牛只准给尔等，可以多开地亩，本将军曾经面为晓谕，但未出示张贴。今闻尔屯丁等原领乳牛竟有全未孳生者，亦有孳生一、二、三、四条者不等，又被冻死狼伤者，此皆不经心照料喂养所致。尔等或恐报出入官，是以如此存心，此大不可。合行出示，明白晓谕尔等，初领乳牛未免不能得力，今既生犊，断无入官之理。尔等牛只既多，正可雇人多开地亩，即无工钱，亦可招人，给以牛只，四六分种，或使给租。但此项地亩许种而不许典，牛只许使而不许卖。唯中屯原给器具较少，其有种地已过十垧又无孳生之牛者，准添给官牛一条，以示鼓励。尔屯丁等各将原领乳牛务必经心加意喂养，孳生之牛即为己有，并不入官，以备尔等多开地亩。倘不经心，以致牛犊冻死狼伤，或私行售卖者，一经查出，从重治罪，决不姑宽。毋违。特示。

嘉庆二十五年八月十四日

为剀切晓谕双城堡三屯旗丁，以时婚嫁，顺伦常而正风俗事。照得本将军近闻双城堡屯丁无妻者多，且有二三十岁男子定七八岁女子为妻者，又十七八岁女子未许嫁者。细加访察，定亲许钱二三十吊，女齿大索聘愈多。尔等要知男女以时，王者之政，婚嫁以礼，人道之常。尔各旗户，无论富贵贫贱，男婚女嫁，必应择其年岁相当，以礼聘娶，乃为正道。今移驻双城堡三屯各丁，均系国家发祥之地土著满洲旗人，诚恐尔等不知礼制，违越妄行。本将军悉心筹度开列数款，明白晓谕尔等，务宜恪遵，以仰副圣朝生成豢养之厚恩，本将军抚驭调教之至意。自示之后，若仍蹈前辙，不顾旗人体制礼法，任意妄行，倘经查出，定将主婚之人拿究重惩，决不姑宽。毋违。特示。

嘉庆二十五年八月十四日

计开：

一、三屯旗丁有子女，务在三屯界内择其年岁相当，凭媒结亲，以礼聘嫁，不可议给外人。庶母子不致远离，交相亲爱，诚为美事。

二、婚嫁原为子嗣之计，男女年岁相当，方能生育。若男子二三十岁以七八岁女子为妻，年岁大相悬殊，婚嫁焉能及时。嗣后屯丁等男女结亲，务须年岁相当，以广生育。无得长男幼女，混相配合，致乖妻与夫齐之义。

三、嫁女只应择婿，若男女门户相当，年岁相等，即可结亲，不应希图多得聘钱，致令男女婚嫁失时。为父母者，亦于心有所不安。嗣后屯丁等务须各为子女及时嫁娶，无计财物多寡，有伤风化。

四、同姓为婚，古所禁止。嫁女与民，国有例禁。方今功令森严，违者必当照例治罪。尔屯丁其各懔遵焉。

为晓谕左、右二屯屯丁等遵行事。照得本将军按临双城堡查看三屯，行至左屯界内，竟有屯丁等以承领开地荒场不足原定三十大垧之数等因，纷纷呈诉前来。查开地荒场去岁本将军派员丈量插签，以备今年分给尔等开垦，但该委员等用绳丈量，或绳有松紧不等，步有大小不同，以致原丈步数不准，亦未可定。为此晓谕尔等，眼同屯达各将承领荒场另照发给五尺步弓丈量，按七千二百步大垧，每块三十垧外，四面仍各多量三尺，以备耕留荒隔。如有不足之数，即向四面有余荒之处展增，挨屯以次展推。总要各足三十大垧之数，以备日后养赡身家无缺。每块丈量明白，四角各钉木桩呈报，以备该管佐领等复行查丈。若有冀图多得弊混者，查出定将尔等从重责惩不贷，仍照依崇额之例，连家属解回盛京，交该管原旗严加管束，比追迁费，所领器具交还，决不姑宽。切切。特示。

嘉庆二十五年十月初十日

为通行晓谕事。照得双城堡中、左、右三屯脱逃各丁尚无缉获，本将军、副帅前曾酌定章程，如系只身者，所有器具以及迁费钱文着落该旗照数赔出，给予新补之丁。如系有眷者，拟以双城堡该管官等分赔六成，该旗分赔四成，即经饬办在案。现据该堡先后呈报逃丁，无不携带多器，甚有窃牛脱逃者。试思该管查屯委官、领催以及总屯达等所司何事，况牛行甚缓，即逃尽可赶拿，何致竟任远扬，可见素不稽查，不以为事，怠玩之极。甚至有不肖屯丁将器具等项或当或卖，或经损失，一有脱逃，即将前项缺少器具均坐逃丁一人携带呈报，使原旗赔补，该协领、佐领亦不查究虚实，率行呈报本衙门，遂据详着落各该旗照数赔补，未免偏枯，不成事体。合亟出示严禁，为此札仰该协领转饬各翼佐领、骁骑校，及查屯委官、领催、总屯达等，嗣后务各认真随时稽查，并同具屯丁互相觉察，如有逃丁，必实力追拿，据实呈报本衙门，酌核罚赔。其有窃牛脱逃者，除责令该管官及该查堡之领催、兵丁、屯达等分赔外，仍将该查屯委官、领催、总屯达等分别责革示惩，以昭平允。再查本年该堡陆续具报倒毙官牛甚多，推原其故，该丁等因官牛倒毙可以补领，只知尽力使用，并不经心喂养，而该管官亦以为有官项可动，并不经心，即为转报了事，均为自昧天良。嗣后，该管官以及屯达、屯丁等各宜实心实力，视官牛为己牛，视物命为人命。充此恻隐之心，必食忠厚之报，天裨丰年，人登上寿。蒸蒸乎俗美风淳，斯为教而克从，但有上考而无弹章，本将军、副帅日企望之，愿共勉之。切切，毋违。特示。

道光元年五月

为再剖切晓谕事。查匿名揭帖，无论虚实，罪应拟绞。尔兵民如实有含冤负屈之事，何妨出名据实控告，本将军、副帅必亲为讯问，或派贤员查访办理，无不皂白分明。倘一匿名揭告即属全实，仍应拟绞，殊堪悯恻，尔等何愚至此？为此再行出示晓谕事。苟得实，官长亦不能治尔死罪，何故匿名先自犯死罪乎？各宜懔遵勿违。特示。

道光元年六月初六日

为晓谕乡村各户被窃速报以凭捕究事。案查盗贼为患，究察之责，专在有司，未闻有纵贼为匪而市宽大之名者。近闻吉林所属地方，多有被窃牛马之家，竟隐忍不报，以致贼匪肆行劫窃，甚至勒令赎取，或活剥皮张。此等猖獗，大为民害。揆其情，乡村被窃不行呈报者，大抵恐一经报官，而差役以缉贼为由，借端勒索盘费，是事主未获所失，仍须先用使费，此所以小民被窃隐忍不报，致贼匪公然无忌，各处地方官亦不实稽查。除将界官鞭责示惩，勒限缉拿，厅官巡检暂为记存外，合亟出示晓谕，各处凡有被窃者，速即开明月日、牛马、毛片、衣物数目，是抢是窃，填注清单，呈报本地方官转详，以备踩缉贼匪，从重分别究办，毋庸失主协同跟缉。倘有差役番捕有借端挟制勒索及受贿故纵、地方各官不为转报等弊，尔失主即赴城喊控，本将军、副帅必加重治罪，决不姑贷。自示之，尔等如有被窃不报，将来拿获牛马，讯出窃所，虽准认领，亦必治以不报之罪。毋谓言之不剀切也。特示。

道光元年七月初四日

为晓谕中左右三屯及时开垦以利耕作事。本将军此次查勘所开荒地，多寡不一，良莠不齐。询及情由，皆言土硬难开，是不知耕作之道耳。刻下大田尽割，赶早拉运，堆垛完结，俟冬天闲时再行打场不迟。趁此九月天气，地土湿软，大家同心竭力开荒，多开几晌，明年可以耕种。若俟春日地干，大费牛力。且春日冻化最迟，及融化已透，又当播种之时，无暇开荒。勤则男有余粟，女有余帛。尔等多开多种，获粮必多，借以贴补衣履，养赡身家，上以报皇上鸿恩，下以为子孙家业，庶不负本将军谆谆告诫之意。再各处开荒必在屯近周围先开，不宜远去，致多不便。再各屯周围既挖沟壑，留有四门，当按门留宽车道，不可拦门横垅开地，使来往车行践踏禾苗不便。各宜懔遵。毋违。特示。

道光元年九月十一日

为晓谕左近双城堡中左右三屯及阿勒楚喀、拉林当商勿当农器，以便耕作事。本将军遵旨设立双城堡三屯移驻京旗，其屯丁开垦地亩一切农器，皆系动用国帑，官为办给，岂可任意典当，图便钱文，坐收其利，本将军不能不严为禁止。自示之后，尔双城堡左近当商人等，遇有一切农工器具，一概不准押当。如敢故违，仍照常收当取利者，或经告发，或被查出，定将原物起出，本利全无，照谕当军器例治罪，决不姑宽。各宜懔遵。毋违。特示。

道光元年九月十八日

为晓谕旗民农户种植棉花事。照得食与衣，民命所关。耕与织，农功之首。耕者，食之源。织者，衣之源。自古男耕女织，比户丰盈，所谓藏富于民者此也。织之道有二，曰丝，曰布。丝取之于蚕桑，布成之以棉花。蚕桑唯宜于南方沮洳之区，北方间亦有之。然丝帛乃贵者之服，非农人之所急需也。布则人人所用，棉花则处处皆宜。吉林土广田美，产谷甲于天下，而布则贩运于直隶、山东各省。年丰谷贱，十亩之谷，不敌一衣之费。终岁之勤，不得三冬之暖。惟不知种植棉花，故至于此。或以为吉林地寒霜早，不宜棉花，其说非是。即如直隶，地亦近北，初亦不知种植棉花。自乾隆年间，方制军讲求其法，饬属广为劝课，其利大兴，乃为耕织图说以进御。以直隶近北早寒之地，而其所产之棉花乃贩运于他省居民，至今享其利。又如奉天更在直隶之北。奉天之铁岭更与吉林相近，其天时寒暖亦复相同。本将军前任奉天，种棉花者尚未甚盛，去年年班过铁岭，棉花丰收。据怀知县言，竟有南客携数万金至彼贩运者。本将军当即购买棉籽，于署之后园播种，并发给双城堡协领散布屯丁播种，今秋皆有收获，第不甚丰美，乃种植之不得其法也。正在广询博访，适原任直隶大名府王太守赴戍龙江，过吉来谒，亟询之，乃出所带耕织图，自种植以至收获，其法甚详。本将军复委员亲赴铁岭购买棉籽，并询之土人，以印证耕织图说，均相吻合，是其法信而有征。我吉林旗民农户所当效而法之，以收其利者也。惟是利之所在，趋之若鹜。铁岭距吉林咫尺，农民岂未闻之，或恐狃于地寒之说，否则习于播谷，谓可操券而获，种植棉花尚未知有收与否，是皆苟安于目前，而不知长久之计者也。种谷每垧收五六石以上，价每石一千五百，计之不过得市钱十吊。种棉每垧最少收净花六七十斤，以中价每斤三百计之，值市钱二十吊上下。枭谷须拉运赴市，收花则便可自用。至棉植打尖、摘桃，一家妇子皆能为之。且棉籽可以打油，其利倍，其事亦甚便。男耕于野，妇织于室，足食丰衣，是则本将军、副帅之所厚望于吾旗民农户者也。为此出示晓谕，胪列耕织图说五则于左，父劝其子，兄勉其弟，乡约保正，为之倡率，读书明理者为之讲解，旗员界官、地方有司稽其勤情，加以奖劝。自道光二年始，各旗将每牛录所管旗人、各厅将每乡约所管民人，每年种植棉花若干垧，于秋成后分别具报。惰者罚之，其勤而有功者将奏之朝廷，加以奖励，小则给以匾额，重则赏以官爵。享其利且荣其身，愿我旗民农户其各勉之毋忽。切切。特示。

道光元年十月二十八日

棉花图说摘抄五则

一、种植。种选青黑核，冬月收而曝之，清明后淘取坚实者沃以沸汤，令其冷，和以柴灰种之。宜夹沙之土。秋后春中频犁取细，列作沟塍。种欲深，覆土欲实，虚浅则苗出易萎。种在谷雨前者为植棉，过谷雨为晚棉。

二、汲灌。种棉必先凿井，一井可溉四十亩。种越旬日萌乃毕达，农民仰占阴晴，俯瞰燥湿，引水分流，自近彻远。杜甫诗云：农务村村急，春流岸岸深。情景略似。北地植棉多在高原，鲜溪池自然之利，故人力之滋培尤亟耳。

三、锄苗。苗密宜芟，苗长宜耘。古法一步留两苗，虽不可尽拘，大要欲使根科疏朗耳。时维夏至，千锄毕兴，一月三耘。七耘而花繁茸细，犹之谷五耘而糠秕悉除也。苗有壮硕异于常茎者为雄本，不结实，然不可尽去，备其种，斯有助于结实者。又或杂植脂麻，云能利棉。

四、摘尖。苗高一二尺视中茎之翘出者，摘去其尖，又曰打心，俾枝皆旁达，旁枝尺半以上亦去尖，勿令交糅，则花繁而实厚。实多者一本三十许，甚少者十五六。摘时宜晴忌雨，趋事多在三伏。时则炎风畏景，青裙缟袂，相率作劳，视南中之修桑摘茗，勤殆过之。如或失时，入秋候晚，虽摘不复生枝矣。

五、采桃。花落实生，实亦称花，惟棉为然。花似葵而小，有三色，黄白为上，红则结棉有色为紫，花不贵也。实攒三瓣，间有四瓣者，亟絮其中，呼为花桃。桃裂絮见为棉熟，随时采之。此枝已絮，彼枝犹花，相错如锦。自八月后，妇子日有采摘，盈筐撷袥，与南亩之馌相望。霜后叶干，采摘所不及者，粘枝坠垅，是为剩棉。至十月朔，则任人拾取无禁，犹然遗秉滞穗之风，益征畿俗之厚焉。

为劝谕旗民人等放蚕事。照得蚕桑乃南方之俗，丝帛为贵者之衣，前于劝种棉花示内，业经晓谕。本将军、副帅方欲与吾旗民人等力崇俭朴，岂肯导以奢靡？然而耕之为道，五谷并植，以防旱涝，或宜于湿，或宜于燥，不得于此，必得于彼，教稼劝农，所以不拘一种也。唯植柘之道亦然。棉花植于平畴，倘有旱涝，岂能年年丰收，不可不有以补救之。因思蚕有家蚕，亦有野桑。诗所谓山有桑也。山桑之类不一，曰柘，曰檿。周礼所谓取干之道，柘为上，檿次之，二木皆可为矢。又曰：无伐桑柘，重蚕食也。书曰：厥贡檿丝，是柘与檿。养蚕之明征也。柘与檿之生于山，丛密成林，各处土名不一。本将军任奉天时，稔知南城一带原隰则种谷，山林则放蚕。其呼山桑曰波罗叶。放蚕之法：蚕初生，采嫩叶切饲之。少长，即散放树上，但须防鸟雀啄食蚕种。一山场以二三童子看守之，任其自食，老则结茧于枝，摘归缫丝，织成绸曰山茧。绸美观不及南绸，而坚实过之，于农人家居甚相宜。可染五色，青蓝者为男衣，红紫者为女衣，价值较布少昂而耐穿耐洗。放蚕之利实可与棉花并行，而又可以补救其不足。山蚕结茧在夏月者谓之春茧，夏月所放经秋而成者谓之秋茧。秋茧少次于春茧，一岁实可两收。奉天农人山蚕之利如此。本将军三任吉林，未见放蚕之家。初以为山桑限于地利耳，昨因筹种棉花思及此事，派人入山寻觅所谓波罗叶者正复不少，因思利之所在，人争趋之。吉林与奉天比邻，且农人自彼而来者甚多，岂不知山蚕之利。但奉天放蚕之禁山有山租，茧有茧税，或者旗民人等不敢私占山场，恐干例禁也。为此晓谕尔等农人，无论旗民，俱准踩觅放蚕山场，开明四至，旗赴旗官，民赴民官，呈明具报委员查勘无碍者，本将军、副帅给印照，准令放蚕，永免租课，以广农利。但不许砍伐树木，并在官山占种地亩。此本将军、副帅曲示体恤旗民人等，当必知自谋生业，不肯怠惰苟安，坐弃地利也。切切。特示。

道光元年十一月初一日

　　为晓谕屯丁安分力田以免潜逃事。照得双城堡之设，原为旗人生计，是以各处拣派旗丁送屯，按名给予地亩、耕牛、器具，房间、口粮、迁费，使之无家有家，无业有业，即尔等父母遗产亦未必能如此全备。尔等自应安分，尽力耕种，久之自成乐土。乃有不肖屯丁携眷多物潜逃者，本将军、副帅前已饬据各该旗先后拿获，枷号重惩，交旗管束，永不准挑差各案。今查双城堡三屯所有移驻屯丁，其中屯自嘉庆二十年起，其左、右二屯自二十五年起，历经数年，事事俱有现成规模，可以安居乐业，踊跃力耕。且中屯现届交粮之期，更应力田完公，而该屯丁内尚有陆续抛弃家口脱逃者，不知是何居心，昧尽天良，诚禽兽之不如，殊堪痛恨。除现据鸟枪营及镶黄旗拿获逃丁郭德、六柱二名，本将军、副帅当堂先行掌责枷号，俟满日，重责四十板，饬旗管束外，合行出示晓谕，为此示尔屯丁等知悉。自示之后，各宜细思皇恩，多种地一垧，即为己产多得一垧之粮，共相劝勉，尽力农田，期至殷富，以副本将军、副帅筹划旗人生计之至意。如该屯丁内实有缺短不足之事，不可遽行脱逃，即先在该佐领前据情呈明，转呈协领处核办。如该协领不为申理，许尔等赴省投辕呈诉。只须有情有理，并无架词妄渎，本将军、副帅无不秉公究办。倘系躲懒巧诈，无故潜逃者，定必拿获，照郭德、六柱一律办理，决不姑宽，彼时悔之晚矣。勿谓言之不早也。懔之，慎之，毋违。特示。

道光二年三月初一日

　　为出示晓谕屯丁事。查双城堡每丁一名，费国帑四十七两，为开种地亩，各养身家。每丁应开种地二十垧整，将来京旗到日，交熟地十五垧，仍有熟地五垧，可以自种备食，所给执照内均为注明在案。前谕养蚕，亦欲尔等衣食有赖。今闻各丁不能多开地亩，先欲请讨蚕场，是舍本逐末，断不可为。该丁等将本身之地开种二十垧后，帮丁众多，不误耕作，工力有余，方准拨给蚕场。不许舍本逐末，致堕本业。本将军前示内，男耕女织，言之甚明。养蚕原系妇功，一二百里之外放蚕，妇女岂能独往。该丁等因是抛荒农务，非本将军筹计屯田农桑并重之本心也。毋违，特示。

为出示晓谕双城堡中、左、右三屯屯丁知悉。照得善政首在便民，丁亦民也。因民之所利而利之，乃见处处食用流通，人人取携便适。关内各直省，无论穷乡僻壤，均于远近适中之地各有集场，或逢十，或逢二、逢七，愿卖愿买，毕至集场交易。凡居家过日，巨细精粗应用之物，无有短绌。兹双城堡分屯种地，除粮食柴草不须转购，其余日用纤屑之物，非赴数十里之拉林，即百余里之外阿勒楚喀置买，往返一两日，未免抛荒农业。本将军于尔等持家过度，常在心目中，即如屯内间有织席编筐、做箱打柜之家，闭户做成，无从出售。或有需此之家，又不能按户挨门叩扉寻觅，甚至因货滞不消，遂即歇手。若随做随卖，岂不于农隙之时又添利益。需买者因买觅无门，只得远赴市肆，若适相会合，岂不又省费盘缠。席、筐、箱、柜只是举此四端，此外日用常行，不胜枚举，色色皆有能做之丁，件件悉系必需之物。即如宰猪一事，宰却一猪，一家三四口能食几何，便不肯宰，无奈孳生益广，又不能赶群远卖，若有集场，则自食之余，即以卖钱，人人皆可食肉，一人便而众人都便矣。今与尔等酌定，三屯集场皆在公所，则南北东西四十屯远近适中。中屯系逢五、逢十，如系小建，则在每月二十九日。左、右屯并系逢二、逢七。中屯不与左、右屯同日者，左、右屯距中屯路近，参差排定，设有急需，可以兼趋中屯之集，而中屯亦可兼趋左、右屯之集。除颁示集外，合亟通加晓谕。特示。

道光二年五月十六日

为颁示集规永远遵守事。案照中、左、右三屯各于公所设立集场，中屯系逢五、逢十，如遇小建，以二十九日为集期。左、右二屯系逢二、逢七。除出示晓谕外，所有集规，合亟逐条颁示，为此示仰三屯丁壮一体遵照，并协、佐等官妥为弹压。特示。

计开：

一、集场辰聚西散。除各赶各集外，左、右屯可兼趋中屯五、十之集，中屯亦兼趋左、右屯二、七之集。如钱不凑手，将物换物，亦属两便。

二、出卖零星杂货，准其搭盖席棚及摆摊支架，所有一切食物用物，俱准出卖，惟不许贩卖赌具及砒信等害人之物。

三、粮食用官定市斛市斗量兑，不准店铺仍用加二斛斗剥削穷丁，该协、佐随时查察。

四、佣工之人荷锄晨集，待人招雇，名工夫市。既有集场，均应赴集，两相说合，不致如从前之招觅无人，求雇乏主。

五、严禁公所穷兵倚恃官人，强向赴集屯丁赊取货物、粮食。责成该佐领稽查，一经查出，即详革严办。

六、严禁搭棚聚赌。如敢徇庇姑容，该管官一体严办。

以上各条永远遵守，各无怠忽。懔之，慎之。

道光二年五月二十二日

东北屯垦史料

衣保中 整理

编辑前言

以双城堡屯田为契机的京旗出关移屯是东北开发史上的重大课题，它拉开了东北流民大规模开发东北的序幕，值得深入研究和探讨。

王履泰《双城堡屯田纪略》一书从微观上记述了从嘉庆十九年（1814）至道光三年（1823）双城堡屯田的翔实情况，为研究该处屯田提供了弥足珍贵的历史资料。但是从宏观上看，京旗移屯的背景，双城堡屯田在整个东北开发过程中的历史地位，它与东北其他地区屯垦比较所独具的特点，则是这部历史文献不能解决的问题。而且该书因受时限所拘，不能得见屯田始末全貌。为此，我们从光绪朝《大清会典事例》，席裕福、沈师徐辑《皇朝政典类纂》，贺长龄辑《皇朝经世文编》，陈弢辑《同治中兴京外奏议约编》和王延熙等辑《皇朝道咸同光奏议》诸文献中选辑有关史料，汇成是编，系统展现清代东北屯垦的大致轮廓，提供研究东北各地区屯垦最基本的背景材料。同时，亦可与《双城堡屯田纪略》互为表里，相互参证，以便全面了解和认识双城堡屯田。

本编共分五个部分：

第一部分为"移屯缘起"。选编倡议移屯的八篇奏疏。这些奏疏皆系当政名臣所撰，对清政府的移屯决策具有重大作用。正如清人萨英额所说："后之踵议屯田者，得此卷以为率由，则事不难矣。"奏疏中反映清政府实施移屯政策最直接的动因就是解决"八旗生计"问题。各奏疏对"八旗生计"问题的产生及严重性做了深刻的分剖，并提出了系统的移屯建议和规划，成为后来清政府移旗就垦的重要理论依据。

第二部分为"开垦沿革"。选录有关吉林地区设立官庄、旗地及东北旗丁、站丁开垦土地的资料。从中看出，在京旗移屯之前，吉林地区就已设立大片官庄、旗地，开发大片土地，为京旗移屯提供了物质条件。同时，清政府为安置京旗，促使旗人、站丁开荒种地，扩大垦区，从而推动了吉林地区的土地开发。

第三部分为"双城堡屯田"。主要辑录道光五年（1825）以后的双城堡屯田史料。详细记述了双城堡屯田的失败及其原因。（《双城堡屯田纪略》中所

载从略）

第四部分为"伯都讷屯田"。伯都讷屯田是对双城堡屯田的发展，它采取了与双城堡不同的开垦方式，没有像双城堡那样搞"旗丁代垦"，而实行招民开垦政策，直接推动了流民的移入和土地开发。

第五部分为"黑龙江屯田"。选收的史料大致勾勒了清代黑龙江地区官庄旗地的设立及旗人移屯的基本情况，可与吉林地区屯垦历史相互参照，揭示东北土地开发的共同规律。

除了本书选编的史料外，《长白丛书》其他各集也收录了丰富的吉林屯垦史料。为节省篇幅，本编不再重复收录。有志于此者可参阅《长白丛书》初集中的《吉林外记》卷 7（田赋）和卷 10（双城堡、伯都讷屯田），《吉林志略》（上、下卷），《吉林通志》卷 1–10（圣训及大事志），卷 28–33（食货志）和卷 50–57（武备志）；二集中的《吉林志书》（田赋、开垦）、《吉林分巡道造送会典馆清册》（田赋）、《永吉县志》卷 21（食货志）；三集中的《东三省政略》（财政、旗务）和《清实录东北史料全辑》；四集中的《吉林农业档卷》；等等。

本资料由衣保中同志搜集、摘录、标点和编排，李澍田教授审定。

一、移屯缘起

窃惟满洲兵民实为国家根本。年来穷苦日甚，关系非小。倡富强霸术，利害相参，赈济恩施，久远难恃。臣谨以大道永计，为皇上陈之：

一曰修举农功。昔周代良法，寓兵于农。本朝计丁受田，兵马器械皆从此出，其制实与周合。乃连年饥馑，遍野荒芜，虽属天灾流行，亦由人功怠惰。应请皇上急择每旗才干大臣一员，并谙练农事、通晓水利官二三员，将本旗地土逐处躬亲巡阅。招集士民，购求溃川何处当修，积水何法放出，中间地防决口，一一审详。预备淫霖，兼防亢旱，算工估费。敕下所司，速措钱粮，佃户量助人力，及时修筑，限日告成。虽所费必多，实系一劳永逸，丰年必然厚获，凶岁亦不大荒，此乃务本之大道也。

【户部尚书陈之遴，顺治十二年，《满洲兵民生计疏》】

我朝定鼎燕京，则辽阳发祥之地，实犹昔之南京也。自墨勒根王苟且补苴，而陪京规制，缺焉未举。幸皇上亲政，加意根本，悬爵招民，权宜鼓舞。究竟所招不多，生聚无几，开垦未广，名器徒轻。顷见辽阳知府张尚贤招徕不继一疏，有云：去岁自春徂秋，招头绝迹，请敕部设法招徕，或此法难行，更有彼法可通等语。而部覆以为招民之例，原经会议题定，已属破格鼓舞，毋庸再议。臣愚以为与其悬爵招民，应之者少，不如仿明初之制，将辽阳等处田地，酌量分给功臣之家，令其委托家人庄头耕种收获，供送本主。彼之地利既熟，而办种必饶，又无烦司农之筹画者。况八旗兵丁，加以连年水患，户部议给涝粮，公私两受亏耗，孰得孰失，明白易见。至于近畿之地圈给八旗，朝廷虽有拨赏，恐难尽如原数。以臣愚计，莫如即将辽阳所属余地查数拨补，有力之家不妨多给。在畿民无失业之虞，不独无地而有地。在朝廷鲜抛荒之患，亦可因地而得民，较之近日悬爵招徕，其间容易繁难，相去径庭矣。且旗下旧人常言关东土地肥饶，可惜抛荒，无人耕种。由此观之，谅亦臣民之所乐行者，此所谓厚功臣收地利之一也。

【吏科给事中王益朋，顺治十四年，《全地利重根本疏》】

臣闻治天下之道，在乎由亲以及疏，由近以及远。果能使根本绵固，则枝叶自茂。臣愚以为八旗者，国家之根本也。我皇上深见乎此，体列祖爱养旗人之圣心，有可利济之处，莫不毕举，两年于兹，裨益多矣。然以久远计之，犹未见其可以无虑也。盖养人之道，在乎因天地自然之利而利之，必使人自为养，斯可以无不养。如若按人按户，给衣给食，虽一州一县尚不能遍，况八旗之众乎。我朝定鼎之初，八旗生计颇称丰厚者，人口无多，房地充足之故也。今百年以来，甚觉穷迫者，房地减于从前，人口加有什伯，兼以俗尚奢侈不崇节俭，所由生计日消，习尚日下，而无所底止也。夫旗人之所赖以为生者，惟有房地，别无他项。若房地不充，虽百计以养之，究不过目前之计，终非久远之谋。我圣祖仁皇帝爱养旗人，不啻父母之于赤子，休养安全，历数十载，可谓深矣，可谓厚矣，而近年以来尚至如此，此岂可不亟为计虑乎。惟是京师房屋，尚可通融，而地亩则昔时所谓近京五百里者，已半属于民人。前经臣工条奏，动帑收赎，奉旨徐徐办理，尚未举行。臣愚以为即便举行，而八旗之人口太多，亦未必尽能有济。故臣熟思长计，势不得不变通布置，惟使不聚于一方，庶可并得其利益。苟能收效于日后，何必畏难于目前。伏思盛京、黑龙江、宁古塔三处，为我朝兴隆之地，土脉沃美，地气肥厚，闻其闲旷处甚多，概可开垦。虽八旗满洲不可散在他方，而于此根本之地，似不妨迁移居住。且八旗之额兵将及十万，复有成丁闲散数万，老稚者不在内，若令分居三处，不惟京城劲旅原无单弱之虞，而根本重地更添强壮之卒，事属两便。由是合计京师及三处地亩，均匀摊给，务使家有恒产，人有恒心，然后再教以俭朴，返其初风，则根本绵固，久远可计矣。但安土重迁，乃情理之固然。而就易避难，实事势之所有。迁之之道，必先料理于数年之前。俟三处一切之规模既定，然后于八旗之愿往者，及生计极穷者，一一筹其起身安家等事，明白晓谕，厚加赏赐，俾各欣然就道，不知有迁徙之苦，方可不碍于事理。若料理稍不合宜，致有抑勒，或有遗漏，乃徒生一番扰累，转伤旗人依恋之心，更复何益之有。是在皇上拣派忠厚明干之大臣，于临期悉心料理，庶可使之无弊耳。至于预筹之道，请密饬三处将军等，令其踏勘所属地方，其为可垦之处，应得若干地亩，可住若干兵丁，作何建造城堡房舍，有无禽鱼水泉之利，逐一审度，据实具奏。俟准行之后，广募民人，择地开垦。其无力者官给牛具籽种，而不遽行升科，俟地既熟，果有收获，即动帑建造城堡以居民人、商贾。该将军量度情势，如为其人可以迁往之时，即奏闻动帑，酌定移住人数，一面改造房屋，分定区宇，然后自京派往。俟到彼时，即将所垦之地按户摊给，或即仍令民人耕种，交租给兵。则旗人不过有一往之劳，而较之在京已得世世之恒产矣。更祈皇上仍照旧例，开设公库，将各省税务，归并旗员。并将旗地典与民者，收赎给还本人。其现存公中收租，每年散给穷人之地，一并分赏无地之家。臣请以十年为期，将前项事件次第举行，将见满洲生计日增一日，仍复其初。廉耻之风既振，强干之气自生，纲纪益张，根本益固，然后更为因时制宜，则久远之谋更在于是矣。

【御史舒赫德，乾隆二年，《八旗开垦边地疏》】

窃惟人生所赖以生者衣食，衣食所恃以足者农桑，故曰：一夫不耕，天下必有受其饥者。一妇不织，天下必有受其寒者。舍农桑而谋生计，其不可以持久也审矣。我国家休养生息，于今百年，户口日繁，生计恒患其绌。而目前所尤宜急筹者，莫若满洲八旗之恒产。盖民生有四，各执厥业，士农工商，皆得以自食其力。而旗人所借以生计者，上则服官，下者披甲，二者皆取给于大官之钱粮。夫国家之经费有定，户口之滋息无涯，于此而欲博施济众，虽尧舜犹有所不能也。

我皇上御极以来，仁恩普遍，欲使天下无一夫不得其所，满洲八旗生计，久已上厪宸衷，而恒产至今未定。盖以内地已乏闲田，而满汉总归一视，其间经划，固有甚难者。考之前代，辽之上京、中京，金之北京，元之上都，并在边外。其地郡县甚多，建有城郭宫室，遗迹可考。臣夙夜思维，以今日欲为满洲八旗立恒产，唯有沿边屯田一法。昔赵充国屯兵缘边九郡，后至金城，上屯田奏，谓有十二利，其大要在张掖、酒泉等郡边外，缮亭障，浚沟渠，春时人予田二十亩，至四月草生，令游兵护田作，于以收肥饶之利，资捍卫之功，广积贮之益，省屯兵之费。其初举朝皆疑之，后竟获其效，此往事甚著者。臣窃思近日甘肃等处，开垦已有成效，而安西一镇，孤悬关外，自镇以东应不乏可耕之地，且闻其处多汉时故城遗址。臣愚昧之见，以为宜特遣能任事不畏难之大臣，往行周视相度，如果有可以经划垦种之处，似宜移在京无业旗人往行屯田，官为给道里籽种之费，俾设法开垦，缓其升科，且令三时务农，一时讲武，将来西北军营不惟可省转运，抑寓兵于农，边防抽调亦甚便也。如以迤西为远，则辽东边外原我国家发祥之地，兴京一处似宜建为都会，择可垦种之地，派旗人前往驻牧。其余如永吉州、宁古塔、黑龙江，幅员不下四五千里，其间地亩或仅设为牧厂，或且废为闲田，亦甚可惜。当此全盛之日，正宜不惜一时之劳，以维亿万年之固。至应如何经画，如何善后之处，统祈敕下该部及八旗都统详细妥议具奏。务使旗人之生计有余，而边围之苞桑永固。此诚因天地自然之利，可为万年不拔之基也。

【御史范咸，乾隆五年，《八旗屯种疏》】

窃惟度支经费，莫大于兵饷之供。惠养深仁，当预为长久之计。臣奉恩命简佐农部，详查每年经费出入之数，伏见每岁春秋二拨解部银两，多不过七八百万，少则四五百万不等。而京中各项支销，合计一千一二百万，所入不敷所出，比岁皆然。盖因八旗兵饷浩繁，故所出者每多，各省绿旗兵饷日增，故所入者渐少。是兵饷一项，居国用十分之六七。此各项寻常支给仅免不敷，而设有额外费用，即不免左支右绌也。夫经制有常，固无可裁之额，而仰给太众，渐成难继之形。臣管窥之见，有不可不及时斟酌变通者，为我皇上陈之——查八旗人除各省驻防与近京五百里听其屯种外，余并随旗居住，群聚京师，以示居重驭轻之势。而百年休养，户口众多，无农工商贾之业可执，类皆仰食于官。我皇上至仁如天，虑其资生之不赡，特于正赋俸饷外，添设佐领之额，优给养育之粮，免其借扣之银，假以生息之利，且为分置公产，听令认买，拨给地亩，劝谕下屯。凡我为旗人资生计者，无不委曲备至。而旗人之穷乏自若者，不使之自为养，而常欲以官养之，此势有不能者也。臣比年以来，再四为旗人思久远之计。窃谓内地已无闲旷之田，而边塞尚有可耕之土。兴盛二京实为根本之地，王气所钟，其附近地方，膏腴未尽开辟。钦唯世宗宪皇帝运独见之明，计万世之利，念旗人生齿日繁，而国帑不足以给也，欲于黑龙江、宁古塔等处，分拨旗人居住耕种，俾得自为生养。雍正十二三年间，闻查办已有定议，未及举行。我皇上御极以来，廷臣亦屡有以此条奏者。惟是人情可与乐成，难与虑始。在旗人生长辇下，一旦迁至边地，必多以为不便。即中外臣工，见事体重大，亦未敢轻主其说，此所以常扦格而不行也。夫人为一身一家之谋，或只顾目前，不存远虑。皇上统一宇宙，涵育群生，自当全局运量，筹及万年，岂得为因循姑息之计。且国家根本之地，既非诸边塞可与比，而为旗人开乐利之休，亦并未尝使受谪戍之苦。此犹盘庚之诰，可独断于君心，而终以共喻于民心也。若虑事有难行，不及时早为之所，虽现在尚可支给，而数十百年之后，旗户更十倍于今，以有数之钱粮，赡无穷之生齿，使仅取给于额饷之内，则兵弁之关支，不足供闲散之坐食，旗人生计日蹙，而民赋断不可加，国用无可减缩，即竭度支之所入，以资养赡，而终苦不敷，不且上下交困乎。且不独此也，待养者众，固无余财以给之。分户者繁，即京师亦无余地以处之。唯有酌派户口，散列边屯，使世享耕牧之利。而以时讲武，兼以充实边防，则蕃衍之余，尽成精税，陪京增拱卫之势，外藩仰震叠之威。旗人既各有生聚之谋。国帑自无匮乏之虑矣。至沿边地方，何处宽衍肥饶，屯田事宜，作何经理开置，与旗人当作何抽拨安顿之法，臣不能悬空详度，伏乞皇上密查旧档，熟计情形，断自宸衷，特敕定议施行。

【户部侍郎梁诗正，乾隆六年，《八旗屯种疏》】

奏为敬筹复还八旗之原产，试开未垦之闲田，以资兵民万世无穷之业，仰乞睿鉴事。臣窃思我朝创业东土，统一区夏，以八旗为根本，以四海为室家，四海之众民也，而八旗之众则兵也。民之所以求安，与兵之所以待养，二者常相需，而要之卫民，必先以养兵。国家定鼎以来，布列八旗，分编参佐领为之管辖，犹天下之省，郡县为之阶。第八旗之设参佐领，亦隐然以一旗为一省，一参领为一府，一佐领为一县矣。每一佐领下所辖不下数十家，每家约计自数口以至数十口人丁不等。因徒有人丁，而无可耕之土，是以一马甲每月给银三两，护军每月给银四两，皆每年给米四十八斛，核其数则数口之家可以充足。且于京城内外，按其旗分地方赏给房屋，又于近京五百里内拨给地亩，良法美意，何以加兹。但考从前八旗至京之始以及今日，百有余年，祖孙相继，或六七辈，试取各谱牒征之，当顺治初年到京之一人，此时几成一族，以彼时所给之房地，养现今之人口，是一分之产，而养数倍之人矣。皇上洞悉其故，多方筹画。添设马甲护军领催以及养育兵丁，饷项所须，每年不下数百万。国家恩养八旗至优至渥，而旗人生计犹未见充足，故前曾谕八旗大臣各抒己见，为之筹度经营。乃八旗大臣止不过取目前之事为之渎请，皇上因事关重大，料理诚难，将从容办理，以期尽善，此诚慎终自始之至意。臣愚尝谓八旗恒产之立，必圣天子在位尽心尽力，持之二三十年之久，其事之首尾始可收功。方今宇内清平，四海无事，又值我皇上仁明天纵，且英年践祚，际此从容闲暇之时，正可次第举行此等经年累月之事。不然日愈久而人愈增，人愈增而事愈难，以数十万之众，生齿日繁，聚积京师，不农不贾，皆束手待养，岂常策耶？臣再四思维，则清查旗人户籍为先务矣。旗人散处京城内外，皆有档案可稽，先宜查出人口数目实有若干，除现在官员兵丁支领俸项钱粮足资养赡外，其余不能尽养之人，必须立有恒产，始可以为长计。然恒产之立莫出房地二者而已。查旗人从前原有老圈地亩，与京城内外所有房屋，以资养赡者，相沿日久。如房屋一项，或本家遇有急需，措费无所，从而售出者有之。或因拖欠钱粮，赔偿无力，从而入官者有之。夫彼此交易，其业犹在旗人，一经入官之后，则由内务府取租，入充公用。即问有将住房卖给旗人者，亦殊寥寥。况又有每旗生息十万帑银，该管之人以为借旗人恐致拖累，乃多扣分半二分钱典卖房店，以为子息。故京城内外可以取租之房屋,现今为官产者甚多。臣请将八旗之官现在各旗内务府取租之房屋彻底清查,酌定官价,或扣俸饷,或定限交银,卖与旗人,则旗房可复原业也。至于在旗地亩,向例不许卖与民间,俱有明禁。因旗人时有急需,称贷无门,不敢显然契卖,乃变名曰老典,其实与卖无二。至今而旗地之在民者,十之五六矣。故前蒙皇上天恩,交直督清查议赎。去年查明霸州等五十六州县卫,民典老圈旗地仅九千余顷。但在各州县畏事,唯恐赎地一事纷繁拖累,故奉行不无草率,而民间又未有不欲隐瞒旗地为己恒业者。臣恐八旗老圈地亩典在民间者,未必止于九千余顷。何则,近京五百里之内,大概多系旗地。自康熙二三十年间以至今日,陆续典出者多,赎回者少,数十年来断不止于此数。此次清查即系定案,若少有隐匿,则旗人之产即永为民人之业矣。臣请特派大臣,将户部圈占地亩原册及陆续给旗地亩档案,逐一查出,令各该旗按册查对,分交各佐领传唤原业主,询问此项地亩曾否典卖,及已经典卖者在旗在民共若干亩。其在旗者,令原业主辗转查明,现在何旗何人名下为业。其在民者,从前于何年月日典与何人为业,如或年代久远无从查考,及原业主无人,俱照部册开明咨送,以便查核。除在旗地亩毋庸置议外,其在民者奏派八旗谙练之参佐领,前往会同各该州县,将民典旗地逐案查对。如部册之内,有坐落该州县地亩,而该州县所造查出旗地数目竟无此项地亩者,即于本州县地丁红串内查对。如系国初以来,即在民人名下交纳钱粮者,方系民地。若从前并无红串,忽于康熙年间托故起有红串,而其地亩段又与部册仿佛者,即系隐瞒之旗地无疑矣。如此清查之后,再令八旗大臣会同户部直隶总督,详议动项,陆续官赎,而令原业主取赎于官,或按限交银,或俸饷分扣。如原业主无人,及无项指赎者,即令旗之人认买。在旗人得地可以取租,在民间出租即仍种地,两无所损。以后将民典旗地之弊永行严禁,则从前旗人原有之房地尽归旗人矣。至于八旗生息银两,系世宗宪皇帝为赏给兵丁红白事件之用,故每旗发帑金十万两,交该旗王大臣酌量经营,一分起息,并非令典买房地,占旗人之恒产,为滋生之策也。查康熙年间,宗人府即有生息银两一项,数十年来,滋生者多,拖欠者少,而且利息微薄,便于旗人,嗣后各旗料理生息银两之法,未有善于此者。臣愚以为今日各旗生息银两,俱宜照宗人府之例,亦改为一分起息借给旗人,所得微息,自足以充赏给之用矣。夫国家之为八旗计长久者,房地两项,今既尽数赎还,而又有历年增添之饷项,所以养赡旗人之策,固已无遗议。然而在京之房与近京之地不过止有此数,使人丁滋生倍众,断不能倍增恒产于前数之外,诚欲为旗人万年之恒计,则莫如开垦沿边地方,使民有可耕之田,为八旗无穷之业,一地两养,尤国家第一之良法也。臣近接阅邸抄，见大学士伯张廷玉等议覆：御史柴潮生奏请开垦奉天等处屯田一折，内称：查沿边一带，先据调任直督孙嘉淦奏称，独石口气候甚寒，不宜五谷，唯独石口外红城子、开平城及张家口外兴和城、北城子，可耕之田甚多，约计可驻满兵一万，经特简王公大臣前往彼处，详勘妥议具奏。嗣据奏称口外地方寒冷，霜降且早，所耕大半皆系穈黍荞麦，耕种五谷者少，即使尽力耕种，不能保其必获。且每年所获，可否足供兵食之处，亦不能预知，其开垦驻兵之处，应请停止在案。臣查从前孙嘉淦所奏，唯独石口一处气候寒冷，不宜五谷。而独石口外北行三十余里，即系平原旷野。再五十余里为红城子，墙垣犹在，襟山带河，平畴沃衍。再百余里为开平，即元之上都，其间可耕之田，不下数万顷。再张家口外，西行七十里为兴和城，北行百余里为北城子，川原甚广，一望无际，土脉之肥过于开平，其间可耕之田亦不下数万顷。又云：或疑口外聚集多人，恐于蒙古滋扰。诸城左右皆各旗王公大臣牧马之厂，今垦为田，恐旗人所不便。又或疑天寒霜早，恐其难于收获。山少林木，恐其难于柴薪。凡此疑难之处，臣皆遍观而细访之。口外之山，绵亘千余里，名曰大坝。凡坝内之田，皆已招民垦种，现在征钱粮。此诸城之地，逼近大坝，皆系旗人牧厂，与蒙古无涉。旗厂之外乃太仆寺游牧之地，游牧之外，乃察哈尔居住之处，察哈尔外乃为内扎萨克地方，彼此隔远，无由滋扰。八旗牧厂所占甚大，多有余闲，可以并省。又游牧之地方数千里，割其一隅，即可兑给。至柴薪稍远，未尝缺乏。且坝内多山，多有产煤之所，若招民开采，自可足用。臣于三月在独石口，草芽未青，十四日在红城子，青草长及一寸，气候可以春耕。开平城外陇亩犹存，碾碨尚在，若非种植，何以有此。兴和气候较暖于开平，其为可以耕种无疑也等语。是孙嘉淦从前所奏开平、兴和等处可耕之地，乃伊巡阅边关亲行相度，不但地方之寒暖，降霜之早晚，谷种之相宜，一一筹画详尽，而且将日用之水火煤薪，旗民之相安，蒙古旗厂之无扰，以及山场之可牧，平原之可猎，皆无不悉心区别而声明矣。而原任大学士伯鄂尔泰等议谓口外地方寒冷，耕种五谷不能保其必获，请停止，乃系约略慎重之辞，唯恐其见功不易，而耗费殊多，固是利不十，不变法之意。然旗人之滋生无穷，国家之帑金有数，沿边既有天地自然之利，与其使之就芜，何若垦之为田。若虑其不能见功，何不聊尔小试，如其无益则请停止，如其有益自当另为筹画。唯孙嘉淦从前所奏料理区别公田民田之法，有不可行者。其曰兴和、开平等处地亩，令民人垦种，择其近城之地平方宽远者划为公田，其余皆为民田，每垦民田二顷者，必令垦公田一顷，民田以为世业，公田分给旗人，酌定租粟，加之月给钱粮，则旗人之衣食自益宽裕等语。盖旗人原不善于陇田，欲开荒地，必得招民佃种，若三顷之中取二顷为民人世业，一顷为旗人公田，不但养旗人之田地无多，且此地既有民业，而旗人又不善于耕种，界址相连，易于朦混，不一二十年之间，民典旗地之风，又与京师五百里之内者无异矣。至于月给钱粮一说，尤不可行。盖钱粮乃国家之经费，自有定额，理宜统天下之所入，通盘而合计之，断无随无限滋生之人数，屡屡增添之理。有此二不可行，则其料理之法自当别筹。臣请我皇上暂派干略之臣，带领善于稼穑之民，于兴和、开平诸诚境内，每处分发数十人，量为开地数顷。如彼处天气之寒暖，地脉之肥沃，相宜种植，实如孙嘉淦从前所奏，行之一年，果有成效，明年将彼处但凡可兴稼穑之地，逐一查清，官备牛具籽种，招关内附近居民有愿往彼处耕种者，令其每丁拨给上地五十亩，中地与下地酌量拨给，每一丁作为一牌，每十牌作为一甲，甲编名号，牌编次第，令其相度土脉相宜之谷粟籽种，即兴东作，与之分粮。如一年得效，明年可以推广地方加倍行之，明年又复得效，三年更复广开地亩十倍行之，推而远之，其利无穷。所得之粮运至关内，平粜于直省歉收之地。所得米价抵充牛具籽种之公项。行之既久，公项抵清之后，每年所得粮石，平粜于关内，而量积于关外，其粜出粮价，亦存贮彼地。积之数年，可足分拨旗人之后，即动此项银两，在彼地盖造房屋，量彼地之大小，出产之数目，酌定拨兵之多寡，将京师旗人内无恒产之人，陆续拨往驻防。即将彼处地亩酌量拨给，其愿自行耕种者听其自便，其不能种植之人，令其佃种于民，分粮食租，以资养赡。如此行之既有成效，然后将奉天一带可耕之处亦照此陆续开辟，拨兵居住，使其三时力田，岁晚讲武，散则为农，聚则为兵，不但八旗可图久远生计，而民人赖以资养者，亦不可胜数。不一二百年之间，自西至东，绵亘数千里，势如长蛇，可以南视九省，北镇诸狄，威扬西陲，势连东土，实天下之屏藩，神京之保障，此亿万斯年之计，千载一时也。

【御史赫泰，乾隆十年，《复原产筹新垦疏》】

奏为遵旨详议事。旗人圈地，从前典卖与民人者，已奉旨许令旗人出价赎回。然赎地之后，旗人承买，更须酌议。伏读上谕曰：贫乏兵丁食饷有限，无从措价，势必至尽归富户。富户或肯周济亲族，亦岂能多为分给，则赎地一事，恐未必于贫乏旗人有益。圣谟洋洋，诚为旗人思久远之策也。查贫乏兵丁，不止无从措价，假使措置，亦不能多，所买不过数十亩至一二百亩而止。身在京城不能自种，有限之地不可以设庄头，差人讨租，往返盘费，所得租银，随手花销，实无管业之方，虽立法以均之，终至尽归富户，此必然之势也。夫依古以来，使人自养则有余，以官养人则不足。我国家苞桑巩固，亿万斯年，八旗生齿，不知纪极，若不令其自为生计，皆袖手而仰食，则虽多方筹画，恐未必大有益也。查八旗公产以及旗退余存入官等地，及此次赎回民典之地，不下数千万亩。似应晓谕八旗，如有情愿下种地为生者，不必取价，上地给予百亩，中地给予一百五十亩，下地给予二百亩，令其率领妻子居乡耕种。初种之年，量给牛种房屋之资，一时虽不无所费，而以二三百亩之田，可使一家八口之众永无饥寒之忧。且子孙皆有常业，不复仰给于官，其为利赖，实属无穷。再查八旗有地之家，从前亦多有在屯居住，耕读为生者。后因李禧条陈，皆令移住京城，实与旗人无益。臣之愚意，除为官披甲当差之人在京居住外，其余闲散人等如有情愿在屯居住自行耕种者，俱各听其便。如此则旗人皆知务本，风俗渐归淳朴，且身能劳苦则筋力强壮，将来拨补兵伍必更勇健，此则万年富强之要术也。抑臣更有请者，查我朝定鼎之初，虽将民田圈给旗人，但仍系民人输租自种。民人自种其地，旗人坐取其租，一地两养，彼此相安，从无异说。至近年以来则旗民往往因欠租夺地，互控结讼，其弊皆起于取租之旗奴，承租之庄头，揽租之地棍。小民欲治良田，必积二三年之苦工，深耕易耨，加以粪治。田甫就熟，而地棍生心，遂添租挖种矣。稍有争执，即以民霸旗地告官矣。庄头取租，多索而少交，田主受其侵盗，佃户受其侵渔，甚且今年索取明年之租，若不预完，则夺地另佃矣。另佃必添租，租银既重，逋负必多，一遇歉收，弃地而逃，并少租亦不得矣。旗人不能出京，多差家奴下屯，庄头地棍声色哄诱，饮博相从，所收之租随手花去，则又探次年之租矣。至于次年无租可索，而惧主责惩，则以佃户抗租为词矣。今年张甲，明年李乙，至小民以为租已预交，旗奴以为并未收取，遂至互讼不休矣。田主苦于欠租，虽有地而无利。民人苦于另佃，求种地而不得。而于中取利，华衣鲜食者，皆庄头地棍之家。剥良民以养奸民，甚可惜也。查地棍人等有司可以惩治，臣当严饬地方官，查访得实，或被人告发，必从重严处。至于庄头旗奴，则非有司所能制也。仰恩皇上天恩，敕谕八旗王公以及有地之家，如有不设庄头，愿交有司催征者，臣当饬地方按年催征完解。如愿自置庄头，或差家奴讨取，亦悉听其自便，但不得轻易更换种地之人。如庄头家奴禀称佃户抗租，但令田主将历年收租之额与当年所欠之租开一清单，行文地方官查明，如系庄头家奴于中作弊，审明治以应得之罪。如此则庄头家奴不敢侵蚀捏诈，地棍人等自无所施其奸狡，旗人按年收租不虞逋欠，民人获有常业不患侵夺。臣乃可以劝其治粪土，勤垦辟，植果枣，艺蚕桑，庶几民人渐至盈宁之庆，而旗人常享丰亨之福，洵为旗民两便之道矣。

（以上资料皆载《皇朝经世文编》，卷 35，户政 10，八旗生计）

【孙嘉淦：《八旗公产疏》】

窃惟我朝定鼎燕都，居重驭轻，八旗禁旅，悉入环卫，每岁靡金钱数百万两，以赡其身家，计至深也。无如二百余年来户口日烦，纵使军旅不兴，岁入如故，隐销坐耗，上与下均岌岌有不可终日之势。历朝谋国诸臣，已逆知经费之难继，旗人生计之日艰，屡次条奏。实已准行者，如清查入官地亩，分拨拉林地方，移住双城堡屯田，外官准带亲族随任，所以调剂之者至矣。而屯边之法，旋以安土重迁。事寝不行。近复准出外谋生，而去者寥寥，固由人情惮于跋涉，亦以各旗兵丁之愿去者，欲贸易则无本，欲耕种则无具，欲迁徙则无资也。

臣官京师时，亲见旗民生齿繁庶，不农不商，除仰食钱粮外，别无生生之策。自圜法变更，南漕不继，一丁所领之粮，不敷供一丁之食。其强者悍然为非，每陷刑网，弱者坐以待毙，转于沟壑。我皇上视民如伤，四海之内，一夫失所，犹深轸恤，矧以八旗世仆，勋旧子孙，近在辇毂，忍令饥寒颠覆，不为之计乎？从来以一人养天下，恒苦其不足，使天下自为养，常觉其有余。臣窃以为，今日安插旗人，其上策无如移屯边防，中策则听往各省而已。夫移屯于丰盈坐享之日，人情孰不好逸而恶劳。移屯于冻馁交迫之秋，人情又莫不辞饥而就饱。此今日移屯一议，较之昔人事半而功倍也。

臣请先言听往各省之法，即就从前武隆阿、英和诸臣所奏而推广之，无论马甲、养育兵、闲散，其愿出外谋生，赴各厅州县者，准其径呈本旗都统前往，照商籍军籍例，编为旗籍，户婚、田土、命盗案件，归地方官管理。生子随时呈报督抚，年终汇咨部旗。绿营守战马粮及各营将弁，亦令一体考拔。并许用旗籍应府州县文武试及乡会试。欲应翻译试者，照各省驻防例。凡降革休致官弁及举贡生监与各省驻防，愿移者均听之。此移之内地，人所乐从，其资给概从其省也。

至若移屯边防之法，臣请钦派廉干大员为屯田大臣，随带司员，查照旧档，于奉天、吉林一带，及独石口外红城子、开平等处，与张家口外之兴和、新平等城，昔年富俊、孙家淦诸臣所勘定旧地，岁计可开若干顷，并建造房屋城堡、添制农具牛种及军装器械，酌定成规，宅中驻扎，始终经理其事。再由八旗都统剀切劝谕，旗户愿移口外者，照道光初移屯双城堡旧例，由户部当堂发给治装银三十两，沿途官给车马。到屯后，每户官给房屋四间，农具牛籽皆备。三时务农之隙讲武，刑罚、教养之事，皆屯田大臣主之。十年以后，地亩照下则升科。征收之粮桌运于口内，而积银于屯所。每年即以屯粮所桌，为次年京旗移屯与屯所各项之用，无事再动库帑。此移之边防事极艰难，其资给不得不量从其优者也。

然议者必谓口北寒冷，不宜粟麦，饔餐无出，流离远徙，易伤臣仆依恋之心。不知昔年迭次移居双城堡及拉林地方旗户，至今长养子孙，称为乐土，若非耕种，何以自存？至孙家淦勘地原奏，亦将地方之寒暖，谷种之所宜，与日用之水火煤薪，旗民之相安，蒙古旗厂之无扰，以及山场之可牧，平原之可猎，条分缕晰，非徒托诸空言。况人气日聚，地气亦开，天气即为日暖，旗人不过一迁徙之劳，永可丰衣足食，较之株守在京，饥寒无策，告贷无门，相去远矣。臣所谓恤旗民者此也。

议者又必谓边屯太多，禁军单薄，恐非强干弱枝之道。不知圣朝开国之初，人心甫定，不得不借资劲卒镇辅京畿。今则薄海黔黎胥归天籍。自军兴以来，收复郡县，殄除渠魁，大都绿营兵勇及蒙古与东三省兵力居多。旗人生长京华，习于豢养，偶有调遣，未闻得力。若令移屯口外，练习风霜，耕种牧营，生资劳苦，气体必见充实。再能督帅得人，训练有素，无难上复国初骁健之风。十数年后，环边之地，东西开辟，绵亘不断。北可震摄强邻，南亦以拱卫京邑，设有征调缓急，更为可恃。臣所谓足边防者此也。

特以移屯诸费，昔年犹以为难，今日帑藏空虚，更安得此闲款。臣尝私心计之，八旗现放兵饷，除二成大钱外，实放钱四成。人口嗷嗷，朝不谋夕。各省军务告藏，必应循例照八成旧章以裕兵食。窃谓救八旗一时之穷困其惠小，贻八旗无穷之赡养其利长。当未减之时，而忽议减，其势逆而难行。迨已减之后，而量为增，其势顺而易节。请于定复八成兵饷之年，暂给六成。酌留二成，每年约可得银一百余万两。治装银两与房屋种具，每户以八十两计之，加以屯所修城堡、制器械及一切费用，每年至少亦可移数千余户。俟屯田升科后，移屯有资，京旗兵饷仍复八成之旧。如此，则目前经费毋庸另筹，日后正供永无不足。臣所谓舒国用者此也。

昔臣佐理度支，筹之至再，而军旅方亟，未暇上陈，今虽出为疆吏，不敢缄默自安。所幸僭伪削平，东南渐臻底定，寰宇民生，皆蒙休息。似宜及时预筹本计，勿责旦夕之效，冀开乐利之源。国家亿万载之丕基，可于是而益固矣。是否有当，伏乞皇上训示，敕部核议施行。谨奏。

【山西巡抚沈桂芬，同治七年，《请筹费移屯兼舒国用疏》。载《同治中兴京外奏议约编》，卷3】

二、开垦沿革

（雍正四年）又覆准：宁古塔、船厂等处设立州县，打牲乌拉令船厂新设知州兼辖管理，其拉林河等处地亩不准开垦，交与伯都讷新设知县严行禁止。又覆准：船厂等处开垦地亩，禁止旗民互相典买。又覆准：赫尔素等驿站及各边地驿站所有近城之八旗庄屯，又宁古塔所有开熟田地，亦如奉天府属之州县，照每亩三分钱粮例交纳，给予印票，即令其交纳钱粮，不许原主侵占。

【光绪《大清会典事例》，卷1119，八旗都统，田宅】

（乾隆）八年奏准：吉林五常堡各属荒地，招佃开垦，内有沈阳旗籍浮丁一千余户报垦荒地，令其移归吉林旗籍。又奏准：奉天各旗户前往巴彦苏苏地方报垦，就近分别编入该地方旗册。

（乾隆）九年，设驻防拉林，自京师选八旗余丁七百五十名。十年，复选余丁二百五十名发往，作为闲散余丁，合阿勒楚喀原驻防兵为千五百十二名。十三年定，打牲乌拉处官兵归吉林将军兼辖。十七年，调三姓驻防兵六十名移扎珲春。二十一年，调三姓驻防兵三百名移扎拉林，裁三姓驻防兵二百名。又增拉林驻防满洲闲散余丁二千名，自二十一年至二十四年由京师八旗余丁内陆续发往，合前发往之余丁千名为三千名。

【光绪《大清会典事例》，卷1127，八旗都统，兵制】

（乾隆）三十二年议准：吉林伊勒们等处官地硗瘠，可将无力壮丁分移玛延地方拨荒开垦。

【光绪《大清会典事例》，卷1119，八旗都统，田宅】

（乾隆）四十四年奏准：盛京旗人并旗下家奴携带眷口，在吉林地方种地，内除正身旗人仍拿解本处，照例办理，其盛京兵部、工部、内务府之壮丁，并王公宗室之家奴及旗下家奴，入于吉林官庄耕种纳粮当差。并饬该管官严加约束，毋许滋事。又谕：盛京、吉林均系国家根本之地，境壤毗连，盛京旗人潜往吉林种地谋生，本无关碍，并非逃旗可比。从前奏请解回治罪之处，所办原属过当，伊等皆满洲世仆，盛京、吉林有何区别，其正身旗人六户，即着入于吉林当差，毋庸解回盛京办理。

【光绪《大清会典事例》，卷155，户口】

（嘉庆）十七年，谕内阁：赛冲阿等奏，吉林官庄壮丁积年拮据情形一折。据称：该处官庄设立之初，丁户富庶，地土肥腴。历年来壮丁缺额，牛只不敷原数，兼有抛荒地亩，不堪耕种，粮石摊征，致多积欠，请量加调剂等语。吉林官庄丁户近多缺额，应征粮石逐渐摊征，丁力日形竭蹶。既据该将军等彻底清查，自应核实办理。着照所请加恩，将该处应征丁粮，即以一万零六百八十石作为正额，所缺壮丁二百三十四名，准其以现存幼丁于五六年后添补足数，所缺官牛一百一十七只，准其于五年倒毙牛银内预支一半，银一千零五两，陆续买补。每年仍领未支一半银二百零一两，俾资按年添补。其不堪耕种地亩，着于零星闲荒内挑拣拨补，招丁抵租。至所欠官粮二千九百五十九石四斗，着加恩豁免一半，余剩粮石，着落值年官员名下，分作五年赔补交仓。俟粮额交完，方准更换。并着该将军等于将来丁牛敷额，拨补地亩齐全后，再行察看情形，将能否查照原额交粮之处，另行酌议具奏。

又谕军机大臣等：赛冲阿等奏，踏勘拉林可垦闲荒地亩一折，据称，勘得拉林东北有闲荒一处，可垦五千余垧。又有东南夹信子沟一处，可垦二万余垧。该两处距阿勒楚喀城四五十里不等。恐新驻旗人，该副都统难以约束。并称近来吉林各处收成不丰，请俟三五年后从容筹办等语。又据另折奏请将三道卡萨里闲荒地亩，拨补吉林官庄壮丁。除拨给外，其余闲荒不许旗民侵占。每年秋收后，请令该管官亲往查勘，以杜私垦等语。移驻闲散旗人以裕生计，今既勘明拉林附近有可垦地二万五千余垧，而三道卡萨里地方除拨补官庄之外，仍有闲荒可垦，是该省未经垦种旷土甚多。与其每年派人查管，何如一并筹划，使旗人前往耕种，俾收地利而成恒产。至拉林荒地离城虽有四五十里，移驻旗人耕作，与按期演习骑射者不同，亦不必专在近郊。如从前拉林专设副都统稽察，旋即裁汰，至今该处旗人久安生业，亦毋庸专设大员就近约束。若谓该处近年收成不丰，此时原不能即将旗人移驻。其一切垦荒计亩章程，则须预为筹办，不必延至三五年后，推诿时日。着该将军等即检查乾隆年间移驻旧案，将先期试垦备办各事宜，详细酌核，先行筹议章程具奏，候旨遵行。其请拨补玛埏官庄欠地三千余垧，即着照所请办理。

二十三年谕内阁：富俊奏，核议吉林站丁地亩章程一则。吉林站丁私将地亩典卖，若将该丁等自垦地亩普行勘丈，每名仅留给十垧，余俱入官征租，丁力必骤形竭蹶，着仍照松宁原议，循旧办理。至查出典卖与民地一万三千五百六十三垧五亩，着照富俊所议，均匀赏给额设站丁八百五十名，每名十五垧九亩零，即作为随缺工食养赡津贴。其当差穷苦站丁，各按典卖之民，种满十年，照该村屯租地宽减二成，给该丁纳租，不准该丁夺地另佃。如民抗不交租，照例撤地，交站丁自种。嗣后如再有越界私垦及私相典卖者，丁民俱一体治罪，地价全行入官，以示惩儆。

吉林站丁八百五十名，每名给地十五垧九亩零，作为随缺养赡。仍今民人佃种，照屯租数目减二成交纳，不许站丁夺地另佃。如民人抗租不交，准站丁撤地另佃自种。倘有越界开垦及私相典卖者，丁民一体治罪，仍追价入官。

【《皇朝政典类纂》，卷 13，官庄】

（同治八年）又议准：五常堡垦地旗丁，编旗入档，添设协领一员，佐领二员，骁骑校四员，无品级笔帖式三员，编为镶黄、正白二旗。每旗各设副甲兵一百名，由浮丁内派委领催委官十二名，由副甲内派委额外笔帖式六名。其领催官十二名于半垧之外，各予随缺熟地二十垧。副甲兵及外笔帖式共二百名，每名各给予熟地十五垧。均作为随缺官地，归旗入册。食俸官员不得侵占，以杜冒滥。

光绪六年覆准：三姓五站，每站笔帖式、领催委员各一员，各拨荒地五十垧，正丁、余丁各拨荒地十六垧，以资办公，并准招民代垦，免其兼顾误差。仍造具随缺地亩共若干垧及地名界址细册，送部查考，毋得牵混。

【光绪《大清会典事例》，卷 161，田赋】

光绪八年吉林将军铭安奏：吉林为我朝根本重地，协佐以下各官皆系满蒙世仆，或为勋劳后裔袭职当差，或曾效力军营，回旗拣补。溯自咸丰二年，征调频仍，官弁兵丁效命疆场者十居七八，生还故里者十仅二三户。其户口之凋零，室家之穷苦，有不忍形诸奏牍者。若以昕夕奔驰之苦，复有衣食内顾之忧，不惟政体有亏，抑且廉隅难饬。即如协领应领俸银一百三十两，扣成折放，每年仅得实银六十五两。佐防以次递减，一切公私费用均在其中，实系入不敷出，难免赔累。奴才曾任盛京刑部侍郎时，询知奉天旗员兵丁均有随缺地亩，分防协佐尚有优缺，足资养赡。即在省当差，轮派河仓，亦可均沾余润。而吉省地处边陲，异常瘠苦，既无优异之缺，亦乏调剂之差。是以从前派令旗员等查丈荒地，征收钱粮及一切杂差，无不扰累地方，借端需索，追呼搭克，习为故常，以致民怨沸腾，累累控告。光绪二年，奴才奉命来吉查办事件，半由于此。然原情而论，出于贪婪者总少，迫于穷困者实多。自奴才抵任后，凡有差委办，拨闲款酌给川资，不准借差科派。若蹈前辙，

186

立予严参。近来旗员等尚知奉公守法，较前已觉改观，但每月仅得俸银数两，该员生长斯地，各有室家，一身之用度尚属不敷，数口之饥寒更难兼顾。困穷所迫，难保不见利忘义，故态复萌。现在吉省添设民官，划疆分治，廉俸办公，均已奏准开支。而旗员等除俸银外，毫无别项津贴，与民官进项大相悬殊，以致办公竭蹶，未免向隅。第当库款支绌之时，万难筹给公费。惟查嘉庆、咸丰年间，经前将军富俊、固庆等先后奏准，双城堡自总管以下官兵拨给随缺地亩。道光年间，经前将军倭什讷奏准伯都讷自副都统以下官兵拨给随缺地亩，其三姓地方，奴才会同督办宁古塔等处事宜太仆寺卿吴大澂，于光绪六年十月间，奏请自该副都统以下官兵拨给随缺地亩，业经仰蒙圣鉴在案。其余省城各旗员均未奏请拨给。同一当差苦累，而随缺地亩或有或无，殊觉苦乐不均。现在伊通等处奏明派员开放生荒，上中之田人皆呈领，下余近山硗薄之地恐难保租，一时难以招佃，若将此项地亩拨作随缺官田，虽收成歉薄，亦可略资办公。除各城副都统等前经奴才奏准，蒙恩赏给津贴，足敷应用。及伯都讷、双城堡、三姓等处旗员已有随缺地亩均毋庸议拨外，所有吉林十旗、乌拉、伊通、额穆赫索罗、宁古塔、珲春、阿勒楚喀、拉林、五常堡等处旗员拟请援照双城堡成案，拨给协领随缺地亩每员八十垧，佐领每员五十垧，防御每员四十垧，骁骑校每员三十垧，笔帖式每员五十垧，领催前锋每名二十垧。合无仰恳天恩，俯念吉省旗员办公费绌，准其一律拨给随缺地亩，以示体恤而资养赡之处，出自圣主逾格鸿慈。如蒙俞允，请俟各处放荒事竣，查明末垦地亩共余若干，应如何分拨，再当妥议章程，奏明办理。至额设甲兵应领钱粮照章折放，本属无多，而各项差徭向系摊派，苦累情形尤属可悯。若一律请给荒地，兵数太多，恐不敷拨容。俟荒地放竣，再由奴才设法矜恤，以舒兵困。

【《皇朝政典类纂》，卷 13，官庄】

三、双城堡屯田

孙鼎臣曰：我朝八旗以兵政寓民，于京城内外按旗分给房屋，于近京五百里内圈给地亩，衣租食税，恩至渥也。然历年既久，生齿繁而衣食绌。列圣时以为忧，当昌陵之季，年议开奉天吉林等处荒地，移驻京旗。于是富俊、松筠迭为吉林将军，首尾经画十余年，双城堡之屯始成，他未遑及，而二公继没矣。先是，乾隆间御史舒赫德、范咸，户部侍郎梁诗正，请于盛京、黑龙江、宁古塔沿边开屯，议者多以为不便。至嘉庆十一年，谕曰：京旗户口日增，生计拮据。乾隆间以八旗人众分拨拉林地方，给田垦种，迄今甚享其利。今若将在京闲散陆续资送吉林，以旷地拨给，或自耕，或召佃取租，足资养赡。乃命松筠、富俊与盛京将军和瑛会勘议行，会吉林将军赛冲阿奏秋收不丰而止。十九年，富俊为吉林将军，乃始奏于双城堡设中左右三屯，为移驻京旗之计。双城堡者，吉林辖境也。南北七十里，东西百三十里，西南为拉林河，北为松花江，地势平衍，土沃泉甘。其地俗以坰计，一日可犁之地为一坰。大坰十亩，得粮四五石，多者七八石，一石准仓石二石有半四年十月富俊奏。富俊奏：挑派吉林、奉天旗人三千户为屯丁，官给耕牛、农具、籽种，分中、左、右三屯，为百二十屯，每屯凿井二，每井给银十八两，每户给盖窝棚银四两，拨荒地九万数千坰，每丁给地三十坰，先开熟二十坰，五年后征粮二十石。移驻京旗到日，拨给熟地十五坰，荒地五坰，通二十坰。余十坰荒熟各半，给屯丁为恒产，不征其租后，道光三年松筠奏，改为两户屯丁原分地六十坰内，照原议荒熟地亩之数，两户屯丁拨给一户京旗二十坰，各屯丁每户留二十坰为恒产。每屯屯丁三十户，京旗三十户，中、左、右三大屯，议移驻京旗三千户，每岁移驻二百户，愿移之户十月报部，次年正月起程。每户户部给治装银三十两，本旗津贴银十五两，车马皆官给。到屯后每户给房屋四间，皆官建。自道光二年始移驻二十八户，三年移住三十一户，四年移驻五十三户，五年移驻七十七户。时垦熟之地已三万三千一百余坰。四年容照耆英奏。盖富、松两公前后数任，始终其事，阅时最久，故规画倍详。二公殁而当事者不能无懈，京旗安土重迁，往者益少。其后协办大学士英和犹以为言，以为经始维艰，宜推广以竟成功，而任事无其人矣。方双城堡之兴屯也，富俊欲推其法于伯都讷围场，以为募民开垦可得地二万余坰，较双城堡事半功倍，前后奏至六七，上廷议以双城堡屯务未竣，且经费不足，不能更及，竟寝其事。而松筠于道光三年任吉林将军，亦请开养什牧及大凌河马厂，皆嘉庆十七年故所勘地也。良法美意，虽未果施行，而老成谋国之心，条议区处之密，与营平之在金城何异。若夫成功，则岂人之所能为者哉苍筤文集。

【《皇朝政典类纂》，卷13，官庄】

道光五年谕：富俊等奏酌拨兵额以资办公一折。双城堡建房木植，向令阿勒楚喀、拉林砍伐一半，各城轮年分砍一半。兹据该将军详查阿勒楚喀、拉林额兵各四百零六名，差务繁多。又兼年年派砍木植，不敷调遣，自系实在情形。着照所请，即于吉林额兵内酌量抽拨一百五十名，宁古塔额兵内抽拨一百名，三姓额兵内抽拨一百五十名，不必即行裁撤更调。俟各城甲兵出缺时，无须挑补，咨明该副统于阿勒楚喀、拉林、双城堡闲散内，仍按马步骑射技艺，拣选充补。计共添兵四百名，前额共计有兵一千二百一十二名，以资调遣。

【光绪《大清会典事例》，卷1127，八旗都统，兵制】

一、双城堡屯田经始维艰，宜推广以竟成功也。查双城堡移驻京旗，自将军富俊条奏，经理数年，靡帑数十万两，良非易易。原定每年移驻二百户，查上年移驻五十三户，本年移驻七十六户，总未及一百户。诚恐此后愿往者少，又不便勒派，虚费以前经始之力，致善政无功，实属可惜。况伯都讷等处亦多可垦之地，如能源源而往，则京师贫苦旗人既可得有产业资生，而该处以荒僻之区渐成巨镇，实属法良意美。查各旗满州蒙古原有屯居之例，在数百里外居住百余年数十年者。道光元年，臣等议复原任大学士伯麟条奏案内，准令旗人屯居种地，数年以来呈请者尚少，总原有地者先须自往清查，而告假甚难，回京甚紧，以致如前条所陈，刁奴恶佃借端挟制，不得自种。今告假之例限既宽，则往查得以自由，嗣后呈请者必众。臣等各饬所属，再将前例剀切申明，如近京并盛京等处有地可种者，准其告假自往清查。如愿自种，准其呈明迁徙居住，或与原佃之人伙种分粮，或撤出一半自行耕种，仍留一半与原佃种。如此则旗产可获实利，而民人亦不致失业，以示公平而杜讼端。其地亩经典卖，力不能赎，无地可种者，臣即饬所属参佐领，将移驻双城堡之利详细开示，谕以尔等贫苦难以度日，皇上施恩将双城堡处地亩赏给耕种，尔等并无产业，今得地二顷，又有房屋家具牛种，临行路费，沿途供应，此系何等厚恩，尔等到彼安分种地，可丰衣足食。两年移驻者现俱有信来京，称为乐土，尔等何尚犹疑。况现在奏准一切不安分之人，将来滋事，俱照乾隆年间例销除旗档，尔等若有不安分者，倘被参佐领查出送部销档，岂不后悔。今将利害明白宣示，刊成谕单，将家无产业年已成丁之闲散，并三两以下钱粮实在贫苦之人，逐户谕知。嗣后每年移驻，务期足敷原奏二百户之数。如有多者，陆续分年移驻，仍令每年将移驻数目先期行知该将军，预为办理。如此，则善政可告成功，旗人永明乐利之福，而双城堡地亩房间帑项均归实用，借人以尽地利，即借地利以养人，我国家亿万斯年，户口日增，土地亦日辟，此则旧例之必应推广而两有益者也。

【协办大学士英和，道光五年，《会筹旗人疏通劝惩四条》，载《皇朝经世文编》，卷35，八旗生计】

（道光）九年奏准：由京旗移居盛京、双城堡屯居闲散，逃走后自行投回，交与该管等官，转饬该闲散父兄，自行管束，毋庸销除旗档。如系逃走被获者，该将军按其情节轻重酌拟报部办理。

【光绪《大清会典事例》，卷155，户口】

（道光）九年上谕内阁：博启图等奏遵旨筹议双城堡屯田事宜一折。上年据奕绍等会议富俊条奏双城堡屯田，请援照乾隆年间初次移驻拉林成案办理。当经谕令博启图等详查妥议，并查明现在移驻之户是否足资养赡，据实具奏。兹据该将军等奏称：从前拉林地方，移驻京旗三千户，每户给地三顷外，有闲荒听其招佃开垦，其不谙力作者，准其契买奴仆代耕。此次双城堡移驻之户，得地较少，将来生聚日稠，难免缺乏，自应酌减原定移驻京旗户数，量为添给地亩，俾资充裕。着照所议。双城堡原定移驻京旗三千户，改为移住一千户，将所余二千户京旗，地亩四万垧，添给一千户京旗，每户酌添给十五垧，共添地一万五千垧。本地旗丁三千户，每户亦酌添给地八垧三亩三分余，共添地二万五千垧，计京旗旗丁共添地四万垧，每户京旗可得地三十五垧，每户旗丁可得地十八垧三亩三分余。通堡地亩九万垧，均予拨竣。至此后生齿日繁，需田添补，前经富俊勘有大封堆外闲荒六万余垧，着俟将来奏明开垦接济。其京旗闲散，素未习耕，着准其契买奴仆，注明旗册，代其耕作，或雇觅长工，助其力穑。所有应得地亩，不准私行典卖。务使各有专业，以期经久。

【《皇朝政典类纂》，卷13，官庄】

（道光二十四年）本年五月初七日准户部咨。以旗会议奏钦差侍郎斌良上年会同臣经额布、署副都统倭什讷具奏调剂双城堡京旗一折。于道光二十四年三月初七日奉上谕：前据斌良等奏筹调剂双城堡移驻京旗一折，当交该部会同各该旗妥议具奏。兹据将筹议章程分晰核议，该处大封堆外圈存荒地，该侍郎等请拨三万坰，令附近纳丁陈民来春开种。惟念此项地亩雇民代垦，或私行租佃，将来必致悉为流民所据，移驻旗人转致无地可耕。见在该处附近纳丁陈民，有无外来流民错杂其间，应如何设法布置之处，亦未据切实声明。着经额布悉心体察，再行妥议，勿使膏腴沃壤任民佃稍有侵欺，尤不可敷衍一时，致京旗仍虞贫穷。所有抽拨甲兵，添设义学，及一切未尽事宜，着俟奏到时另行核议。钦此，钦遵。咨行前来。臣经额布、萨炳阿恭读上谕，仰见圣谟广远，至虑周详，实深钦服之至。当即遴派协领亮德乌永额、佐领保庆、骁骑校普征额、笔帖式全安岱琳等前往双城堡，逐细确查，访采舆论。一面咨行阿勒楚喀副都统臣果升阿，就近体察情形，各抒所见，以凭参酌办理。旋据该委员等查访禀复，并经臣果升阿亲往查勘酌议数条，咨报到省。臣经额布等悉心筹画，详晰计议，谨将上谕指示并议各条，及原奏阙略暨应变通各款，逐细酌拟，胪列于左，敬为皇上陈之：

一、奉上谕内，此项地亩雇民代垦，或私行租佃，将来必致悉为流民所据，移驻旗人转致无地可耕等谕。查议立双城堡，拨丁三千名，开地九万坰。次设新城局，招民三千六百户，开地十万八千坰。均按每佃垦荒三十坰奏明，俟移驻京旗时撤出二十坰，留给十坰。此次该堡大封堆外之荒，亦宜照每户三十坰饬垦，将来亦撤地二十坰，留给十坰，即于认佃执照内载明。是旗得三分之二，佃得三分之一，不致悉为民占。如该堡续到京旗，自有原留征租之熟地给领。且请垦三万坰之外，尚有三万余坰之荒封禁。若双城堡移足一千户之后，另有新城局之地可以移驻，并有八里荒地二万八千余坰毗连新城局，亦资安置京旗。通盘筹画，似不致京旗无地可耕。至私行租佃，或所不免。第一经查出，照例追地入官，民亦不能占据。臣等以现在情形而论，唯患京旗之不肯种地，不患无地可耕，并无虑流民之占地也。

二、奉上谕内，该处附近纳丁陈民，有无外省流民错杂其间，应如何设法布置之处，未据切实声明等谕。谨查双城堡有无流民潜往，按年奏报。近年以来，认真挨查，民知禁令，不敢容留。见复委员往查，实无外省流民错杂其间。其大封堆外居住纳丁陈民五百六十五户中，亦仅止二户雇有本地陈民各一名，此外均无雇工，并无错杂。

三、奉上谕内，勿使膏腴沃壤任民佃稍有侵欺，尤不可敷衍一时，致京旗仍虞贫穷等谕。谨查招佃开荒，地有定数，民佃官地，势难侵欺。如或侵欺邻地，自有地主不容。若或盗典偷卖，亦有入官之例。是侵欺之弊，似无足虑。至开地收租，接济京旗，原救一时之急。若论经久之道，则在京旗种地，自食其力，别无他法。该处本系沃壤，一垧之地丰年获粮八九市石，即以八石而论，每石至贱亦值银三钱，计三十五垧，得银八九十两，八口之家用度绰有余裕。臣上年会奏后，日夜思维，总以京旗力田务本为至要。当即拟立告示，劝谕京旗，务习农业。今年正月，缮写多张，送交副都统会印张贴。并严饬该管各官，逐户勤加劝导，谨录示稿，恭呈御览。京旗能听从力田，数年之后，不但可无贫穷，且宜岁有盈余。若仍溺于怠逸，是自素生成，唯有绳之以法而已。

四、如部议，开地三万垧，即设一丁可种十余亩，附近陈民安得二三万人通力合作，实难保无流民影射，久而占据一节。查双城堡、新城局屯田，每佃垦地三十垧，此次照办，不过用佃千户，一户四五丁，不过四五千人，无须二三万人之多。如八里荒共地三万三千余垧，查止民佃五百九十八户，是为明证。且佃不议多者，为将来撤地故也。见查大封堆外纳丁陈民，虽止五百六十五户，壮丁一千五百余名，以男妇大小而论，不下三四千人。且拉林、阿勒楚喀附近陈民生齿日繁，皆少地种，一经招佃，不患无人。佃须的保，又须资本，外来流民，无保无资，并无房井器具，未能领地。且本处陈民，亦势不能相让影射，占据之渐，实亦无自而开。即有闻风而至者，亦唯佣工而已。故定例不准流民携眷潜往，实良法也。

五、如部议，散给京旗，每年每户制钱十五千，在衣食不缺之户自应宽裕，其贫苦极甚者二百三十余户，即以每户五口而论，专借此项添补薪菜，制备衣履，又须修理住房，揆其事势，断不能敷一岁之用。是所设调剂者，仍恐有名无实一节。查京旗自种地者固无温饱，若将地全行租佃与人者，每垧收粮五斗，共得粮十七八石，除留食米，尚有余粮粜钱用度。若仅租出一二十垧者，收租仅敷食米，即至衣履不能兼顾。此等贪逸惮劳之辈，不事勤力于田畴，仍欲仰资于接济，若多予之，不特无所底止，且更益其骄惰之心。如虑其十五千不敷一岁之用，譬如甲兵岁得饷银二十四两，仰事俯育未见其贫。又上冬制给极贫京旗棉衣裤各一套，借以御寒，即可生活。且衣服非年年须制，房屋非岁岁应修，接济以补其不足，非给其有余。岁给制钱十五千，裨益良多，似非有名无实之事。若论久远生计，家给户足，必在自食其力。已月议于前。

六、如部议，近屯荒地八千余垧，前年据该将军咨称，若概令官兵子弟承种，实恐不能开辟，必致无力输租。今复将此地给三屯屯丁及官兵子弟愿种，既与前咨不符，又未将如何设法布置，可令分种输租之处，切实陈明一节。查此八千余垧之地，前因该副都统议租参差，且非急须调剂，何必轻开此地？盖时有不同，非官兵屯丁子弟不能承种也。今则既议调剂京旗，必须京旗自行种地。其无力者之农具资本急宜济助，以鼓作其气。应将此荒作为官租地，不作恒产，听堡内官兵子弟、屯丁子弟量力认垦，不必拘以户数垧数。见据该管协领查报，愿领此地认种者，已有余丁并官兵屯丁各子弟四百二十五名，尽可饬令开垦，其租照随缺地每垧征京钱五百文，不必加增。此系从前开种禁抛之地，较生荒之工力稍省，起租年分请照原奏，初年交京钱一百文，次年三百文，第三年交全租五百文，共全租京钱四千三百余吊，由双城堡协领征收储库。如有京旗能自种地而无农具工本者，即以此项租钱按种地之多寡酌价赏给。以后农具有残破者，随时验补，不必作为年例。俟种地二三年，不致竭蹶，即行停止。

七、如部议，征租科则及支销款项，更应详察例案，逐一整顿，毋仅据该管官以收支章程禀报，遽准照办一节。查奏开屯田，原为京旗不谙农务，故借佃力开垦，俾京旗得种熟地，工力较轻。该佃开荒工本实重，是以从前每垧议征大租京钱六百文，小租京钱六十文，系为体恤佃户起见。此次开荒需用房屋、井眼、牛只、器具，悉令佃户自备，一概不动官项，佃户工本较前更重。若议加租，佃力不堪，必将畏缩。体察情形，应请仍照旧章，按每垧京钱六百六十文征租，毋庸更张，免致办理掣肘。至支销各款，唯有严饬承办各员力加撙节，并令该管副都统随时严查，实用实销，不准稍有浮冒，此时殊难豫议定数。

八、如部议，京旗到屯二十年，不能讲求农事，固由该旗人习佚恶劳所致，而该管佐领等官，如果实心劝导，示以利害，岂无力图振作，闻风兴起者？若有养无教，虽日予以调剂，亦必立见匮乏等因一节。查到屯京旗，上年查明力田饶裕衣食不缺者，有三百七十户。此外二百二十余户有食无衣，皆由不自种地，且租与人地较少之故。当其初到时，前任将军富俊亲劝力田，并饬该管佐领等官逐年勤加劝导。缘京旗内有习气未驯者，以力田为不足务，官长为不足畏，屡训不悛，未愿种地。且视佃户如奴隶，呼喝使令，求索借贷，稍不遂意，即夺地另佃，于是佃户寒心退地而不敢种。臣前经饬该管各官认真劝化，并令协领加意整顿，以期挽颓风而劝良善。如此教养兼施，则人心可正，人心正而务农讲武自日见起色。其佐领以下等官，视劝耕户数之多寡，分别量予奖拔，以示功赏。其不实力劝导者，亦即惩处。

九、京旗未种地亩宜官为招佃征租也。查上年原奏，京旗未种熟荒地亩，议令京旗自行补种，或与余丁屯丁伙种分粮。兹据该管协领查报，京旗未种熟地，除见已自种外，其有老弱孤寡未能自种者，亦已劝令屯丁认佃代种齐全。其原分荒地，实共未开二千九百一十垧，今已招令屯丁认垦二千二百一十三垧，有未认垦荒地六百九十七垧，仍招令屯丁秋后开齐，来春一律承种等情。应令将此官为招佃之熟荒地亩造册存查，熟地次年起租，荒地第三年起租，均按每垧五斗交粮，官为催收，按户给领。仍俟地主能以自种，呈明撤回。

十、到屯京旗应一体调剂也。上年查明该堡京旗五百九十八户，其中衣食可兼顾者三百七十户，然亦仅可敷衍，并非一概宽裕。若仅调剂贫穷之二百二十八户，彼三百七十户者同一京旗，同一到屯年久，若不与于调剂之例，彼必谓伊等勤俭力田，反不如游手好闲者之坐受其福。可否将此三百七十户同贫穷之二百二十八户，一律全行调剂，以昭一视同仁之意。或分别减半给予之处，恭候钦定。

十一、开荒起租年分应变通改议也。查原奏因京旗待济孔急，故议令开荒佃户初年每垧交租钱二百二十文，次年加倍，第三年征全租六百六十文。第查旧章开荒均至第六年始起租。且一户三十垧，丁少之家须二三年方得开全，是当年起租，恐阻认何之心。此次开地，察理揆情，虽不能照旧章之旷远，亦未便如初议之急。兹改议来春开地，初二两年每垧仅收小租京钱六十文，以为查地催租饭食纸张之费。至第三年始，并征大小租钱六百六十文，俾众佃不致竭蹶。

十二、调剂之项宜先筹备也。查三万垧荒地大租京钱一万八千吊，上条既议第三年起租，应俟道光二十七年始收租钱。京旗待济孔殷，今岁即应调剂，自应先行筹款散给。查自本年起，有应征八里荒大租钱一万六千余吊，应勒限新城局于十月内收齐，陆续运送双城堡协领衙门交收，报明该副都统，亲临按户放给，藉可劝谕京旗安分种地。不敷若干，应由五万两生息备用调剂京旗项下补足。仍俟三万地起租，再将八里荒租钱易银，报拨兵饷。其近屯八千余垧未起租以前，如有京族肯自种地，应行资给农具工本者，亦先于备用息银内支给。俟八千余垧地起租起征，再动租项。如此转移支放，庶无迟误窒碍。

十三、调剂京旗应以年限也。查此次调剂京旗，系因不尽力田，衣食有缺之故。此后责成协领等官，实力劝导，资以农具工本，京旗自当感发务农，将来习惯，自然可期宽裕。此项调剂，请以五年为止，以示限制，而昭激劝。

十四、调剂之钱应分两次给领也。查京旗习气未必全能位约，钱一到手，不免妄费。今议将每户京钱三十吊，本年十月内放给一半，俾及时添补衣履。其余一半来年三月再行放给，使种地之户，可资种地之用。即不种地之户，亦备青黄不接之需。如此钱归实用，不致妄费。以后四年，亦宜照办。

十五、佃户离家远者，应准搭盖窝棚居住也。查大封堆外，本处陈民均有房屋。其拉林、阿勒楚喀陈民，有至彼垦地者，应令自盖窝棚栖止，可省官给房价。

十六、弹压稽查宜专责成也。查该处大封堆外六万余垧之荒，由拉林协领专派佐领逐年往查有无流民，年终奏报。今请开三万垧荒地，弹压稽查更宜周密。该处原有乡约三名，应再添设乡约数名，责令分段稽查，不准外来流民携眷潜往。仍责成拉林各佐领按月轮流亲往确查，借资弹压。该佐领往查后，按季结报，将军衙门查核，归入年终汇奏一次。该处寻常斗殴词讼案件，即由拉林协领就近审理完结。命盗等案，仍由阿勒楚喀都统核转办理。如此弹压稽查，断不致地为流民占据，且查案亦较周密。

以上十六条，臣等访察情形，悉心酌议，似于调剂之中，仍寓劝惩之道。总之，我皇上爱育旗人，移驻为万年长策，京旗不事农业，势难他食暖衣，臣等唯当尽心教导，随时查察，务使京旗能自种地新丁家给户足。果有不率教者，自当量予惩戒，庶几安居乐业，不失当初移驻之本意。臣果升阿亲往双城堡察看情形，臣经额布等参酌议拟各条，往返札商，意见相同。所议是否有当，理合会衔恭折具奏。

【经额布：《筹议调剂双城堡京旗章程疏》，载《皇朝道咸同光奏议》，卷31，八旗生计】

同治元年谕内阁：前因蒋琦龄奏请开屯田以恤旗仆等语，当交八旗都统会同该部妥议具奏。兹据户部会同八旗都统筹议复奏，并请饬令吉林等处将军、都统、府尹等，将指查各件，迅速复奏一折。国家定鼎燕都，八旗兵丁生齿日繁，丁虽增而兵额有定，不能因之加广，自应开垦闲田，预筹移屯，以资生计。道光元年，吉林将军富俊奏办双城堡屯田，移居京旗闲散。除陆续移居三百七十六户给田屯种外，余田尚多。上年惇亲王奏请筹议八旗开垦生理，经户部奏请；饬令吉林将军查明前项余地可否推广耕种，及房屋牛具等项有无经费，据实奏明，曾经允行在案。迄今未据该将军复奏，实属任意顺便。着景纶即行查明，迅速具奏。并着特普钦、玉明、和润、景霖将该部议复惇亲王原奏，并蒋琦龄此次所称东三省沃壤数千里，可否移居八旗散丁，关东口外等处有无闲田，可否移屯，及旗民之赎产入官之籍产可否授田各条，详细查勘，认真筹画，速行复奏。务使事在可行，以期经久。至蒋琦龄所称独石口外之红城子、开平，张家口外之兴和、新平等四城，及热河等处之闲田，与旗民赎产入官籍产可否开垦若干顷，足资安插若干户，及房屋籽种牛具等项应如何筹画经费，并酌定章程之处，均着春佑、庆购并总管内务府大臣逐细详查，据实具奏，毋许草率了事。

【《皇朝政典类纂》，卷19，屯田】

四、伯都讷屯田

（道光元年）又谕军机大臣等：伯麟等会议开垦伯都讷屯田二折。伯都讷围场，经富俊亲勘，可垦地二十余万坰。该处旗人经双城堡屯田挑派之后，一时难以续派，则兼用民人与附近旗人一同认垦，自属成功较易。唯此项屯田，原为移驻在京闲散旗人而设。将来移驻之后，各分经界，必须早为规划，使旗民彼此相安。其未经移驻以前，垦荒、升科、改佃各事宜，皆当妥为筹计，俾目前便于集事日久具有成规，方足以共享乐利。伯麟等所议应酌四条，皆为事理之所有。富俊于此事身亲目击，自当稔悉利弊，着再行确查，审思熟计，妥议章程具奏。

二年谕军机大臣等：前据富俊等覆奏伯都讷屯田各款一折，当令曹振镛等会议具奏。兹据奏称，开垦屯田，专为移驻京旗闲散而设。上年富俊奏定双城堡章程，经各都统等晓谕八旗，迄今已逾一年，愿移者仅二十八户。恐十五年内移驻三千户，必有届期展限之事。所盖住房即不免先有闲旷。伯都讷移驻闲散又在道光十八年以后，计日尚遥，其所需经费，不能不预筹垫借。是否亟应筹办，应请钦派大臣前往查勘等语。双城堡屯田，计可移驻京旗闲散三千户，今愿移者仅二十八户，人情不甚踊跃。若同时开垦伯都讷屯田为计太早，且经费亦恐不敷。所有伯都讷屯田一事，毋庸派员查勘，着富俊即行停止筹办。并饬令文武员弁，严禁民人私垦。现在只须专将双城堡屯田妥为经理，以期经久无弊。至该将军原议现在砍木备料，自道光三年为始，修盖住房八百间，以后每年盖房八百间。今旗人既观望不前，其多盖房屋，诚恐徒滋糜费。着俟道光四年移驻时计若干户，卓有成效，再行酌量情形，核实办理。

又谕军机大臣等：据富俊等明白回奏开垦伯都讷屯田情形一折。吉林乃我朝根本之地，若因伯都讷开垦屯田，招集流民耕种，日久流弊不可胜言。今该将军等覆奏，原议系由吉林现有纳丁纳粮民人认垦，并非招集流民，将来不必另筹安置，于事尚无窒碍。现在双城堡屯田尚未垦竣，且移驻京旗甚少，何必亟亟筹办。俟将双城堡办竣，获有成效，再行议及开垦，亦未为退。至另片奏请于闲散旗人中二十岁以上、五十岁以下，果有父母兄弟叔侄等三口以上者，均可算户，不必拘定娶有妻室之人，或愿来者多等语，亦恐窒碍难行。现距移驻之期尚有二年，将来呈报愿往者或不乏人，毋庸预为筹及也。

（道光）四年谕内阁：富俊等奏，筹议开垦伯都讷屯田，以备移驻京旗一折。伯都讷开垦屯田，屡经该将军等筹议具奏，曾降旨俟双城堡办竣，获有成效，再行议垦，兹据奏称，双城堡三屯办理完竣，屯种户口及本年移驻京旗，无不耕作相安，视为乐土。嗣后，按年移驻，已有奏定章程可循。至伯都讷空闲围场，约计二十余万垧，荒芜既久，地甚肥饶，且可敏于成功，俭于经费，较之双城堡事半功倍，自应及时筹办，俾旗人生计益裕。吉林、伯都讷、阿勒楚喀等处，现在纳丁、纳粮民户生齿日繁，均愿认荒开垦，无须另招流民。该将军即出示招垦，并派员丈地分屯，申划经界，以道光五年为始，令其承种。所有认垦牛具、籽种、农器，着照所议，令其自备。每人准领地三十大垧。其互保章程，升科年限，租钱数目，均着照所议行。俟移驻京旗闲散到日，交京旗地二十垧，其余十垧作为己产，按数纳租。仍明白宣示认领之人，并划给地亩，统于发给执照内注明，至认垦之初，凿井、盖房，着照双城堡章程，按丁按屯给予银两，准于双城堡中屯升科谷价暨备用项下支领。届起租之年，仍先行归款。所征小租钱文，即作为各项弁兵书役工食纸张之用。其有附近旗丁认垦者，俟移驻京旗交地二十垧，余十垧作为己业，免其纳租，余具照民人一律办理。此项地垧甚广，陆续招认，一时人数尚不甚多，所有词讼及升科征租各事宜，即交伯都讷副都统督率理事同知妥为经理。仍设立保甲屯长，互相稽查弹压。至将来招集人众，应否添设官员及京旗移驻时，设官盖房，着临时妥议具奏。其每年招有佃户名数，领地若干，及动用银两若干，统于秋成后按年汇奏。

萨英额曰：道光四年将军富俊遵旨筹议复奏开垦伯都讷屯田，奉旨着照所议行，遵即咨行伯都讷副都统等衙门，出示晓谕，名其地为新成屯，分八旗两翼，每旗立二十五屯，每屯各设三十户，以治本于农务滋稼穑八个字为号，每一字各编为二十五号，共计二百屯。初报之户积至三十户，为治字第一号，即令归入镶黄旗头屯，拨给地段垦种。续报再积至三十户，为本字第一号，归入正黄旗头屯以后依号按旗挨拨，周而复始。八旗地界可以同时并垦。五年已认佃一千百二十七户，按八旗分拨四十三屯。嗣据伯都讷委员勘丈，新成屯闲荒仅敷一百二十屯，即将五年所招佃户分拨字号，均改每旗十五号。六年认佃九百十七户，分拨三十一屯。七年认佃一千五百五十六户，分拨四十六屯。前后综计一百二十屯。星罗棋布，与双城堡为表里。旗无征粮，民有恒产。将军富俊为生民计，为京师旗人万世计也。后之踵议屯田者，得此卷以为率由，则事不难矣。

【《皇朝政典类纂》，卷13，官庄】

五、黑龙江屯田

（乾隆）二年覆准：黑龙江呼兰地方设立官庄，令盛京将军于八旗开户人内选能种地壮丁四百名，携带家口前往开垦。每壮丁一名拨给地六十亩，盖给草房二间。每十丁合编一庄，共设官庄四十所。每十庄设领催一名，共设领催四名管理。由盛京迁移家口，每名给碾磨银五两，其家口每人给整备行装银二两，沿途各给口粮，拨驿站车送至吉林，由吉林拨运粮船，仍给口粮，送至呼兰。初至呼兰，每丁给冬夏衣帽，其家大口每月给粮二斗四升九合，小口半之。每开垦地六亩给粮种二斗，每庄给牛六只，如有倒毙，动支库存牛价银买补。再，呼兰安驻兵丁，各有垦种地亩，不能代官庄人等助垦。于每庄额给牛六只外，各多给牛二只，令全出己力垦种。其牛如有倒毙，毋庸补给，每牛月给牛料粮一石二斗，其家口粮给一年，牛料粮给两月皆停止。每丁所受之地，岁纳粗细粮三十石。第一年免输，第二年交半，第三年全纳。再委拨官兵采木造屋，每间各给饭银四两，动支库银仓粮，令该将军等分析归款奏销。俟安设官庄事竣，令盛京将军再于八旗开户人内，询明有愿往呼兰垦种官地之人，应增设官庄若干，再议具奏。

（乾隆）六年议准：呼兰地方宽衍，可设官庄之处尚多。应将前设四十官庄之闲丁一百三十八名内选择五十名，增设官庄五所，拨地开垦。每名给地六十亩，及牛种、器具、口粮，并每年应纳粮数，均照二年之例。但选拨官庄闲丁，不比他处移住。其每丁应给房二间每间给银四两五钱，令其自行盖造，毋庸别拨兵丁，其余丁备补各庄空缺。

（乾隆）七年议准：呼兰左近温德亨山并都尔图地方，土性肥饶，水草佳美，应将盛京将军所送愿垦官地开户人内，选能种地壮丁五十名，增设官庄五所，拨地开垦。其资送及拨给田房、牛种、器具、衣帽、口粮并应纳粮数，均照二年之例。再六年增设官庄五所，合之此次所增官庄五所，已足十庄之数，亦照例增设领催一名管理。

【光绪《大清会典事例》，卷 1119，八旗都统，田宅】

（嘉庆二十三年）谕军机大臣等：户部议奏，特依顺保请裁减黑龙江城官庄壮丁一折，所驳甚是，已依议行矣。黑龙江城官庄四十座，岁交粮石以备兵丁接济口粮等项之用，特依顺保率以兵丁疲乏为词，请裁官庄十座，计每岁积省牛具等银不过一百四十余两，而少收额粮至二千二百石。若各官庄纷纷效尤，必致有妨储备。特依顺保此奏其中必有怂恿之人，着松宁查明黑龙江城所属官庄实在情形，特依顺保系受何人欺蒙，妄兴此议，即将特依顺保及造议之人一并据实参奏。

西清曰：关外田土以垧计，一垧六亩余，黑龙江亦然。然广狭长短大抵约略，其数非如关内以弓步丈量之准。黑龙江地利有余，人力不足，非尽惰农也。为兵者一身应役势难，及于耕耘而闲处者，又多无力购牛、犁，以开荒于数十百里之外，故齐齐哈尔等城，不过负郭百里内，有田土者，世守其业。余皆樵牧自给，或佣于流人、贾客，以图温饱。而膏腴万顷，荒而不治，曾无过而问之者，盖亦势使之然也。岁报秋成分数，主者，议率从少上官议，率从多累，日不定，唯在上官能核实情，秉公酌断，其下虽欲取巧视恩，隙无可入。不然聚讼挟制，甚且上书告讦。齐齐哈尔曾有之，此嘉庆八年事。先是将军那启泰定分数从多，主者请少之，不听，曰："使田间果多草，卖草亦足抵谷，何少为？"协领五人不服，阴遣人入都奏其事，诏部臣来省案问，如所奏，将军罢去，协领等以越分上书，戍奉天。相传朝使来，流言将杀某协领，某故大呼尔也，同部者闻之，聚众数百，谋劫朝使，某窘计解之，众乃止城外。吁！一出令微涉不公，机遂不测，边地人情，盖可忽乎哉！齐齐哈尔、墨尔根、黑龙江公田养育兵、官屯壮丁，每名岁交粮二十三石，呼兰官屯壮丁，每名岁交粮二十五石，共交粮齐齐哈尔公田七千四百八十石，官屯六千六百石，墨尔根公田三千九百六十石，官屯三千三百石，黑龙江公田六千六百石，官屯八千八百石，呼兰官屯一万二千七百五十石，此通省一岁之所出也。

（光绪）十年，黑龙江将军文绪奏：窃京城八旗人丁生齿日繁，家计日窘，请臣屡有条奏，曾经前任将军特普钦于招民开垦之初，在所属濠河北呼兰河南留勘平坦荒场一段，约可酌拨京旗人丁三百户。因附近居民渐有侵占，复经调任绥远城将军丰绅奏请，由该处旗营有力兵丁内先拨三百户代垦，建房置具，为数不资，拟请俟地成熟，京旗丁到，再清领款安插。每户拨地五十垧，以三十五垧限七年后开齐，交京旗管业。倘时不到，即令各该代垦之户升科，以三十五垧归代垦地户管业。至五年后，以二十垧照章每垧交纳官租钱六千六百六十文，其余十五垧作为代垦之户己产，于光绪四年，派员按照留内分安二十五屯，编为镶白、镶红、正蓝、镶黄四旗，每旗安设五屯，每屯拨驻京旗十五户，代垦十五户。所有京旗与代垦旗丁共六百户，均归北团林子委协领管束等因，奏明在案今前项留拨京旗人丁之地，经代垦之户已经开齐，明年即到交领年限，其代垦之户，地亩本年已届升科之期，自应先期奏明核办。查原议从减，每户盖房、穿井、置备牛具银二百五十两有零，以三百户计之，尚需六万一千五百余两，其由京起身，沿途资斧尚不在内。查江省素鲜出产，仅有租税两款，为数无多，全数抵充官兵俸饷，每岁不敷尚须外省协拨，实系无款可筹。地届征租之年，又未便延缓。奴才等再四筹思，唯有请旨饬下户部与八旗都统从长合议，如能筹款酌拨旗丁前来领地安插，应将银两先行发给，以便购料建房，置办一切，再行详细据实陈奏，以免临时贻误。如事属窒碍难行，亦即知照奴才等，以便将前项酌留之地照章起租，庶免有空地赋。邸抄。

黑龙江将军文绪奏：窃奴才等前因呼兰代垦京旗地亩届限，曾经奏请移拨，开准户部咨称，会同八旗都统议奏，仅镶黄等四旗十户愿往，行令建盖房屋，置备牛具等项，应需银二千余两，由该将军筹款给发，作正开销等因，咨行前来。当经委员会同北团林子委协领赶紧办理，俟该京旗到时无误安插，格外优待等因，报明在案。兹据呼兰副都统咨报，原拨京旗十户内，镶黄旗护军保兴一户二口，据称在京未来外，其余九户用车接替，于十月初五日已来北团林子旗营，距地所不远。时值隆冬，新盖房间寒冷，经该委协领代为租房暂寓，由官筹发价值，俟明春天气和暖再移新屯等因。奴才等体察该旗丁等均系寒苦，初到地所，一切购办无资，自应宽为筹备，使新到者相安，续来者踊跃，即于每户并筹给小米一石，高粮米一石，梗米五斗，秫秸一千捆，足供半年之用。俟开春到屯后，即令代垦之户将熟地三十五垧交其查收，自行耕种，不准出卖，以基永业，归入该处旗档管辖。第垦种之事究非该丁素尚，必须日将月引，使之渐习操作，兼不发弓马骑射，方为妥善。若移屯后任由闲散，自图安逸，不求上进，势必仍属困穷，殊非抑副圣慈恤旗仆之意。奴才等再四思维，该丁等既享耕牧之利，而以时讲武，归旗当差，庶可奋其心志，将来藩衍之余，尽成精锐，以实边防。现已咨覆该副都统转行委协领，查明此项旗丁内有成丁子弟，遇有该营甲缺即行挑补。其在京曾充骁骑校、护军年力尚壮，堪以当差者，迅速呈报，拟即以该营相当缺出按照旗分挨次改补，则生计益觉宽裕。惟北团林子仅有缺二百分。该处旗丁甚多，升途本窄，将来三百户到齐，更觉丁多甲少，若不因时制宜，稍为增益，势必壅滞。拟请在营加深甲兵一百名，归公一体挑放，庶期两有裨益。第管辖既重，职分须崇。并拟将该处委协领改为三品协领，原有镶白等四族防御委佐领四员改为正任佐领，原有骁骑校四员再加添佐领四员，加添骁骑校四员，分为八旗。所有新添佐领四员，骁骑四员，作为该处满蒙汉分缺。应需俸饷为数无多，即由地租项下动用，毋庸另行筹款唯代垦成熟之地，尚有一万零一百八十五垧。该旗丁前来，沿途既有地方供应，仅不过一往之劳，较之在京已得永远恒产，又有进身之路，自必有乐愿续来者。合无仰恳天恩，饬下户部与八旗都统，再行妥议移拟若干户，先行知照，以便豫筹备办，免致有误。

徐宗亮曰：黑龙江省初无田赋，旗屯官庄按兵丁原额，岁交仓粮，惟齐齐哈尔、呼兰、墨尔根、黑龙江四城有之。呼兰民垦既兴，则有地租，按垧纳钱，亦犹田赋之类。

齐齐哈尔承种公田，八旗养育兵三百二十名，水师水手二十名，旧官屯壮丁三百名，新官屯壮丁一百十五名，每名额粮二十二仓石，共额粮一万六千六百一十仓石。

呼兰承种公田，旧官屯壮丁一百一十名，新官屯壮丁一百九十名，每名额粮二十三仓石，共额粮一万五千四百仓石。

墨尔根承种公田，八旗养育兵一百八十名，官屯壮丁一百五十名，每名额粮三十二仓石，共额粮七千二百六十仓石。

黑龙江承种公田，八旗养育兵二百七十名，水师水手十五名，官屯壮丁四百名，每名额粮二十二仓石，共额粮一万五千七十石。

以上四城官庄共百六十六所，官牛一千六百六十五只。定例收成六分以上额粮满交，一分至三分额粮全蠲，仍分别接济。三分以外额粮全蠲，亦不接济。四分以外额粮蠲十分之四。均于夏季查明分数，咨部立案。应接济者，大口月粮二仓斗，月银三钱，小口减半，或八个月，或九个月，分起递给底饷坐扣。将军当于冬季奏明，银由盛京户部借拨起解，粮由各城仓存匀放。布特哈城及南北各站向无公田者，亦均分别接济。计光绪二年、三年、四年、五年、七年、九年、十二年、十三年，各城均请接济，每年银多至八九万两，少亦至三四万两，仓粮在外。五年以前陆续奏请免抵扣，奉旨允准。

【《皇朝政典类纂》，卷 13，官庄】

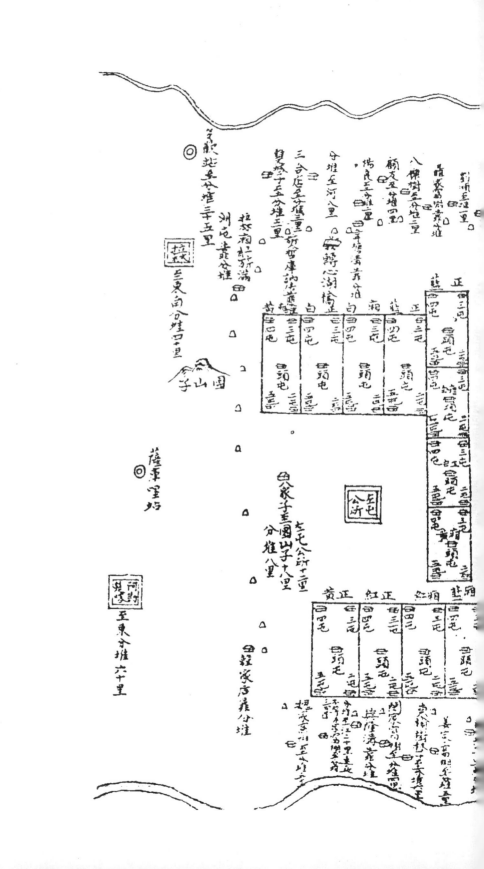

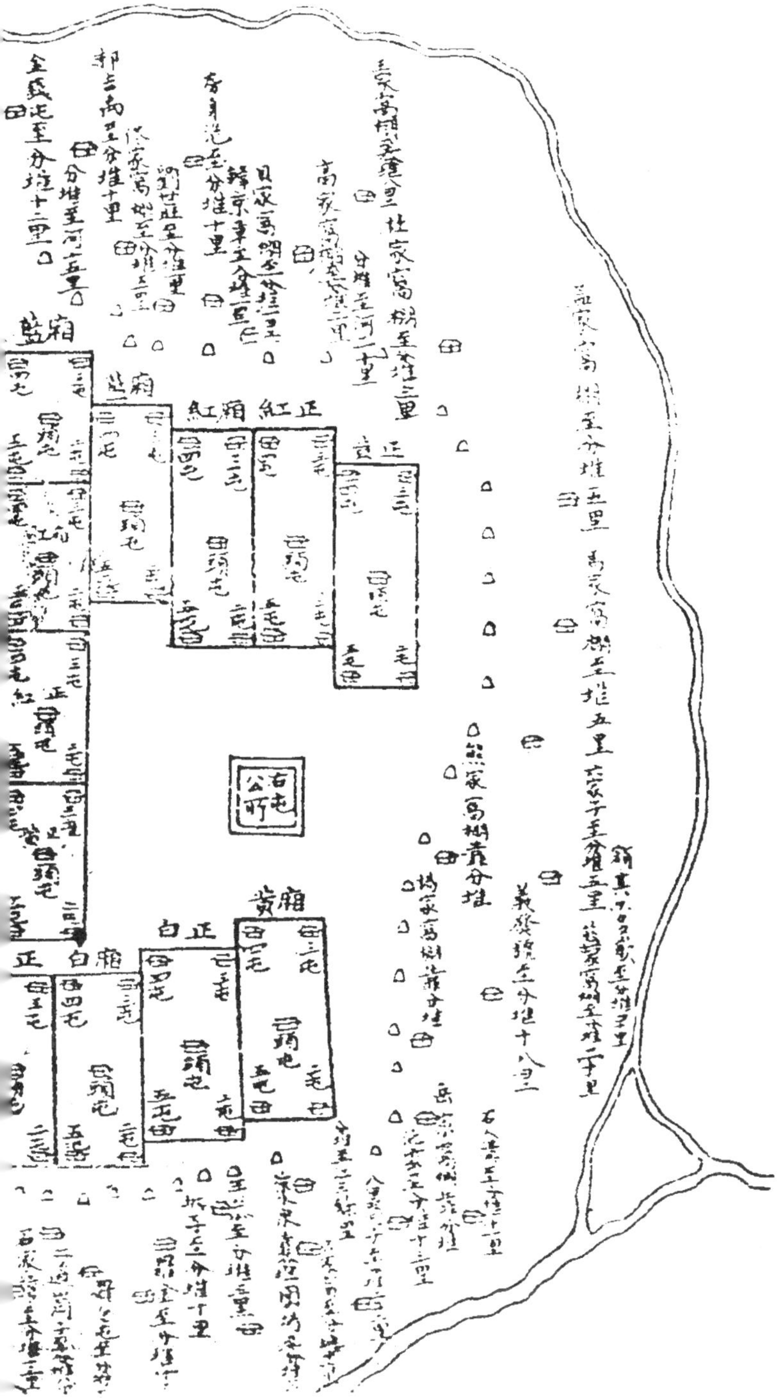
右屯公所